YINGKE® 盈科

盈科全国业务指导委员会系列丛书·2024

乡镇合法性
审查工作指引

盈科律师事务所／编
池锦刚／著

法律出版社 LAW PRESS · CHINA
北京

图书在版编目（CIP）数据

乡镇合法性审查工作指引 / 盈科律师事务所编 ；池锦刚著. -- 北京 ：法律出版社，2025. -- ISBN 978-7-5197-9335-7

Ⅰ. D625

中国国家版本馆 CIP 数据核字第 2025D99E07 号

乡镇合法性审查工作指引
XIANGZHEN HEFAXING SHENCHA GONGZUO ZHIYIN

盈科律师事务所 编
池锦刚 著

策划编辑 朱海波 杨雨晴
责任编辑 朱海波 杨雨晴
装帧设计 汪奇峰 臧晓飞

出版发行 法律出版社
编辑统筹 法律应用出版分社
责任校对 蒋 橙
责任印制 刘晓伟
经 销 新华书店

开本 710 毫米 × 1000 毫米 1/16
印张 14.25 **字数** 200 千
版本 2025 年 1 月第 1 版
印次 2025 年 1 月第 1 次印刷
印刷 天津嘉恒印务有限公司

地址：北京市丰台区莲花池西里 7 号(100073)
网址：www.lawpress.com.cn
投稿邮箱：info@lawpress.com.cn
举报盗版邮箱：jbwq@lawpress.com.cn

销售电话：010-83938349
客服电话：010-83938350
咨询电话：010-63939796

书号：ISBN 978-7-5197-9335-7
定价：58.00 元

凡购买本社图书，如有印装错误，我社负责退换。电话：010-83938349

本书编著者

池锦刚 著

前言

一、关于选题

党的二十届三中全会提出“法治是中国式现代化的重要保障”这一重要的政策命题，是习近平法治思想的新发展，对法治与中国式现代化之间的辩证关系作了更加精准的阐述，为通过法治形成可预期、可持续的现代化状态，推动中华民族伟大复兴事业的蓬勃发展指明了方向。推动实现中国式现代化，必须充分发挥法治的引领、规范和保障作用，推动各方面制度更加成熟定型，逐步实现国家治理制度化、程序化、规范化、法治化。基层法治对中国式现代化发挥着关键作用，同时体现着全过程人民民主得以在基层获得保障。选题乡镇合法性审查无论是对于已经开展乡镇合法性审查试点工作的地区还是即将开展乡镇合法性审查工作的地区都具有重要意义，前者经过一个初级阶段的摸索，需要总结经验再出发，后者则一开始就需要将一切合法性行政行为都纳入正规的轨道。乡镇合法性审查与国外法学研究中关于高层级的合宪性审查、国内外合法性审查明显不同，乡镇合法性审查乃是中国特色的法治创新，当前改革从刚刚开始到2024年不到4年，国内研究仅停留在一定区域范围内的实践总结上，鲜有普遍性的理论深度。该选题系基于2020年全国部分地区开展县乡合法性审查改革以来，已经取得了一定成效，主要表现在行政争议事项(案件)减少，行政诉讼败诉率也有所降低，民众对乡镇人民政府的评价明显好转，乡镇合法性审查改革质效明显提升。试点地区在改革前，往往由于缺乏法治综合部门和法制审核力量，导致涉及乡镇(街道)的行政争议多发、频发，数量接近一个省的1/3，败诉纠错数量占一个省的五成以上，败诉率和纠错率相当于一个省平均的2倍，成为影响地区法治建设水平进一步提升的掣肘和短板。这是“放管服”改革以来出现的新问题。各地也在探索破局之法，取得了一定的成效。例如,2020 年 6 月,浙江省委全面依法治省委员会印发了《关于推进乡镇(街道)合法性审查全覆盖工作的通知》,在该省全面部署推进,以乡镇(街道)合法性审查全覆盖工作为支点,推动解决基层依法治理“最后一公里”问题。截至 2020 年年底,该省在全国范围内率先实现全省 1365 个乡镇(街道)的合法性审查机构、审查人员、审查范围、审查机制等全覆盖,“纵向到底、横向到边”的合法性审查工作格局基本建立。改革第一年的 2020 年全省行政争议案件、行政败诉率首次实现“两下降”,2021 年全省行政诉讼案件与 2019 年相比下降 19.90%,据估算乡镇(街道)贡献度达五成以上,2022~2023 年保持较为平稳的态势。经过就本选题进行初步调研,包括到市、区两级司法局走访,以了解本市基层治理的总体情况和官方掌握的合法性审查现状,同时走进乡村实地了解民众对基层执法的看法,对 2020 年该省份改革以来基层法治工作的各项指标,普通村民对政府公信力的评价变化等进行了深入研究。经统计,2023 年全年,接受调研的某市两区共开展合法性审查 2600 余件,行政行为争议发生率、败诉纠错率分别下降至 0.76%、1.58%,经合法性审查后乡镇行政事项涉诉的接近零败诉。

但是,经过近几个月对多个先行试点乡镇的走访调研,当前乡镇合法性审查中还存在一些“顽疾”难以解决,成为基层治理中的“拦路虎”,质效要进一步提升决定于此前未能解决的,成为现有遗留的问题能否得到有力解决:

1. 形式上各乡镇都实现了合法性审查全覆盖,但实际上审查内容主要集中于行政合同审查,对决策、文件、执法和其他事项鲜有审查,导致公众对涉及基层行政管理的事项不理解、不支持,影响基层政府公信力。

2. 参与人员普遍认为县级和乡镇两级参与日常合法性审查工作的人员权力小责任大,甚至受到乡镇政府主要负责人抵触,在合法性意见上成为乡镇负责人的“傀儡”,特别是涉及征地拆迁、招商引资项目等敏感事项上的审查意见可有可无,可以随意规避。

3. 较多乡镇审查人员配置方式千篇一律,过于机械,一名司法所长负责审查事项,加一名专(兼)职审查人员是普遍的模式,部分乡镇(街道)聘有法律顾问,因各个乡镇审查事项数量差异大,导致审查人员有些繁忙,有些清闲,人员按均衡化配置的模式显然不太合理。

4. 审查只停留于审查事项本身，是一种形式审查，审查人员与审查事项接触非常“突然”，没有形成审查事项事前风险提示或参谋、事中审查、事后矛盾化解和总结的工作机制，未能切实通过合法性审查为基层治理及法治化进程发挥更大的推动作用。

二、关于本书价值和目标

乡镇的合法性审查涉及当地重大项目推进、重大执法工作、疑难信访处置、农房整治、乡村振兴、矛盾调处等工作，站在全过程人民民主的政治高度上，本书建议在程序安排上乡镇合法性审查工作，倡导通过事前协助参谋、事中合法性审查、事后矛盾化解，提供全过程的法治保障，推动乡镇（街道）、村各项工作纳入法治化轨道。针对目前初步调研发现的问题，已经可以在形式上给出改进和突破性的政策建议，比如，进一步细化审查事项，进行清单化处理，特别是将接受决策、文件、执法等非合同类合法审查纳入考核，解决乡镇领导规避审查或形式主义审查问题；提高审查人员的地位，建立县级审查平台，如是专职审查则在人事上给予安排，如是兼职专家审查则在经费上给予保障，本质上都是同一个问题，即经费和技术保障；注重过程管理，建立合法性审查事项跟踪机制，事前报备、听取意见，事中审查，事后跟踪调解等。

一个时代的问题必须在这个时代节点给予有的放矢地解决。首先，特定时代产生的问题认识必须准确；其次，提出的应对策略必须具有精确性。本书将通过调查进行现状精确统计和总结，将此前试点地区的经验和问题得以明确。本书在梳理现有改革路径的基础上，分别深入乡镇、村、司法部门调研，确认了目前乡镇合法性审查取得的成效，特别是对尚未取得明显成效的地区应当学习什么，已经取得成效的地区应该有什么法宝，一般性、抽象化的方法论和知识应该给予明确；根据调查总结，目前阻碍提质增效遇到的具体“瓶颈”、调查对象认为的原因及建议，特别是上述4点问题的真实性必须通过审查工具的知识指引来回应。

乡镇纳入合法性审查与基层治理的时代要求、执法权下移取得乡镇基层适应的规律都存在密切关系，法治路径也必然是有规律可循的。因此，有必要立足于基层政府行政管理在一国法治进程中的地位和路径对知识配置进行较为全面的梳理，同时对当前我国乡镇级人民政府执法权的定性和问题与合法性审查的作用进行分析，梳理出乡镇合法性审查在法治道路上、一定历史阶段的完善规律。

本书在通过关注现状问题探究实践需要的同时，拓展和突破至理论研究，将合法性审查置于整个依法治国和基层治理的语境中深入研究，在社会规律上研究，路径上从现象到本质，最终为现阶段实施具体方案提供全面的证成。为避免"重复研究"，本书不仅关注合法性审查改革面临的一般性问题，而且将目光聚焦在目前仍然无法突破的"顽疾"之上，结合与普通村民深入探讨的成果，以"人民满意不满意，百姓答应不答应"作为工作目标，去追根溯源，避免以往研究通过行政人员层层上报产生盲区。本书全面听取基层干部群众及一线审查人员的意见，指引内容一方面可供管理者参考，对可行性进行再三路演，有利于管理者今后精准施策；另一方面也可以作为乡镇合法性审查工作的日常指引，将乡镇合法性审查纳入专业化、规范化的轨道中。

三、本书章节

本书从理论到实践，侧重实践指引的逻辑，将内容划分为七部分即七章：第一章至第二章主要侧重理论指引，从第三章开始按照合法性审查的业务范围逐个提出在乡镇基层如何进行合法性审查。第一章阐述行政法治的重要意义和路径选择，首先，向读者解释行政法治的概念、特征、必要性，突出国家实施行政法治的目的和作用；其次，在法理层面宏观地介绍乡镇基层行政法治的具体路径选择即手段方法。第二章将基层合法性审查置于行政系统内部自治层面进行研讨，从行政自治必要性本身出发，从宏观到微观理解以合法性审查进行行政自治的价值，接下来从作为实践意义的基层治理方式，阐述了合法性审查在乡镇（街道）基层实施的法理基础是什么，并结合调研指出合法性审查存在的局限性，提出完善的宏观性、方向性建议。第三章涉及乡镇行政规范性文件的合法性审查，本书将从乡镇制定行政规范性文件的主体资格和权限法定来源、形式审核、程序审核与内容审核几个方面进行阐述。从第三章开始每章都配有典型案例作为章节第二部分。第四章是乡镇重大行政决策的合法性审查,乡镇重大行政决策的合法性涉及主体、程序、内容三个板块,其中程序板块涉及公众参与民主决策的方式,对乡镇干部尤为陌生。第五章是乡镇重大行政执法决定的合法性审查,首先看到的是重大行政执法决定的总体要求,乡镇基层还可以对照调研中发现的问题进行自我提示,参考解决问题的方法建议;其次本书阐述了做到重大行政执法决定事实清楚和证据合法、充分的标准;最后是如何做到重大行政决定依据的适用准确和裁量基准运用适当。第六章是乡镇行政协议的合法性审查,针对行政协议的范围界定有争议的现实问题,本书先对行政协议的定义和特征作了分析,以免与一般的民事经济合同进行混淆,然后再详细阐述行政协议合法性审查的标准和方式方法。第七章是乡村涉法事项的合法性审查,因乡镇基层涉及的管理事项纷繁复杂,本书选择了几个重点事项:农村土地承包权流转、宅基地管理事项、村规民约和村干部违法犯罪。

目录

第一章

基层合法性审查:行政法治要素与路径

基层政府几乎所有的事项都直接面对普通群众,其行政行为合法与否对普通公民来说"体验感"最强。因此,乡镇人民政府行政行为的法治化最能体现一个国家的法治进程,即制度设计有没有自上而下"纵向到底",有没有惠及民生。行政行为法治化是法治国家进程中最重要的一环,因为它主张政府权力得到约束,从而公民权利得到保障,权力约束与权利保障乃是法治的精神要义。法治精神无国界,从法治先行的国家建设经验看,行政法治必然会成为经济、社会、政治、文化和科技强国的重要动力。中华人民共和国的成立,特别是改革开放以来,行政法治实质化发展得到了机遇。人民群众的法治需求与政府行为形成良性互动。习近平总书记在党的二十大报告中指出:"必须更好发挥法治固根本、稳预期、利长远的保障作用,在法治轨道上全面建设社会主义现代化国家。"

一、行政法治概述

(一)行政法治的概念

行政法治是行政机关的活动都在科学的法律规定范围内行使,以切实维护公民的合法权益。行政法治含有行政行为、法律规定和治理三大元素的良性互动,是行政行为与良法善治的完美结合,其中行政行为所依据之法律必须是科学立法的结果即"良法",行政机关在观念、制度遵守、原则、程序、行为方式等方面都要有法可依,行政法治之治理的对象是行政机关和行政行为即"善治"。通常来说,在行政行为中要实现维护公民权利目的的首要任务就是限制和约束政府权力。

行政与法的关系属于权力与法的关系,行政法治是权力与法的关系的理想状态,它包括行政权力来源,行政权力运行和实施,以及行政权力监督的法定化、规范化、制度化。行政法治是一个国家法治建设在行政管理上的集中体现,且最能体现法治建设水平,是法治的“心脏”。行政法治不能搞形式主义,不能在形式上具备法律规定、声称依法行政的规范性、监督体系的固化等,每个环节都在实质性运行,才被认为是行政法治化实现了。

(二)行政法治的必要性:行政权力制约

行政权是国家行政机关执行法律、管理国家和社会公共事务的权力,是国家权力的组成部分。行政权是国家行政机关或特定的社会公共组织对公共行政事务进行直接管理或主动为社会成员提供公共服务的权力。根据社会契约理论,政府权力来自人民权利,人民权利与生俱来且神圣不可侵犯。为了使人民的权利得到长久维护,包括社会秩序和公共利益,人民把自我管理的权利让渡给他们信任的人,授权他们行使管理权,充当全体人民的代理人,这就是政府。这种理论强调政府与人民的委托关系。但是,根据目前民主国家的机构设置,政府成员并非由人民直接选举产生,而是间接由各国的议会(代表机构)产生,在我国是人民代表大会产生,这是一种间接的关系。人具有自然属性和社会属性两个方面。人的贪婪、懒惰等思想不同程度地伴随人们,产生人性的弱点,这时会有人利用人民赋予的权力进行谋取个人利益的活动,迫使国家权力沦为谋取个人利益的工具。为此,人民为了实现自己的权益和保证自己授予的权力不至于被国家权力机关滥用,必然需对权力的行使进行必要的监督和制约。

行政权作为国家权力的重要组成部分,从中央到地方在规范性上呈现趋弱规律,乡镇作为基层政府,其权力更加需要进行如合法性审查这样的内部监督和自我纠错程序。加强对行政权的监督和制约,对于维护社会秩序,切实实现公民、法人和其他组织的合法权益具有重要意义。而预置的行政权规则正是一种从源头上监督行政权的行使和预防行政权滥用的重要手段,也是保障行政权合法合理有序行使的必要手段。

孟德斯鸠认为,只有权力制约权力,才能防止人性对权力的滥用,权力彼此之间相互制约的制度才能创造一个无私的政体。与立法权、司法权相比,具有国家权力性质的行政权有其独特之处。首先,行政权范围具有广泛性。行政权涉及国家事务的方方面面,随着现代社会发展,人的活动范围在拓展,社会管理范围也在丰富,行政权管辖的事务范围也随着社会的发展进步愈加宽泛。行政权的内涵愈加丰富,管辖领域愈加宽泛,也意味着其与公民的利益联系愈加紧密。可以说行政权的作用已渗透到人们的衣食住行等方方面面,行政权与公民的联系最为密切,这意味着行政权对公民、法人和其他组织等行政相对人的影响最直接、最广泛也最大。其次,行政权具有权力行使的集中性。根据我国《宪法》规定,在行政系统实行首长负责制,这代表着行政机关在作出某一具体行政行为时,它无须事先征求该行为直接作用对象的行政相对人的同意,而且该行为一经作出即被推定为有效。这在提高行政效率之余也难免会存在"偏听则暗"的风险。最后,行政权具有行使方式的主动性。与司法权"不告不理"的行使方式相比,行政机关一般情况下并不需要行政相对人的申请即可主动行使职权。行政权的这些特征是由行政权的性质和职能所赋予的。一方面这有利于行政管理工作的进行和保证公共职能的实现,另一方面也容易导致行政相对人合法权益遭到行政机关的侵害。任何权力都免不了具有破坏性和目的背离性,而行政权的广泛性、集中性和自主性的特征决定了其比立法权和司法权更容易膨胀而产生滥用之险。为此,加强对行政权的规范和监督制约是当下亟待解决的重要课题。但无论是行政机关的内部监督还是行政组织之外的其他权力机关的监督、社会监督等外部监督,都需要通过预置的规则来保障各种手段的顺利有效进行,而行政权规则正是具有该种保障功能的重要规范手段。

(三)行政法治的目的

从政治理念考虑,我国的行政法治根本目的应该与以人民为中心或者以人民权利为中心保持一致,因人民是一个政治概念,我们可以认为行政法治的根本目的是行政相对人或社会公民的权利保障,这是行政法治在思想道德层面的法治保障体现。对于基层政府及其工作人员而言,从事的公务活动在道德层面或者心理层面没有一心为民的观念,那么与基层公务人员接触的乡镇社会民众日常权益保障目的就无法实现。中央多次强调将社会主义核心价值观融入我国行政法治建设,就是强调在行政服务上的心理道德建设重点。政府的定位到底是服务者、管理者还是社会工具?同样的行政行为,带有不同的理念,政府的姿态是不一样的。因道德欠缺而做出的不当行为有一个重要特点,就是不构成明显违法,也达不到追究法律责任的程度。这导致部分政府机关及其公务人员自我约束不严,出现问题往往不加重视。但这些现象却已背离了服务型政府全心全意为人民服务的宗旨,损害了政府形象和公信力,侵害着公务员队伍的精神品质和社会公众利益,引起社会公众的不满。这些现象的出现,归根结底在于政府公务人员尚未真正树立以人民为中心的行政理念。

(四)行政法治制度建设的必要性

以人民为中心的行政法治目标是与我国的政体和国体相统一的,我国是人民当家作主的人民民主专政的社会主义国家,最能体现人民当家作主的制度保障是人民代表大会制度,因此以人民为中心的行政理念贴近社会现实,具有根本性和长远性,相比西方的行政法治理念(政府受托代理人民来管理社会),更能在心理上贴合老百姓,以此为目标进行制度建设,特别是针对基层政府的行政法治制度建设既是我国行政法治建设必须突出的一个重要面向,也是切实提升我国行政法治品质的必然要求。当前,我国行政法治理念在中央具有较为完善的制度安排,但主要集中在以行政行为合法性纠错与救济为目标的立法行为上,辅之以参照一些实施细则规范日常行政行为,针对基层政府日常行政行为规范的立法和监督都相对较少。因此,从上下级别之间的制度建设比较来看,关于基层执法的立法和内部日常监督即政府上一级对下一级、基层政府内部负责监督的部门对基层政府其他部门都相对落后。当前县乡合法性审查正在建设中,尚未全面铺开,在制度建设上仅有一些文件及上位法在支撑,这是一个现有制度框架落后于基层人民群众的现实需要形成矛盾有待解决的过渡期。

制度的核心作用是为权力运行预设轨道,以期权力运行有章可循。同样的原理,行政法治中的制度建设,将为行政权力的合法运行预设轨道,但这并不能保证行政权力在实践中一定会按照制度设定的轨道来运行。这是每一个制度的通病,制度不可能预见到将来发生的任何变化,而事物是变化发展的,基层政府的行政权力处于纵向到底的最低端,他们最能及时感知社会环境的飞速发展。但是一方面他们在纷繁复杂的事物中比较容易产生钝感,另一方面他们不是制度建设或者制度设计的核心主体,无力作出反应。此外,制度一旦出现就可能在将来产生滞后性,面对不可能静止不变的行政事务,制度层面不可能完全提前作出预判和安排。我们也没有理由要求基层行政机关及其公务人员仍然按照滞后的制度对问题进行处理。

即使制度不落后,行政权力也存在不一定按照制度来运行的情况,前面讲到了相关的原因。另外,行政权力具有天然的扩张性,具有内生的扩张欲望,何况制度落后以后无章可循,任凭其自由探索呢。这一点越是行政级别处于底层,越是表现得突出。在中国传统社会中,有一种“皇权不下庶民”的现象,也是封建文化的落后之处,在古代自然有藩国或郡县自由发挥的空间,当前这种思想在个别地方还有一定的生存空间,部分地方是很“擅长”游离于法治之外的。因此,这种糟粕性思维应该杜绝。

构建对权力进行约束的制度,有利于控制行政权力的扩张,但行政权力也必然有不断突破制度限制的“动力”,它总会千方百计地寻找制度的漏洞或薄弱环节脱离控制。因此,一方面,制度的建构是行政法治中的重要内容,我们在基层行政政府管理中需要积极构建;另一方面,行政机关公务人员的行为能否在实际中得到有效制约则是行政法治最重要的判断标准。如果制度的设计非常全面和精美,但它不能起到约束行政权力的作用,那就没有什么实际的价值,反而会沦为制度型形式主义。考虑到我国行政法治建设的实际,未来一个时期我国行政法治建设首先要把确保现有行政法制能够实际发挥作用作为重点关注的方面,一些配套的制度应该落实或建立起来。比如在中央立法层面,重点是推动《行政诉讼法》《行政复议法》《行政处罚法》《行政许可法》《行政强制法》等主干性行政法制更好地实施;在地方立法层面,重点是在合宪合法的前提下切实发挥它们对地方行政活动的指引和约束作用。其次,我们还要制定一些下位法或者为合宪性、合法性审查制度建立配套的工作机制或文件或地方先行立法。

二、基层行政法治的手段

我们这里谈基层行政法治的手段都是理念性和宏观性的，后面章节我们将对合法性审查的具体内容和具体审查方法进一步细化。首先就是明确行政法治的原则。我们认为行政法治的原则有二：一是行政职权的规范性，二是行政程序的规范性。

一是规范行政职权，保障行政权的有序行使。行政权的性质是国家权力，权力的行使与人民利益是手段和目的的关系。权力的合法性与人民利益的实现息息相关。要全面推进依法行政，其核心是规范行政权力。法治社会的核心是法治政府，要建设法治政府首先就应保证职能科学、权责法定。要做到把“权力关进笼子里”首先应给权力设定一个合理的界限即编制一个适当的“笼子”，让权力在规定框架内恰如其分地、有序地发挥作用，实现其取之于民、用之于民、造福于民的价值。俗话说，无规矩不成方圆，在行政权行使领域的首要规矩则为合理配置行政职权，规范行政权的权限范围即职权法定。职权法定是民主法治的必然产物，是遏制行政权滥用的必要措施，也是当前我国特殊国情的迫切需要。而行政法治中行政权规则的重要功能之一即合理规范行政权权限范围，切实保障行政机关的行政权有明确的法律界限和行使范围，是确保行政权有序行使的重要手段。

二是规范行政程序，保障行政权行使的民主公正。法定程序是指依照有关法律法规的规定，在限定的期间、在特定的阶段，国家机关或有关单位及公民依法履行职责，针对某一事项具体处理问题的步骤和方法。它具有逐步的、不可逆转的特性。法定程序作为实体权力义务实现的方式和手段而存在，如果没有法定程序的保障，实体性规范是无法顺利实施的。法定程序不但在实体权力行使中产生，同时也有很强的独立性，对于正义的实现具有重大意义。著名的法律格言“法律即程序”“无程序即无救济”等无不彰显了程序的重要性。行政程序作为诸多程序类型之一，是指国家行政机关在行使行政权力、实施行政活动过程中所遵循的方式、步骤、顺序以及时限的总和，即行政主体实施行政行为的空间和时间表现形式。欲将行政权力规范于安全的轨道内，真正实现将“权力关进制度的笼子里”，保证行政权行使的民主公正,设置规范的行政程序是关键中的关键。首先,行政机关行使行政职权通常情况下只能通过实施行政行为才能体现,而在行政行为中设置一定的程序性要素,对行政权力的滥用起到防患于未然的作用,实现对行政行为的监督和制约。例如,《行政处罚法》第44条规定:行政机关在作出行政处罚决定之前,应当告知当事人拟作出行政处罚的内容及事实、理由及依据,并告知当事人依法享有的权利。这一告知程序就是对滥用行政权的一种监督制约措施。其次,从某种程度上说,行政程序的设置实质上是使行政主体承担了程序方面的义务和责任。相对而言,行政相对人被推定为程序方面的权利享有者,其通过行政程序的法律武器与行政主体进行抗争,从而预防行政权的滥用和保护其合法权益的实现。最后,行政程序的设置在一定程度上也有助于行政效率的提高,防止行政行为的混乱和久拖不决而造成的时间和资源的浪费。如前所述,为我国行政权的行使设置一定的程序规范是行政法治中的行政权规则的应有之义,对保障行政权民主公正行使具有重要的意义。

行政法治的实现方式至少应该包括以下几个方面。

(一)立法或制度规范行政

行政法治首先反映在立法或制度与行政行为之间的关系上,立法制度具有规范和宣誓的双重功能。立法规范行政反映的是立法机关和行政机关在国家内部结构中的关系问题。从近代行政法治的发展轨迹与演变规律来看,立法和行政开始分离是近代民主国家的开始,两者相互关系与相互独立。既然成立现代民主国家是具有特殊内涵的国家内部活动,单单只是公共事务管理,就具有极为丰富和多元的内容指向,但主权是其最主要和最鲜明的属性。国家主权思想经历了两个阶段。首先由法国思想家博丹在《国家六论》中提出,主权是对公民和臣民的不受法律限制的最高权力。它是一种永久性的绝对权力,政府可以更换,主权永远存在。法律体现主权,保证社会秩序的安定,并使国家合法化。主权的内容包含立法、宣战、媾和、任命官吏及要求臣民效忠服从等多种权力。博丹第一次区分了国家类型和国家管理形式。他以主权的归属作为划分政体的标准,将政体分为民主制、贵族制和君主制3种类型。此后,法国思想家卢梭剔除了博丹主权思想中的王权成分,创立了人民主权学说。该学说的理论基础是自然权利论和社会契约论,主要内容是认为人民的公意在国家中具有最高地位,国家主权在逻辑上代表的是人民之公意。如果说人民主权理论是对国家这一特殊政治现象进行整体理论观察和建构的产物,国家权力分工理论就是在主权理论基础上对国家内在结构进行透视和建构的产物。人民主权理论阐释了民族国家权力的来源,国家权力分工理论则开始关注国家权力在国家内部不同功能系统之间的配置和运行问题。立法规范行政的核心问题是国家立法权的配置问题。传统代议制理论认为,立法权只能由代表民众的议会来行使,行政或者政府的角色在于严格依照议会制定的法律来开展活动。理想中的政府是代表社会公众行使权力的政府。从世界范围来看,现代国家在政体上大多选择了代议制的政权组织形式,即在国家机构的设置上分列立法机关和行政机关,前者是国家法律的制定者,后者是国家法律的执行者。就现在大多数国家的政府而言,在行政职能不断扩展的同时,其还掌握了一部分原由议会行使的立法权即行政立法权,行政权在国家权力体系中的地位和作用更加凸显。行政权力的扩大和对扩大了的行政权力进行限制始终是行政法治发展的现实依据。也就是说,行政权力的扩大虽然在相当程度上改造了立法权和行政权之间的关系,但立法对行政的规范依然是行政法治的核心内容。

无论有怎样的立法制度,法律法规都是固定的,制度(无论是成文的还是不成文的)也是固定的,两者具有同等的效用和方式。实现对行政权力的约束离不开相应制度的建构。因此,行政法治的一个重要内容就是行政法制的建立与完备。行政法制是对行政权力具有规制作用的规范体系,包括立法制度、司法制度以及行政制度等。这些制度通过系统规定行政权力的来源、运行程序、方式方法以及相应的法律责任,为行政权力的运行预设了一条轨道。同时,通过明确立法机关、司法机关以及其他社会主体所享有的监督权力(利),有利于进一步实现对行政权力的约束。从实践来看,由于行政机关的行政行为已经被高度类型化了,包括行政立法、行政许可、行政处罚以及行政强制等各个方面。因此,行政法治在制度层面上的内容也主要是在这些方面建立对行政权力的约束制度。

综上所述,立法或制度规范行政是行政法治的先决方式,也是最为核心的方式,这是由立法权和行政权在国家权力体系中的地位所决定的。立法权是人民主权的体现,在国家权力体系中具有至上性和权威性;行政权则是现代国家推动经济社会发展和实现国家目标最为倚重的一类国家权力。

(二)司法审查行政行为

诚然,行政法治的首要方式是立法或制度规范行政。但立法权和行政权并不是国家权力的全部,写在纸张上的权力和产生争议无居中裁决救济的权力都不是真正的权力,司法权在国家权力体系中的地位和必要性就在于此,行政权和司法权之间的关系也同样是判断行政法治状况的一个重要维度,司法审查行政行为也就相应地成为行政法治的第二个构成要素。一般而言,司法即法律的适用,是指由居中裁判的第三方国家机关对争议的双方进行居中裁判和解决的专门活动。在现代社会,司法是专属于国家的一种职能,是国家对社会争议进行裁决和判断是非曲直的重要方式和手段。行政法治的要义是实现对行政权力的控制,因此在司法权和行政权的关系上,行政法治必然要求司法能够对行政行为进行审查。在现代社会,司法对行政行为的审查一般是通过行政诉讼制度来实现的。行政诉讼制度的主要作用是通过法院对行政活动进行合法性和正当性审查,保障行政权力运行的合法。虽然不同国家的行政诉讼制度在受案范围、审查标准、审查深度以及判决形式等方面存在差异,但约束行政权力这一行政诉讼制度的基本价值追求是一致的。如果说立法或制度规范行政是在源头上为行政权力的运行提供了规范标准,那么司法审查行政行为则是在国家立法确定的前提下对行政机关是否依法行政所进行的审查和裁判。由于行政本身的动态性和发展性,立法虽然可以预设约束行政的规范内容和标准,但行政是否依法进行则是立法无法解决的。从这个意义上说,司法审查行政行为在行政法治中的作用是非常独特的,司法对行政行为的审查始终是行政法治发展的重要推动力量。司法审查行政行为的广度和深度也是我们判断一个国家行政法治程度的重要标准。根据世界行政法治发展的一般规律,能否建立司法对行政行为的有效审查制度对于行政法治的影响极为重大。

(三)行政行为内部互相制约

立法或制度规范行政反映的是立法权和行政权之间的关系,司法审查行政行为则反映的是司法权和行政权之间的关系,行政行为受到立法及制度预设标准制约,行政行为受到司法审查监督,承担败诉风险,均是行政法治的基本构成要素。但立法或制度规范行政和司法审查行政行为均是从外部对行政行为的约束,是被动的约束,并未揭示来自行政系统内部对行政权力进行限制的机制。行政权力要得到全面的、全过程的规范,实现行政法治目标,必须进行内外部结合的约束,行政法治除要求立法或制度规范行政和司法审查行政行为外,还要求行政系统内部能够进行互相分工和制衡。行政系统区别于立法系统和司法系统的一个重要特征就是行政系统内部复杂的专业分工。随着社会的不断发展,社会分工不断细化,政府职能分工演化成一种常态,政府部门分设下一级法人并不断增多也属正常。政府职能的专业分化主要表现在"纵向"和"横向"两个方面。政府职能在纵向上的专业分化是指政府层级数量的增加,除中央政府外,国家还会设立若干层级的地方政府,中央领导和监督地方,上级领导和监督下级,上级统筹规划下级的工作。国家行政事务在这些不同层级的政府之间会有一定的分工。政府职能在横向上的专业分化则主要是指在某一层级的政府内部根据行政事务属性的不同又作出进一步的分工,如治安行政、教育行政等,其中有一类分工涉及专门对其他部门的监督,对数据上报的真实性审查、对办理行政事项不服的进行复核和复议,而有分工的安排本身就有利于行政行为的规范性,且分工越细越有利于建立规范的行政行为,有利于避免互相推诿、权责不分等弊端。这种在同一层级政府内部根据行政事务属性不同而进行的行政分工,既顺应了行政系统本身在功能结构上逐渐分化的趋势,并增强了政府行政活动的针对性和精准性,同时也在行政系统内部建构出了可以相互制衡和监督的行政子系统。行政系统在纵向层次上的分化和横向层次上的分化,是制约和监督行政权力的重要手段,也是行政法治的有机组成部分。

(四)社会监督行政行为

社会监督行政行为的本质是社会民众与政府的关系问题。从社会和国家的关系来看,社会产生早于国家,根据马克思的国家理论,国家是社会发展到一定阶段后才出现的一类政治现象和政治组织形式,因此社会先于国家且决定国家的存在。因此,在行政权力和社会之间,社会也是先于行政权力并决定行政权力的。从这个意义上说,社会也构成监督行政的一个重要维度。孟德斯鸠有句话说:“一切有权力的人都容易滥用权力,这是万古不易的一条经验。有权力的人们使用权力一直到遇有界限的地方才休止。”①这句话形象地揭示了权力在本质上所具有的扩张性,行政权力是一切权力的代表。在社会和行政的关系上,社会让行政系统继续代管社会,在要求行政继续为自己服务的同时也开始日益警惕、防范行政可能带来的不利影响。为了实现这一目的,社会阶层自然要求建立对行政进行监督的制度。就监督行政的方式方法而言,社会民众可以通过相应渠道进入立法和司法系统对行政开展制度化和规范性的监督。随着网络通信技术的开发和应用,社会公众之间进行意见沟通的形式更为便捷,成本也更为低廉,一个可对行政施加真正意义上的大众监督的时代已经到来,即所谓“媒治”。各种以互联网为基础的自媒体的出现,则又重塑了社会公众和行政之间的监督结构和样态。在现代社会,公众已经成为立法或制度、司法以及行政之外可对行政进行有效监督的一股重要力量。相较于其他三种监督形式,社会监督行政最大的优势在于其灵活机动性,在地域和时段上的限制较少。

(五)行政机关自我纠错机制

行政行为不合法会在行政机关和行政相对人之间产生行政争议,国家治理体系与治理能力现代化发展要求创新行政争议化解机制。区别于上述监督机制,以及针对个案的行政复议与行政诉讼的外力解决纠纷和个案监督,行政机关自我纠错通过行政主体主动对符合纠正情形的行政行为消除违法状态,保护行政相对人合法权益,从而实现快速有效化解行政争议。在作用机制上,行政机关自我纠错针对行政行为轻微瑕疵、违法以及已过争讼期限形成的行政争议对应了补正、行政撤销和确认违法与行政程序重开的纠正措施。改革后的行政复议无法充分发挥行政内部化解行政争议的专业性优势,为行政机关自我纠错的制度化发展提供了制度空间。违法行政行为依据违法程度不同,可分为轻微瑕疵、违法与无效,而

---

① [法]孟德斯鸠:《论法的精神》,钟书峰译,法律出版社2020年版,第76页。

这些行为分别对应不同的作用机制来进行纠错。

1. 行政行为轻微瑕疵的自我纠错机制:补正

行政行为的轻微瑕疵介于违法与合法之间,其既不属于违反法定程序的程序违法,也不合乎法律程序规定要求。轻微瑕疵之所以认为是瑕疵,就像一般瑕疵不影响功能发挥一样,是因为其行政行为并不对实质处理结果与利害关系人、相对人的权利产生影响。但即便如此,行政行为的相对人一方为争求自身利益仍然会因行政行为的轻微瑕疵寻求救济继而引发行政争议。行政行为轻微瑕疵引发的行政争议可以通过行政行为补正机制来解决。我国曾在《行政复议条例》(已失效)第 42 条中规定了补正制度,但后续的行政复议及行政诉讼相关法律法规均未对此作出规定。目前仅在地方性行政程序立法中规定了可补正的行政行为程序瑕疵情形。若行政行为轻微瑕疵所导致的行政争议诉至法院,补正可以在诉讼程序尚未结束时作出。在诉讼程序中行政机关补正行政轻微瑕疵的,法院判决驳回原告的诉讼请求。反之,则依据《行政诉讼法》第 74 条规定,判决确认违法。

2. 行政行为违法的自我纠错机制:行政撤销与确认违法

实践中,大量的行政争议是由于行政行为违法产生的。按照行政行为的违法程度不同,行政行为违法可分为一般违法与严重违法。一般违法的行政行为可通过行政撤销予以自我纠正。行政撤销,是指行政机关通过法定程序消灭违法行政行为法律效力的行政行为。虽然行政行为一经作出即具有公共领域的确信力,但行政行为的确信力可被“同一程序”原则突破。这是因为行政主体在被授予作出行政行为权力的同时隐含了撤销违法行政行为的权力。《行政许可法》第 69 条及《行政处罚法》第 76 条为行政撤销权的运行提供了法律依据。因此,通过撤销纠正违法行为是依法行政的应有之义。同时,理论上行政主体作出行政行为是基于职权所为的真实意思表示。当行政行为因违反法律规定而侵害公民权利时,行政主体还负有职责通过撤销等必要手段使其结束非法状态来避免危害结果的扩大。有学者直言,行政撤销权形式构造上为行政职权,但实质构造上为行政职责。同时,行政行为的违法并不必然产生被撤销的后果。行政主体撤销行政行为还应遵循法安定性与信赖利益的必要考量。造成行政争议的行政行为违法但不宜撤销或不具有可撤销内容的,行政主体应当以确认违法的方式进行纠正。违法行政行为本应通过撤销纠正及时恢复适法状态,但若依利益衡量或客观现实的考量无法达致合法性恢复目的时,则可通过行政主体确认违法来填补因违法造成的法秩序破坏及公民利益侵害。对于行政相对人来说,确认违法明确了先前行政主体作出行政行为系错误意思表示。同时,确认违法也并非仅具有"宣示意义"的作用,相对人可以以此为前提请求行政赔偿,从而达到化解争议之效果。若行政行为严重违法引发行政争议,行政主体亦可通过确认无效进行纠正化解。依据通说,无效行政行为自始无效,因而也不需要行政主体进行撤销来使其失效。行政主体确认无效后,依法对行政相对人进行赔偿或补偿。

3. 已过争讼期限行政行为的纠错机制:行政程序重开

在特定情况下,已过争讼期限的行政行为依然会造成行政争议。公民、法人或其他组织对行政行为不服但超过争讼期限的请求,往往得不到救济机关的实质处理。这是因为法的安定性要求行政行为应当与制定法一样具备一定存续性,经由行政行为创设的法律秩序状态应当保持相对稳定以使相对人的利益免受行政专横和恣意的损害。对于行政相对人而言,对行政行为规制的内容不服,应当在法律规定的期限内提起法律救济。若未在法定的救济期限内对行政行为提出异议,该行政行为即具有不可撤销性,相对人不得再寻求通常的法律救济途径,该行政行为所规制的法律关系由此获得确定。为了避免救济期间经过的不利后果,实践中部分当事人针对已经超过起诉期限的行政行为采取迂回策略,向行政机关提出要求变更行政行为的履职申请,行政机关不予答复或者拒绝答复后,则提起一个不履行法定职责的行政诉讼,即将作为类的行为之诉转化为不履行法定职责之诉。行政程序重开,又称行政程序重启或行政程序的重新进行,是指行政机关在特定事由满足下通过一个新行政程序开启,以对于原行政行为所决定之事件重新进行审查,并进而决定是否撤销、废止或变更原行政行为的一种程序历程。德国行政程序法及我国台湾地区规定的行政程序重开,正是以特别途径赋予相对人尝试变更或废弃原行政行为的权利,以求达致调和法安定性和个案正义之间紧张关系的目的。日本行政复议改革实行审查请求程序一元后,仍保留了行政权自我审查的机制。在存在大量复议案件的领域中设立行政机关重新调查处理先前决定的简易程序。我国由于统一的行政程序法阙如,地方行政程序办法分散,尚无法律对此进行明确规定,行政程序重开仅在最高人民法院的司法裁判中获得确认。在王某设诉兰考县政府案中,最高人民法院虽驳回申请人的再审申请,但指明申请行政程序重开作为其救济的途径。当事人因法定救济期限届满等无法通过诉讼获得救济时,可以请求行政机关重开行政程序进行自行撤销或废止来纠错。

第二章

合法性审查:行政系统内部自治

一、行政自治和合法性审查的价值

(一)行政自治的必要性

自治是自主地管理自己的事务,是外界干预和约束之外的自行治理内部系统。行政自治区别于前述通过立法制度、司法裁判和外部监督等外部治理,是通过行政系统内部的上下级、部门间的分工和互相约束来实现自我控制和约束。合法性审查的自治功能主要体现在该审查既有乡镇负责法制审查功能的审查员对行政行为的初步审核,也有上报到区司法局负责法制审核工作的部门进行终审,其中如果有法律顾问和第三方机构参与,会在审核工作人员之间来回商议,修改行政行为作出的限度和程序等,优化行政行为的对外效力。行政自治对于外部监督者来说,是一种自发性行为,目的是使其行政权在合法合理的范围内运行。简单地说,就是行政主体对自身违法或不当行为的自我控制,包括自我预防、自我发现、自我遏制、自我纠错等一系列行为。

行政自治缘起于国家治理体系和治理能力现代化的要求。党的十八届三中全会审议并通过了《中共中央关于全面深化改革若干重大问题的决定》,首次在中央文件中提出,推进国家治理体系和治理能力现代化,明确提出在未来经济发展中要发挥市场在资源配置中的决定性作用,并围绕坚持党的领导、人民当家作主、依法治国有机统一深化政治体制改革。专家表示,会议通过的《中共中央关于全面深化改革若干重大问题的决定》是新时期指导中国改革的纲领性文件。改革措施进入“深水区”就是要对行政权进行“大手术”,为了确保政令一旦对外作出,就是合法的、科学的、合理的，有必要在内部进行专业性审查，以避免不可挽回的行政损害，实现行政法治的根本目的。行政法治是现代国家行政的必然要求，行政法治下建立法治政府，预防和控制行政权力的滥用是其应有之义。传统行政国家的一般理论是依赖外部主体来预防和控制行政权逾越其疆域，但是单纯的他治在对行政权进行控制的同时也存在一定的局限性，行政自治的诞生恰好可以弥补外部预防机制的缺漏，从而使二者相辅相成，预防行政权的滥用和控制行政权的扩张，共同推动行政法治。

利用权力来制约权力即利用其他国家权力来制约行政权力，从洛克将国家权力分为立法权、执行权、对外权，到孟德斯鸠将国家权力分为立法权、司法权、行政权，都旨在利用权力来控制权力。现代民主国家在建立之初就希冀通过此种方式来达到对行政权力的控制，至今这种对行政权力的控制发挥着不容忽视的作用，但是其也存在一定的局限性：一是立法、司法的滞后性。立法必须具有针对性，往往社会出现某些问题后才会运用立法的手段将处置方案固定下来，以便解决问题时有章可循且同一个过度内是统一的、公平的。另外，立法对社会发展有一定的预见性，但是能准确预见社会发展的条文占的比例是极少的，这就体现了立法和制度的滞后性。同样司法从来就表现为一种被动调和、化解和裁判，被动性是司法干预的本质属性，司法具有天然的滞后性，这点不仅是行政案件，民事和刑事争议事项也是一样的，它滞后于具体案件——行政争议事项产生争议的那一刻，更滞后于相对人对行政行为的不认同，对行政行为带来的利益影响（行政行为必须对相对人具有利益上的影响，否则不能发起行政诉讼）后，相对人不服，司法机关为行政相对人合法权益主持公道或居中裁判，此时对行政权力的控制便显得被动且滞后。传统的法治理念下，司法对行政的控制是通过合法性审查来进行的，那么“合理性”问题便可能游离于司法控制。从这个角度上说，司法的滞后性解决也只是约束和控制行政行为的合法性问题，不能解决天然的“合理性”问题。内部细致的合法性审查可以做到这一点，因为我们这里说的乡镇合法性审查，不仅是对合法性进行审查，也要对行政行为的合理性进行审查，虽然合法，但不够合理，需要对实体或者程序进行人道性的调整，也是审查制度设置的应有之义。既然是内部审查,必然要尽力做到细致全面。

二是外在的约束具有一定的被动性。现代行政权的扩张换来了国家对行政权力的不安全感,国家需要根据分权理论加以限制,因此其从立法、司法等方面增加对行政权的控制来更加严密地对行政权进行监督,但这些外在的控制机制或多或少地具有一定被动性,并非行政机关主动申请的。在外在约束下的行政权力缺乏自我纠错的机制,继续滥用权力的可能性较大。外在约束的机制都在被动的“做手术”,出现“头痛医头,脚痛医脚”的局面。而内部产生自我管理和控制的手段是内部“动刀子”,产生良性循环,从而使行政系统产生避免权力滥用的免疫力。

政府主动管理、控制和纠错还体现在政府的行政理念的更新——从管理者到权利让渡者再到服务者的转变。管理者论认为行政法是行政机关对公共社会进行管理的理论,主要是对行政相对人的行为进行规范。权利让渡论认为行政机关与行政相对人的权利义务通过行政权力让渡公民权利来实现平衡,公民权与行政权之间的权利与权力是一种相互平衡的关系。行政权既被控制又被保障,公民权既被保护也被约束。但是随着时代的发展,这两种理论都出现了诸多弊端,管理者论过分注重行政权力对社会的控制,忽视行政相对人的权利,而权利让渡论又过分侧重于平衡,开始跟不上中国法治政府建设的脚步。行政相对人的权利应该是天然的,法定化了的,不需要政府赋予,服务行政的理念逐渐走进相关学者以及政府的视野,开始成为热点话题并被广泛地应用于公共行政的各个环节。服务行政是指政府把服务者的角色作为自身基本定位,将服务社会和公众当作核心价值追求,以追求公共利益为己任的一种新型政府治理模式。

(二)以合法性审查进行行政自治的价值

通过合法性审查的方式进行行政自治,是对其功能发挥的优势考量。行政自治既可以从减少内耗、节约外部监督机会和提高内部发挥效率等方面节约行政成本,也可以从自治的目标与限制行政权、保障相对人权利的关系得出法治政府建设的构建作用,还可以从行政二次细化中规制到合法性方面来,从完善行政制度和行政程序使得行政行为更加合理化。

首先,行政自治有利于节约行政成本,从而将更多的资金用于公共服务。在整体预算不变的情况下，政府掌控的资源是有限度的，如果政府资源在行政行为发生后再被修补、完善和纠正中消耗，显然没有达到政府依法行政的目的，而且政府作出行政行为的效率是低下的，纳税人的钱被消耗掉但没有达到应有的效果，是被浪费了的。每个行政行为的计划、产生、执行和善后都意味着消耗国家财政，因为这是行政人员每天的工作，如果行政行为被确认违法，那么此前的一系列相关行为都是无用功。行政自治大大降低了行政成本，其理由如下：其一，传统的方式是通过外部控制机制即立法、司法监督等来达到对行政权的控制，采用这种方式就要投入一定的成本来缩小与行政主体的距离，才能使外部主体窥探到行政机关内部，从而达到对其的监督。而在行政自治中，行政权保持着一种自治的状态，几乎没有监督成本。在损害结果方面，只是判断行政行为的合法性而不能在一定程度上避免以及挽回损害结果是外部监督主体的显著缺陷，而行政自治的一个重要方面就是要求行政主体在实施行政行为时通过自身控制与纠错机制使其可以及时地避免一些损害结果的发生，在一定程度上能够及时挽回损害结果。其二，行政自治理论下的行政内部分权制度等可以改进政府的运行模式，通过内部组织结构的调整便可提高行政效率。而且行政自我评价制度也在一定程度上提高了行政公务人员的积极性，提高行政效率，避免消极怠工行为，从而降低实施行政行为时所支出的内部行政成本。其三，法律赋予行政机关一定的行政自由裁量权，行政自由裁量权却存在滥用的可能性，为了避免这种结果发生便要对其进行有效的控制，而过多的监督和控制在一定程度上使行政机关实施行政行为时“缩手缩脚”，有时可能降低了行政效率，并不能达到最优的行政结果。而行政自治是行政机关对其实施行政行为时的自我监督与反思，通过实施者自身的克制可以更好地实施行政自由裁量权，从根源上杜绝行政自由裁量权的滥用，从而合法合理地运行行政自由裁量权，不仅提高了行政质量，而且节约了行政成本。

其次，行政自治有利于法治政府的构建。亚里士多德在他的著作《政治学》中认为法治应包含人民普遍服从法律及法律的科学性两种意义，他的原话大致为：“已成立的法律获得普遍的服从，而大家所服从的法律又应该是本身制订良好的法律。”从其法治理论中又可以看出法治的两重意义可以细化为许多法治内容：人权保障、限制权力等。其中限制行政权力又是现代建设法治政府的题中应有之义。如前所述,传统的法治思想是利用外部权力机制来对行政权力加以控制,这种外部的控权模式的局限性使其无法真正达到控制行政权力的目的。而行政自治理念可以弥补其不足之处,通过其自身的克制来实施行政行为,在行政环节中就可以避免不良后果的产生或者运用其自身的纠错机制来避免不良后果的再次发生,达到对行政权有效控制的目的。再者,以服务行政相对人为目标的行政自治促使行政机关实施合法、合理和具有可操作性的行政行为,从这个意义上说,行政自治理论促进了法治政府的构建。而且,我国行政机关在行政自治方面进行的一系列努力在某些方面与法治政府建设的目标相呼应,例如,政府机构改革、建设法治政府的目标、简政放权、推行权力清单制度等,都说明了行政机关在推动法治政府的建设中发挥重要作用,行政自治也在其中占据着举足轻重的作用,成为建设法治政府的主要方向和手段。

最后,行政自治是增强政府正当性的一个手段。从行政权来源于民权的角度来看,民权授予行政权,是一种授权或权利让渡。该种权力的获取是将民权中的管理性、公共性的部分分离出来,公民权利本身不是无限度的,公民赋权政府自然是希望其对一些个体权利进行限制,因此导致行政权具有一定的对抗民权的特征,再加上行政权存在滥用与侵犯公民权利的隐患,如果权力没有正当性就不是政治而是暴力,行政权必须以正当性为依据。现代行政权属性和概念的认识在不断地深化内涵,行政行为的合法性和合理性兼具是现代行政权力正当性新的内涵,尤其是在合理性方面。行政法学对行政权的正当性的追问也主要体现在其合法性与合理性方面。行政机关依法实施行政权,在法律的框架内实施行政行为,如果超出法律的轨道便会受到外部控权机制的监督与制约。若违反了行政权的合理性却经常逃出外部控权的钳制,他治往往无法严格地对其进行监督与控制。行政权的合理性往往体现在其为行政相对人服务意识的强弱,且服务行政本身就是一个涉及很多合理性方面的行政形态。同时政府工作理念是服务才是正当的。随着“福利国家”理念的发展,服务型行政的理念不断发展并呈现出成为主流的趋势,各个国家也将这一理念纳入行政领域,成为行政正当性的新内容。现阶段的中国政府也在努力打造一个服务型政府,比如许多行政机关直接改为"服务局",至少作为一种宣示,行政主体凭借其职权积极处理行政事务,更有效地为社会及行政相对人提供最好的服务和福利。做到这些就需要行政机关的公务人员在依法办事、依章程办事的同时有更强的服务意识,这种服务意识要通过行政机关内部"自愿"来完成。外部的他治试图深入政府"内心"促使行政机关增强服务行政相对人的意识,但是这种方式难免有"强迫"的意味,有时这种被迫反而达不到预期的目标。而行政自治理论是行政机关内部自我控制的理论,其以服务行政相对人、维护行政相对人的利益为目的,在行政自治理论引导下的行政机关愿意积极地在合法的基础上合理地为行政相对人服务。行政机关内心自发地为行政相对人服务势必会提高行政行为的质量,更好地维护行政相对人的权益,从此方面证成行政行为的正当性。

二、实践意义上行政自治的合法性审查

行政自治的思维在我国传统治理模式中已经存在,传统治理模式侧重自上而下的监督机制。以儒家思想为统治思想的古代中国强调价值规范对行政权力的制约,其通过"礼"保证社会秩序,又将"礼"的观念内化为行政机关及其公务人员的精神支柱,支配着他们自觉地约束自己。而且古代中国是一个大一统的国家,实施的是封建的中央集权制,国家权力集中在中央,地方机构设置及官吏任免都是由中央支配,这种政治体制很难由外部监督来对权力进行控制。因此,在古代的中国政治视野下,不管是中央官员还是地方官吏实施行政都是以行政自治来对其行为进行控制的。而且中国"内圣"思想认为具有优秀品格的人能胜任一切行政事务,所以无论是官员的任命还是国家行政机构的设置,鲜少存在权力的分立与制约以及普通民众的有效监督。再者,在中国传统文化中有着"得民心者得天下,失民心者失天下""得道者多助,失道者寡助"的民本思想和"水能载舟,亦能覆舟"的信条,行政机关也在中央集权的封建统治下进行自我克制与善治,对自身的行政行为予以约束,通过自我克制来达到政治的和谐统一。几千年来这种文化的延续证明,行政自治在中国现实实践是有深厚的土壤的,更容易被接受。如今我

们设置合法性审查程序是行政机关充分发挥自身主观能动性,通过自我遏制、自我约束等积极行为来达到对行政权的控制,以追求服务于公民、保障公民权利的自治法治理念。

(一)合法性审查制度是一种行政自评制度

行政自评即自我评价,是行政机关安排在系统内部对自身及其公务人员行政行为及行政规范性文件的合法性、合理性和操作可能性进行的自我评价,并将评价结果反映到行政活动中的法律制度。行政机关自我评价的法律制度既是一种自我评价,也是行政主体的"善治"行政理念的执行自治制度。行政自我评价体系制度在西方国家已经经过实践,取得了较好的效果。美国政府于 19 世纪末开始探索,初步进行了包括合法性审查在内的改革,到了 20 世纪 40 年代,经过一段时间的学者和官员的讨论和总结,认可行政自我评价体系的可行性、科学性和先进性,并继续深入推行。直至 1993 年,《政府绩效评估与结果法案》颁布,标志着美国的行政评价趋于成熟,随着美国行政自我评价的不断完善,其直到今天仍发挥着良好的作用。行政自评制度在英国及英美法系国家也得到推行,都反馈为较好的制度进步。亚洲国家中推行行政自评较早的国家是日本,我国没有合宪性审查制度,合法性审查也没有形成一个系统,但是我国一直在加强依法治国和以德治国,行政自评制度在我国还处于初级阶段,本次试点乡镇合法性审查是一次自治制度的探索,也是一次很好的自评制度,制度设计者认为只有这样探索才可以建立良好的行政环境,行政机关通过自身的行动来达到对行政权的控制,加速法治政府的构建。行政自我评价法律制度,不仅是构建法治政府的必然选择,还是建设服务型政府的内在要求,建立行政自我评价制度有利于实现对行政权的有效控制,也有利于提高行政行为的质量和效率。

通常,行政自我评价法律制度的内容根据评价的对象分类,主要包括政策评价、业绩评价、担保评价、单独评价、综合评价。政策评价针对政府政策的全过程,一般是在实施以后,通过对实施情况评价来对政策进行改进,以期取得更好的行政效果,提高政府的行政质量以及行政能力,广义的政策评价应该包括政策制定后、修订中、颁布前对政策内容的评价。业绩评价主要针对的是行政机关实施行政行为的合法性、合理性和可操作性,是行政主体对其自身目标完成情况进行的评价。既然评价的对象是行政行为的业绩,自然是事后评价。担保评价是指下级行政主体面对社会经济情况的飞速变化有时无法作出客观且准确的行政自我评价,上级行政机关便会派相关人员来协助下级行政主体在程序上进行准确的行政评价。单独评价是指行政机关针对某一个具体的行政行为进行的评价,例如对行政规章、行政政策予以评价。综合评价是上级行政主体打破行政部门之间的层级等界限,从综合的角度对两个以上的主体共同处理的行政事务进行评价。行政自我评价制度是一种全方位的评价方式,在行政机关内部上级对下级、同级之间以及下级对上级的评价来进行具体的操作。行政自我评价制度根据时间的不同分为事前评价与事后评价,事前评价的方案、标准等为事后评价的依据,事后评价则依据对行政活动实施的过程、结果等方面所进行评价并依此来完善行政行为,综合评价便是一种典型的事后评价。当然,对行政机关进行自我评价并不仅是对行政主体进行评价,还有对公务人员和行政行为的评价。

行政自我评价法律制度是行政主体在其内部主动地、自愿地实施的,是行政机关进行的自我规范和控制,行政主体通过对行政活动的客观评价发现存在的问题从而改进、完善行政活动,对自身行政行为进行内部控制的一种实践机制。上级行政机关对下级行政机关进行评价,如果下级行政机关实施行政活动时严格依法行政且具有合理性就会获得上级行政机关的肯定评价,这样就会在一定程度上使下级行政机关更加约束自身的行政行为。如果下级行政机关得到了上级行政机关的否定性评价,下级行政机关便会积极地寻找问题、纠正并予以改正,这就使下级行政机关在以后实施行政行为时避免此类问题的发生,也可以使其上级、下级或者同级行政机关意识到这种违法或者不当的行政行为的后果,从而避免了不合法、不合理等行政行为的再次发生或者促使发生次数减少。这种从行政机关内部主动对行政行为进行监督控制的行政手段是行政自治理论的有益践行,促进了行政自治理论的发展。同时,行政自我评价法律制度对行政公务人员具有一定的激励作用。行政自我评价法律制度贴近行政公务人员的行政实践,通过对行政公务人员进行的行政活动进行评价从而作出评价结果进而根据评价结果来决定对行政公务人员的奖惩。此类奖惩往往与职位变动、升降、奖金的发放挂钩,这样就可以对行政公务人员实施的正当的、充分以公民利益为出发点的行政行为予以奖励,这种外部的奖励可以转化为行政公务人员的内在动力,这种积极的动力将对行政公务人员实施行政行为时产生巨大的推动力,更加自我规范和约束自身行政行为,更加能够作出维护相对人权益和社会公益的行政行为,促使行政机关往法治政府、服务政府、善治政府的方向发展,从而实现行政自治。倘若由于政府及其行政公务人员违法或者不当地滥用行政权力等从而得到惩罚的评价结果,其将会承担一系列不良后果,如降低收入、降职、撤职等。这些不良后果会驱使行政公务人员约束自己,控制行政权的行使、提高行政效率,以最佳的行政方式服务于行政相对人,从这个意义上来说,行政自我评价制度对行政自治发挥着重要的积极作用。概言之,通过行政自我评价这一行政机关的内控激励机制,使行政主体对行政活动进行自我监督与控制,对行政主体的积极的行政行为给予奖励,对违法或者不当行为给予惩罚,从而实现行政机关内部控制以及规范其行政行为的作用。

(二)合法性审查制度是一种内部监督与决策、执行分离的制度

行政内部分权是将行政权中决策权、执行权和监督权分离,以预防行政权力集中和行政权力滥用带来的不利影响。它是指为了遏制行政权力过度集中而出现权力垄断或者滥用的可能性,行政机关从其本身出发,通过对政府及其部门的行政权力进行分立,用各权力之间互相制约的模式来达到控制行政权力的目的,从而优化实施的行政行为。行政内部分权主要是将行政权分为决策、执行和监督三部分,是在权力分立且相互制衡的基础上进而构建既相互制约又相互协调的行政内部分权机制。考察中外在行政分权制度方面的改革,一般改革初期主要侧重于行政决策权和执行权的分离,到成熟阶段最终形成了行政决策、行政执行、行政监督互相分立的政府机构设置。比较典型的是英国 20 世纪七八十年代的行政体制改革和我国 21 世纪之初在深圳进行的决策、执行分离试点工作。英国在 1988 年发表了《伊布斯报告》,将行政决策和执行分离更加规范起来,后在多个西方国家得到借鉴,被澳大利亚、新西兰、新加坡等国家效仿。英国主要在此次改革中分

离新设立行政执行机构，将决策与执行分立开来，又为保障执行的效果，对执行机构的绩效进行评估并对社会公开评估结果，与此同时还引入了行政内部竞争机制，从而提高了执行机构的服务质量。此次对行政机构的改革使英国最终建立了行政决策、行政执行、行政监督互相分立的行政权力机构，效果较好。2001 年，深圳被选为中央编制办公室确定的全国深化地方政府行政管理体制改革的 5 个试点城市之一，自此开始酝酿、调研、论证工作。2003～2004 年，深圳逐渐开始 34 部门决策与执行分家工作。2009 年，《深圳市综合配套改革总体方案》中明确表达了"建立健全决策、执行、监督既相互制约又相互协调的权力结构和运行机制。实现决策相对集中，执行专业高效，监督有力到位。"从历史的维度来看，行政权在决策和执行分离方面相对成熟，近年来许多地方进行的行政机构改革，也是将执法权分离出来，采用各个部门的执法岗位都统一编入执法局，同时乡镇一级被赋予了部分执法权，实现执法权部分下沉基层政府，而监督权在事后评估方面尚有督考部门（该类部门一般由党委办公室设置），在履行职责外部监督的他治也属于事后监督，因此要填补空白或者加强力量的就是事前监督，该环节设置监督权就显得尤为重要，合法性审查能够发挥该作用，填补整个监督体系的空白。

合法性审查作为一种事前监督权存在的必要性还体现在行政权内部立法权和司法权自成体系，且有扩展趋势，而实践证明合法性审查试点地区行政复议和行政诉讼案件数量都是明显下降的，尤其是针对乡镇的行政案件是明显下降的。首先，行政法规、行政规章的数量超过了立法机关的立法，这时往往行政复议所受理的案件也在不断地增长，呈现出现今行政机关准立法权与准司法权不断扩大的局面。如果不对行政权加强监督和控制，任由其多种行政职能继续集中，将会产生行政权异化。此时内部事前合法性审查的出现及时遏制不良势头继续蔓延。一般认为传统监督是外部监督，效果不佳，但本质区别并不是外部还是内部，主要是事前还是事后，合法性审查的主要魅力就在于事前审查决策和执法决定。"行政三分制"中行政决策权和行政执行权只是对两项分权进行了职能分工，在分工中实现防范一个部门权力过大以至于滥用，监督权则是对决策权和执行权的双重监督。行政监督权的抽离，以自律、自查为目的，且更具有相对的专业性，从体制上避免了部门职能过于集中，从而实现对行政权的分化及有力控制，引导行政机关走向良善与和谐的轨道。这样就在行政机关内部形成了积极主动的自我规范机制，而且这种规范控制机制是发自其“内心”的，从行政机关内部考核来看，行政主体也希望行政行为对外具有权威性和公信力，避免外部监督施加在其身上用以被纠正，不必本末倒置地为满足外部监控体制的硬性要求来实施行政活动，这样一来就为行政机关提供了更广阔的空间，在一定程度上避免了行政机关接受他治的被动性与消极性。

三、合法性审查局限性和完善宏观建议

（一）合法性审查的局限性

1. 审查对象态度不稳定。首先，合法性审查的实施主体本身也是行政部门，行政部门工作人员容易受到行政决策部门领导的影响，乡镇人民政府负责合法性审查的一至二人名义上隶属区县级司法局，但在日常工作也要服从乡镇领导安排，很难完全姿态独立。涉及综合合法性审查或者项目集中审查时，经常出现这样的现象：在上级行政机关对下级行政机关进行集中审查期间，下级行政机关恪守行政法律法规和文件规定，努力达到合法合理标准，审查过后却经常出现懈怠现象，甚至对此前的标准进行变相更改。其次，各地审查标准除依据法律、行政法规外，还有各种行政性文件，或者没有明确的文件，依靠审查人员的理解，因此审查标准往往是不稳定、不统一的。

2. 自我审查和评价受到自身利益的影响。人性的弱点在一个机构中涉及核心利益时也会表现得淋漓尽致，如果没有后遗症每个个体都希望得到更多的权力，同时在面对一个要求自我克制的投票时每个个体都愿意投一张赞成票。合法性审查属于行政机关的自省制度，实施合法性审查的公务人员或者受托主体依靠的除法律法规及文件的规定外还依赖自身主体的自觉性。就如我们无法相信所有的行政行为都在实施善治一样，当审查利益与单位利益发生冲突时，作出行政行为的行政机关能否守住底线，接受审查意见而不随意干扰，这是存在疑问的。现实中发生在乡镇的行政事项，较多是在执行县级人民政府的安排，而如果合法

性审查人员对负责法制审核工作的司法行政机关负责,这时合法性审查的对象乡镇人民政府会很强势,可能会以县级人民政府作为背后推手来强制通过合法性审查。而事实上到底是县级人民政府的决策有问题还是执行措施不合理甚至不合法,是需要深入研究的。

3. 合法性审查人员工作动力不足。当前乡镇合法性审查的人员职务是普通公务员或者受聘的律师等,一方面其行政层级地位不高,另一方面容易受到利益影响。行政机关及其公务人员并不是不食人间烟火,追寻利益是不可避免的现象,这就存在少数行政机关公务人员在监督以及惩戒薄弱的环节用手中的行政权力来谋取私益的问题,也可能存在根据亲疏关系来对待行政相对人,这种行政伦理价值观的缺失导致了审查动力的不足。

(二)完善合法性审查的宏观建议

合法性审查制度能顺利实施自然比外部被动的、事后的干预更显优势,但是其不可避免地存在上述局限性,从而阻碍合法性审查的推行和发展。所以不断地完善合法性审查的理论、持续地探索各种行政自治制度就显得尤为重要。

1. 完善立法,制定合法性审查条例。合法性审查条例属于内部行政法,它属于调整行政机关内合法性审查行为、审查主体和审查对象关系的行政法规。内部行政法,顾名思义就是关于行政机关内部以及行政官员之间关系的行政法。内部行政法相对于外部行政法,其中《行政诉讼法》《国家赔偿法》《行政许可法》等相关法律为外部行政法。一直以来我国在行政立法上尚处于外部行政法的完善过程,对内部行政法没有足够重视。外部行政法的滞后性以及无法窥探到行政机关内部等诸多不足使其对行政权的控制是有限的,行政机关内部进行自我控制就需要内部行政法发挥作用。我国此前并没有意识到外部行政法与内部行政法应并重发展,长期忽略内部行政法,使以规范行政内部组织、厘清行政内部职权、行政机关自我约束等为内容的内部行政法比较薄弱,也使行政自治的实施不具有持续性和稳定性。本轮乡镇合法性审查试点工作拉开了行政事务事前审查的正规化序幕,相信在不久的将来,审查条例的出台将有利于固定改革成果,推广优秀制度,促进行政法治长久发展。条例的出台也是内部行政法的完善,使行政机关及其公务人员在对自身进行控制时有统一的法律可以依据,对于行政自治的持续性与稳定性发展具有重要的意义。

2. 注重队伍建设,加强公务员和审查人员行政伦理的培养。合法性审查在人的问题上一方面需要提高审查人员专业素质,更重要的是需要进行伦理培养;另一方面需要审查对象的配合,提高审查对象公务人员的伦理道德水准有利于排除干扰,提高工作效率。行政机关作出行政行为要通过公务人员来实施,而个体人的行为要受到其主观意志的支配,这就凸显了公务人员行政伦理素养的重要性。对行政人员的伦理培养注入中国现代社会主义法治社会的主流价值观:服务、诚信、依法行政、行政自治等,由此促使行政机关公务人员内心形成一种内心“善”的价值观。我们并不能绝对期望每一个行政官员都能受到内心良好的行政伦理的支配,但我们可以给公务人员做一个阶梯式的划分:第一等的行政人员完全做到超越个人利益而去维护社会公共利益达到内心控制的效果;第二等的行政人员在受到个人价值观支配的情况下使个人利益与公共利益达到一个平衡,偶尔可以超越个人利益,真正做到自治;第三等的行政人员是在满足个人利益的前提下,也不反对对公共利益的维护,至少不会损害公共利益换取个人利益。对行政人员的行政伦理培养还可以达到这样一种效果:假如上级行政部门或者上级官员作出错误的决定,行政人员通过内心控制可以向上级予以沟通,对行政活动的正确实施可能会起到至关重要的作用。

传统上对公务人员的培养一般都是对法律知识以及相关技术的培养,这种方式确实使行政公务人员在执行公务时能够高效且依法行政,但是真正做到在权力面前努力克制自己、以公众利益为出发点、创建服务型政府等方面还是需要对其行政伦理方面进行培养。当然,对此方面进行培养并不是忽略法律知识以及专业技术方面的培养,二者应该是处于并重的地位。对行政公务人员行政伦理的培养应该着重在以下几个方面:培养公务人员树立政府权责统一的观念,转变权力观念;培养公务人员理性的责任意识,在实施行政行为时以审慎态度对待;培养公务人员以人为本的服务理念;培养公务人员的自觉与自律能力。对行政机关公务人员的伦理培养,有利于转化公务人员的执法观念,真正以行政相对人利益为出发点，促进服务型政府的构建；有利于行政机关领导层能够以大局为重，提高其自治能力，在自身利益与自治相冲突的情况下可以做到超越自身利益，坚定地约束行政权力，不利用手中的权力谋取部门利益或个人利益，促进行政自治的发展；有利于构建廉洁的行政队伍，真正建成法治政府。

3. 完善奖惩考核制度，提高合法性审查的积极性。为了使从事审查及配合审查的行政公务人员的个人目标与行政主体的目标一致，激发行政公务人员的积极性，应该对其实施有利于实现行政主体目标的行为予以奖励，用此种方式来确定行政公务人员实施的行政行为。久而久之，这种良好的行为模式便被固定，成为公务人员有意或无意间的行为准则。我国现阶段政府致力于打造法治政府、服务型政府，这也是行政机关公务人员实施行政行为的目标，当行政人员为这一目标努力并表现突出时，应该通过相应的机制予以奖励，这种奖励机制有助于塑造行政主体正直、善治的行政品格，并使其得到作为个体人的尊重与赏识，这也在一定程度上为行政自治提供了动力支持，表现良好便予以表扬和奖励，这种激励模式会促使行政机关公务人员在原来的表现基础上上升到一个新的高度，如此一来，就为行政自治提供了源源不断的动力支持，也可以对行政自我评价法律制度的发展起到促进作用。行政自我评价法律制度的一个重要内容就是对行政机关公务人员进行评价，如其依法行政、服务行政、合理行政，达到了行政目标便会受到行政奖励。惩罚机制对于行政机关公务人员来说，为了不受到降职、撤职等处分，它能使行政人员朝着行政主体以及社会的所期望的方向努力，减少不合法、不合理等行政行为发生的次数。而且行政机关公务人员具有“社会人”与“经济人”的双重身份，当其实施行政行为无法超越个人利益，以个人利益为重时便给予其严厉的惩罚措施，惩罚相关人员的同时也对其他公务人员有着警示作用，对其他公务人员起到了威慑的作用。所以行政内部奖惩机制的形成在合法性审查程序中也为行政自治提供了动力支持，有助于创造不断进步、不断完善的行政局面产生，从而提高行政效率和行政机关服务的质量。

第三章

乡镇行政规范性文件的合法性审查

一、基础知识指引

（一）什么是行政规范性文件

2018年5月，国务院办公厅《关于加强行政规范性文件制定和监督管理工作的通知》（国办发〔2018〕37号）明确指出："行政规范性文件是除国务院的行政法规、决定、命令以及部门规章和地方政府规章外，由行政机关或者经法律、法规授权的具有管理公共事务职能的组织（以下统称行政机关）依照法定权限、程序制定并公开发布，涉及公民、法人和其他组织权利义务，具有普遍约束力，在一定期限内反复适用的公文。"依据该条文规定，行政规范性文件具有下列特征：一是行政规范性文件制定的主体是除国务院及国务院下属各部门之外的行政机关或者经法律法规授权的具有管理公共事务职能的组织。该类主体从省级到乡镇级范围很广，地方政府及其下属机构均属于制定主体。二是制定主体必须在法定的权限和程序内制定。法定权限和程序之"法"是广义的上位法，包括法律、行政法规、地方政府规章、上级政府及机关制定的对口规范性文件。规范性文件的制定主体必须依照这些"法"规定的权限和程序行使。从广义上讲，公开发布属于程序性行为，也属于法定程序。三是在内容上涉及的是公民、法人和其他组织权利义务。这里涉及的权利义务关系，主要是指直接或间接对公民、法人或者其他组织作出禁止性、允许性、强制性事项以及相应的权利义务或者责任。四是在调整对象上具有普遍约束力。普遍约束力是指行政规范性文件的内容适用于不确定的公民、法人或者其他组织。这里特别强调，文件的调整对象要从是否属于行政机关、财政拨款的单位及其所属人员以外的公民、法人或者其他组织等方面把握。调整对象不是指行政规范性文件发布的对象,而是指行政规范性文件中管理内容涉及的对象。五是在时间上是在一定期限内反复适用。自施行之日起的一个时间段内,对同类事项可以多次适用。这个时间段可能是几天,也可能是几个月,还可能是几年。

(二)主体资格和权限的法定来源

根据国务院办公厅《关于加强行政规范性文件制定和监督管理工作的通知》内容,行政规范性文件制定主体资格和权限的法定来源主要是行政法规,授权机构是行政序列的国家机关自上而下某个制定机关的上级机构。制定规范性文件的机构主要是地方各级人民政府、县级以上人民政府所属工作部门、县级以上人民政府依法设立的派出机关。同时,法律法规授权的具有管理公共事务职能的组织在其法定授权范围内也可以制定行政规范性文件。县级以上人民政府所属工作部门的内设机构或者派出机构以及不具有行政管理职能的机构,不得制定行政规范性文件。因行政规范性文件的制定不是由《立法法》规定的立法主体的立法行为,因此其制定权限和程序来源只能是行政最高层级的规定即行政法规。全国各省级人民政府基本制定和颁布了行政规范性文件制定和监督管理办法,作为地方政府规章的一部分,而各省级人民政府制定的依据是国务院制定了上述加强行政规范性文件的制定和监督工作通知。显然是行政法规和地方政府规章成为规范性文件制定的依据。乡镇人民政府制定的规范性文件溯及的上位法和上位文件应该是从县级到中央的所有法律、行政法规、地方政府规章及文件。

(三)行政规范性文件的形式审核

行政规范性文件可根据需要使用“决定”“规定”“细则”“意见”“通知”“办法”等名称,不应使用“条例”“批复”“报告”等名称。“条例”“批复”显得位阶太高,“报告”主要针对单项事务,不具有普遍适用的功能。

如两个以上行政机关联合制定了行政规范性文件,应只标注主办机关文号。如杭州市人力资源和社会保障局、杭州市民政局、杭州市财政局《关于进一步完善一至六级残疾军人医疗费用管理办法的通知》的文号为“杭人社发〔2011〕165 号”。

行政规范性文件不是《立法法》规定的广义法律范畴,因此建议不宜采用条款形式表述，不宜采用章、节等立法体例。部分省份就对此给予明确，如浙江省人大常委会法工委《关于印发〈规章、规范性文件备案审查指引（试行）〉的通知》（浙人大常法函〔2020〕28 号）。但对于该点，有些省份并不作要求，实践中把控不严，如 2022 年 9 月 8 日安徽省应急管理厅印发的《安徽省自然灾害应急救援队伍管理办法（试行）》在信息分类中明确属于行政规范性文件，但体例上采取分章条款式表述。

按照《党政机关公文处理工作条例》第 8 条规定的公文种类，其中报告、请示、议案、通报 4 个文种的公文不可能成为行政规范性文件，其他文种的公文需要根据文件内容来判断。

1. 行政规范性文件清理后，关于废止、宣布失效文件的决定，属于行政规范性文件。

2. 行政机关制定的关于行政机关的“三定”规定［部门（单位）职能配置、内设机构和人员编制规定］、启用行政执法专用章、行政区划批复等涉及对外管理权限并作为管理依据的规定，属于行政规范性文件。但行政机关对本机关内设机构职责调整的规定不是行政规范性文件。

3. 行政机关有些批复的内容不仅适用于请示机关所在区域，而且适用于批复机关管辖范围的同类事项，具有事实上的普遍适用性，属于行政规范性文件。

4. 行政机关转发下级机关的行政规范性文件，表示同意行政规范性文件的内容，属于转发机关的行政规范性文件。政府所属部门经本级政府同意后制定发布的行政规范性文件，纳入部门的行政规范性文件管理。

5. 行政机关原文转发上级机关行政规范性文件，不属于本机关的行政规范性文件。但转发上级机关行政规范性文件同时提出具体实施措施或者补充意见，并涉及不特定公民、法人或者其他组织的权利义务的，属于本机关的行政规范性文件。

6. 行政机关对本机关行政处罚、行政许可等进行裁量权细化、量化的规定，属于行政规范性文件。但行政机关指导本地区本系统下级行政机关就行政处罚、行政许可等裁量权细化、量化作出的规定，不属于行政规范性文件。

7. 行政机关为实施专项行动或者阶段性整顿，部署有关工作，明确有关部门工作职责和工作要求的方案（包括工作方案或者实施方案），不属于行政规范性文件。但如果此类方案的内容涉及不特定的公民、法人或者其他组织权利义务的，属于行政规范性文件。

8. 行政机关的指导意见原则上不属于行政规范性文件，但文件内容涉及管理职能或者行政措施，而且影响公民、法人或者其他组织权利义务的，属于行政规范性文件。

9. 党委政府联合文件。党委与政府联合制定以及党的纪律检查委员会、党委部门与政府部门联合制定的规范性文件，属于党内规范性文件，按照党内规范性文件有关规定进行管理。

10. 下列文件不属于行政规范性文件：

（1）会议文件：包括会议通知、会议纪要及会议讲话材料等；

（2）商洽性工作函：包括机关之间的商洽工作、询问和答复问题，向有关主管部门请求批准等；

（3）工作规划、计划、要点；

（4）工作考核、监督检查、行政责任追究等方面的文件；

（5）发文机关内部的工作制度；

（6）人事任免及工作表彰、通报；

（7）成立工作领导小组、协调机构等的通知；

（8）突发公共事件的应急预案；

（9）对小区、地名命名的批复；

（10）征地补偿、安置方案；

（11）公示办事时间、办事地点等事项的便民通告；

（12）行政机关对公务员、行政机关职员、公办学校教职工、医疗机构工作人员及全额拨款的其他事业单位职工、国有企业领导人的人事、工资、绩效等方面管理的文件；

（13）财政部门仅对格式文本、报表、会计准则、会计核算制度等技术事项进行规定的文件以及仅下达预算、分配资金、批复项目的文件；

(14)行业技术标准类文件、技术操作规程。

(四)行政规范性文件的程序审核

根据一般文件的制定过程,起草单位报送的审核材料应包括:文件送审稿,起草说明(含立项审批表),制定依据(含不公开文件),公开征求意见情况(含网站截图和意见采纳情况汇总),本单位及会办单位的合法性审核意见、集体讨论情况以及针对公平竞争审查、社会风险评估、专家论证等内容需要提供的相关材料。文件送审稿需同时附上有援引依据及相关规定的文本,可以在具体内容旁标注,也可以附后说明。根据国务院办公厅《关于加强行政规范性文件制定和监督管理工作的通知》规定,程序方面的要求如下:

1. 制发程序。行政规范性文件必须严格依照法定程序制发,重要的行政规范性文件要严格执行评估论证、公开征求意见、合法性审核、集体审议决定、向社会公开发布等程序。要加强制发程序管理,健全工作机制,完善工作流程,确保制发工作规范有序。

2. 评估论证。全面论证行政规范性文件制发的必要性、可行性和合理性,是确保行政规范性文件合法有效的重要前提。起草行政规范性文件,要对有关行政措施的预期效果和可能产生的影响进行评估,对该文件是否符合法律法规和国家政策、是否符合社会主义核心价值观、是否符合公平竞争审查要求等进行把关。对专业性、技术性较强的行政规范性文件,要组织相关领域专家进行论证。评估论证结论要在文件起草说明中写明,作为制发文件的重要依据。

3. 广泛征求意见。除依法需要保密的外,对涉及群众切身利益或者对公民、法人和其他组织权利义务有重大影响的行政规范性文件,要向社会公开征求意见。起草部门可以通过政府网站、新闻发布会以及报刊、广播、电视等便于群众知晓的方式,公布文件草案及其说明等材料,并明确提出意见的方式和期限。对涉及群众重大利益调整的,起草部门要深入调查研究,采取座谈会、论证会、实地走访等形式充分听取各方面意见,特别是利益相关方的意见。建立意见沟通协商反馈机制,对相对集中的意见建议不予采纳的,公布时要说明理由。

4. 审核把关。建立程序完备、权责一致、相互衔接、运行高效的行政规范性文件合法性审核机制，是做好合法性审核工作的重要保证。起草部门要及时将送审稿及有关材料报送制定机关的办公机构和负责合法性审核的部门，并保证材料的完备性和规范性。制定机关的办公机构要对起草部门是否严格依照规定的程序起草、是否进行评估论证、是否广泛征求意见等进行审核。制定机关负责合法性审核的部门要对文件的制定主体、程序、有关内容等是否符合法律法规和规章的规定，及时进行合法性审核。未经合法性审核或者经审核不合法的，不得提交集体审议。

5. 集体审议。制定行政规范性文件要实行集体研究讨论制度，防止违法决策、专断决策、“拍脑袋”决策。地方各级人民政府制定的行政规范性文件要经本级政府常务会议或者全体会议审议决定，政府部门制定的行政规范性文件要经本部门办公会议审议决定。集体审议要充分发扬民主，确保参会人员充分发表意见，集体讨论情况和决定要如实记录，不同意见要如实载明。

6. 及时公开发布。行政规范性文件经审议通过或批准后，由制定机关统一登记、统一编号、统一印发，并及时通过政府公报、政府网站、政务新媒体、报刊、广播、电视、公示栏等公开向社会发布，不得以内部文件形式印发执行，未经公布的行政规范性文件不得作为行政管理依据。对涉及群众切身利益、社会关注度高、可能影响政府形象的行政规范性文件，起草部门要做好出台时机评估工作，在文件公布后加强舆情收集，及时研判处置，主动回应关切，通过新闻发布会、媒体访谈、专家解读等进行解释说明，充分利用政府网站、社交媒体等加强与公众的交流和互动。县级以上各级人民政府要逐步构建权威发布、信息共享、动态更新的行政规范性文件信息平台，以大数据等技术手段实现对文件的标准化、精细化、动态化管理。

关于公开征求意见，地方的规定期限一般不少于 7 个工作日。如果属于重大行政决策事项，根据国务院《重大行政决策程序暂行条例》第 15 条规定，期限一般不少于 30 日。如果制定与市场主体生产经营活动密切相关的行政规范性文件，根据国务院《优化营商环境条例》第 62 条规定，除要充分听取市场主体、行业协会商会的意见外,向社会公开征求意见的期限一般不少于30日。关于合法性审核时间,2018年国务院办公厅《关于全面推行行政规范性文件合法性审核机制的指导意见》第2条第5项规定,"……除为了预防、应对和处置突发事件,或者执行上级机关的紧急命令和决定需要立即制定实施规范性文件等外,合法性审核时间一般不少于5个工作日,最长不超过15个工作日"。该时间是地方政府规定时限的底线,如浙江省人民政府办公厅《关于进一步完善行政规范性文件合法性审核机制的实施意见》(浙政办发〔2021〕44号)第2条第3项规定:"……除预防、应对和处置突发事件等紧急情况及适用简易程序外,合法性审核时间一般不少于5个工作日,最长不超过15个工作日。"关于集体审议,地方各级人民政府制定的行政规范性文件要经本级政府常务会议或者全体会议审议决定,政府部门制定的行政规范性文件要经本部门办公会议审议决定。集体讨论情况和决定要如实记录,不同意见要如实载明。关于公开发布,《浙江省行政规范性文件管理办法》第20条规定:"行政规范性文件应当自公布之日起30日后施行,载明具体施行日期,但因保障公共安全、社会稳定和其他重大公共利益需要,或者公布后不立即施行将有碍行政规范性文件执行的除外。行政规范性文件涉及的内容属于阶段性工作的,应当载明有效期。"

(五)行政规范性文件的内容审核

内容合法是指行政行为所依据的规范性文件的具体条款是否符合上位法的规定,与之不相抵触。国务院办公厅《关于加强行政规范性文件制定和监督管理工作的通知》(国办发〔2018〕37号)第1条第1项明确规定不得越权发文:"坚持法定职责必须为、法无授权不可为,严格按照法定权限履行职责,严禁以部门内设机构名义制发行政规范性文件。要严格落实权责清单制度,行政规范性文件不得增加法律、法规规定之外的行政权力事项或者减少法定职责;不得设定行政许可、行政处罚、行政强制等事项,增加办理行政许可事项的条件,规定出具循环证明、重复证明、无谓证明的内容;不得违法减损公民、法人和其他组织的合法权益或者增加其义务,侵犯公民人身权、财产权、人格权、劳动权、休息权等基本权利;不得超越职权规定应由市场调节、企业和社会自律、公民自我管理的事项;不得违法制定含有排除或者限制公平竞争内容的措施,违法干预或者影响市场主体正常生产经营活动,违法设置市场准入和退出条件等。"

同时,为防止文件繁杂过多,应严控发文数量。凡法律法规、规章和上级文件已经作出明确规定的,现行文件已有部署且仍然适用的,不得重复发文;对内容相近、能归并的尽量归并,可发可不发、没有实质性内容的一律不发,严禁照抄照搬照转上级文件、以文件"落实"文件。确需制定行政规范性文件的,要讲求实效,注重针对性和可操作性,并严格文字把关,确保政策措施表述严谨、文字精练、准确无误。

行政规范性文件的内容涉及公民、法人和其他组织的权利义务,因此就内容而言,违反法律、行政法规必然是应该避免的,这既是一种我国上位法的概念,同时涉及政府机关违法行为,该类文件的制定、审核、公开都是无效的。同时,规范性文件本质上建立的是一种公共管理规范,目的是建立良好的公共秩序。制发行政规范性文件是行政机关依法履行职能的重要方式,直接关系群众切身利益,事关政府形象。如文件本身就违反公共秩序,会产生一种让普通民众无所适从的错觉。近年来,各地区、各部门不断加强行政规范性文件制定和监督管理工作,取得了一定成效,但还是要避免乱发文、出台"奇葩"文件的现象,这类问题在国内肯定还不同程度地存在,侵犯了公民、法人和其他组织的合法权益,损害了政府公信力。

二、案例应用参考

案例一:

坚持法定职责必须为、法无授权不可为,严禁超越法定权限履行职责。2020年8月26日,某市司法局收到该市某镇人民政府《关于印发〈城市建筑垃圾处置服务性收费管理办法(试行)〉的通知》的备案,市司法局组织人员对该办法开展备案审查。审查发现,该办法以政府文件形式直接制定了属于市场调节价的价格标准,已违反了《价格法》关于市场调节价由经营者依法自主制定,各级政府不可超越定价权限和范围擅自制定、调整价格的规定。同时,该办法规定"未经审批在镇区域随意倾倒的建筑垃圾，镇可委托代为清理，清理费用由违法行为人承担”，根据《城市建筑垃圾管理规定》，此行为应由某市综合行政执法局依法处置，镇人民政府无委托及收费权限。综上所述，备案审查机关建议某镇人民政府暂停执行该办法，根据《浙江省行政规范性文件管理办法》第26条之规定自行纠正，并在15日内书面回复某市司法局处理结果。在市司法局提出备案审查意见后，某镇人民政府及时制定废止文件作为新行政规范性文件，对《城市建筑垃圾处置服务性收费管理办法（试行）》予以废止，降低了政府方的后续风险。

案例二：北京市第三中级人民法院（2016）京03行终603号

基本案情

2016年2月22日，周某兰以邮寄的方式向怀柔镇人民政府提出一份请求责令改正申请书，该申请书主要内容为，周某兰系张各长村村民，张各长村委会针对周某兰在内的许多村民制定违法政策，特别是2009年的产权制度改革实施方案，人为设定新户与老户，私设股名，导致新户与老户股权分配产生巨大差距，违反了公平及平等原则。为此，周某兰向怀柔镇人民政府提出申请，要求怀柔镇人民政府责令张各长村改正2009年村民代表会议通过的明显违法的《张各长村产权制度改革实施方案》。2016年2月23日，怀柔镇人民政府收到周某兰提交的申请后进行了调查，经查得知，该实施方案已于2009年4月3日，经张各长村委会召开村民代表会议表决通过，并经过相关部门同意。故怀柔镇人民政府对周某兰提出的申请未予支持，亦未向其出具书面答复意见。2016年6月16日，周某兰以其递交申请后，怀柔镇人民政府在法定期限内未给周某兰答复意见违法为由，诉至一审法院，请求法院判决怀柔镇人民政府不履行法定职责的行为违法，并判决怀柔镇人民政府责令张各长村改正2009年村民代表会议通过的明显违法的《张各长村产权制度改革实施方案》。该案在审理过程中，怀柔镇人民政府坚持答辩意见。

裁判要旨

一审法院经审理认为：《村民委员会组织法》第5条第1款规定：“乡、民族乡、镇的人民政府对村民委员会的工作给予指导、支持和帮助,但是不得干预依法属于村民自治范围内的事项。”第27条规定:“村民会议可以制定和修改村民自治章程、村规民约,并报乡、民族乡、镇的人民政府备案。村民自治章程、村规民约以及村民会议或者村民代表会议的决定不得与宪法、法律、法规和国家的政策相抵触,不得有侵犯村民的人身权利、民主权利和合法财产权利的内容。村民自治章程、村规民约以及村民会议或者村民代表会议的决定违反前款规定的,由乡、民族乡、镇的人民政府责令改正。”依据上述规定,乡、镇人民政府具有对所辖区域的村民委员会的工作给予指导、支持和帮助的职责,但只有当村民自治章程、村规民约以及村民会议或者村民代表会议的决定违反《村民委员会组织法》第27条规定时,乡、镇人民政府才有权责令其改正。该案中,怀柔镇人民政府接到周某兰申请后进行了调查与核实,但认为周某兰要求解决的问题系村民自治范围内的事项,其无权干涉,且因情况复杂,仍在调查过程中,故怀柔镇人民政府针对周某兰的申请尚未予以答复。最高人民法院《关于执行〈中华人民共和国行政诉讼法〉若干问题的解释》(已失效)第39条第1款规定:“公民、法人或者其他组织申请行政机关履行法定职责,行政机关在接到申请之日起60日内不履行的,公民、法人或者其他组织向人民法院提起诉讼,人民法院应当依法受理。法律、法规、规章和其他规范性文件对行政机关履行职责的期限另有规定的,从其规定。”依据上述规定,怀柔镇人民政府应在接到周某兰提出的申请之日起60日内,对其申请的事项予以答复,但怀柔镇人民政府至今未答复不妥。鉴于怀柔镇人民政府具有责令改正违反法律规定的村民自治章程、村规民约以及村民会议或者村民代表会议的决定的职责,但其尚未对周某兰的申请作出答复,现周某兰要求判令怀柔镇人民政府责令张各长村改正2009年村民代表会议通过的《张各长村产权制度改革实施方案》之请求,缺乏事实和法律依据,一审法院不予支持。综上所述,依照《行政诉讼法》第72条、最高人民法院《关于执行〈中华人民共和国行政诉讼法〉若干问题的解释》(已失效)第56条第4项之规定,判决:(1)责令怀柔镇人民政府于一审判决生效之日起60日内对周某兰的申请作出答复。(2)驳回周某兰的其他诉讼请求。

怀柔镇人民政府不服一审判决,提起上诉。上诉理由:(1)一审法院认定基本事实不清、证据不足,上诉人没有申请人申请事项的法定职责。(2)一审法院适用法律错误,该案应适用2010年10月28日修订前的《村民委员会组织法》。张各长村村民代表会议表决通过的《张各长村产权制度改革实施方案》,该事实发生在2010年10月28日公布施行的《村民委员会组织法》之前,应适用当时的法律,即1998年11月4日公布施行的《村民委员会组织法》。该法并未赋予乡、镇人民政府具有纠正村民会议或者村民代表会议决议的法定职权。二审法院认为,依据《村民委员会组织法》第27条和《行政诉讼法》第47条的规定,当村民自治章程、村规民约以及村民会议或者村民代表会议的决定存在与宪法、法律法规和国家的政策相抵触,或有侵犯村民的人身权利、民主权利和合法财产权利的内容时,乡、镇人民政府有责令改正的职权。乡、镇人民政府应在接到申请之日起2个月内履行法定职责。该案中,怀柔镇人民政府于2016年2月23日接到周某兰邮寄的请求责令改正申请书,但至2016年6月16日周某兰向一审法院起诉时,怀柔镇人民政府尚未针对周某兰的申请予以答复。故一审法院依照《行政诉讼法》第72条、最高人民法院《关于执行〈中华人民共和国行政诉讼法〉若干问题的解释》(已失效)第56条第4项之规定,判决责令怀柔镇人民政府于一审判决生效之日起60日内对周某兰的申请作出答复,并驳回周某兰的其他诉讼请求并无不当,法院应予维持。怀柔镇人民政府的上诉请求缺乏事实根据和法律依据,二审法院不予支持。依照《行政诉讼法》第89条第1款第1项的规定,判决驳回上诉,维持一审判决。

案例三:

某市《关于促进某市建筑业高质量发展的实施意见》等规范性文件在合法性审查中被发现违法。不得设定行政许可、行政处罚、行政强制等事项,增加办理行政许可事项的条件,规定出具循环证明、重复证明、无谓证明的内容。《行政处罚法》第16条规定:"除法律、法规、规章外,其他规范性文件不得设定行政处罚。"《行政许可法》第17条规定:"除本法第十四条、第十五条规定的外,其他规范性文件一律不得设定行政许可。"《行政强制法》第10条第4款规定:"法律、法规以外的其他规范性文件不得设定行政强制措施。"如某市《关于促进某市建筑业高质量发展的实施意见》在合法性审查的送审稿中规定："19. 推进工程质量责任落实……对质量投诉较多且调查属实的已交付项目质量责任主体特别是施工和监理单位，给予不良行为记录，情节严重的限制其从业资格"。根据 2021 年修订的《行政处罚法》第 9 条规定"限制从业"属于行政处罚的种类之一，因此，该行政规范性文件违反了《行政处罚法》第 16 条"其他规范性文件不得设定行政处罚"的规定。又如《某市民用建筑节能管理办法》规定："民用建筑材料和产品以建筑节能或新型墙体材料的名义销售的，应当依法在销售前分别向市建设行政主管部门和市发展新型墙体材料工作机构备案。市建设行政主管部门和市发展新型墙体材料工作机构应当定期发布准予备案的建筑节能和新型墙体材料名单。"在没有上位法依据的前提下，增加了产品销售前应当进行备案的义务性规定，同时规定产品备案必须由有关主管部门或机构决定是否予以备案，实际上将产品备案的规定变成了变相的产品销售的行政许可规定，超越了立法权限。再如某区《区级农业龙头企业认定和运行监测管理办法》第 7 条第 2 项规定："4. 企业变更名称的，须提供区政府数据局出具的变更登记证明""2. 企业有效的营业资质复印件"。备案审查机关认为该证明无法定依据，且 2016 年以后企业变更名称的，区政务数据局提供查档服务，无须出具变更登记证明。

案例四：

《某市城市居民最低生活保障实施办法》在合法性审查中被纠正违法。不得违法减损公民、法人和其他组织的合法权益或者增加其义务，侵犯公民人身权、财产权、人格权、劳动权、休息权等基本权利。如《某市城市居民最低生活保障实施办法》规定："在就业年龄内有劳动能力但尚未就业，无正当理由，两次不接受工作安排或两次无故不参加社区居委会组织的公益性社区服务劳动的，可以减发或者停发城市居民最低生活保障金"。国务院《社会救助暂行办法》第 45 条规定："……无正当理由，连续 3 次拒绝介绍的与其健康状况、劳动能力等相适应的工作的，县级人民政府民政部门应当决定减发或者停发其本人的最低生活保障金。"因此，国务院《社会救助暂行办法》关于减发或者停发居民最低生活保障金的适用条件明确而严格，必须满足“连续3次”拒绝接受工作，而《某市城市居民最低生活保障实施办法》是“两次”不接受工作安排或“两次”无故不参加公益性劳动的，均成为减发或停发居民最低生活保障金的情形。同时，国务院条例明确了低保居民拒绝接受工作必须是与其健康状况、劳动能力等相适应的工作，而《某市城市居民最低生活保障实施办法》则对此没有明确规定，因此扩大了减发或者停发居民最低生活保障金的适用范围，减损或者限制了公民依法享有最低生活保障金的权利。

案例五：

不得违法制定含有排除或者限制公平竞争内容的措施，违法干预或者影响市场主体正常生产经营活动，违法设置市场准入和退出条件等。2021年6月1日，某县司法局收到《某县小型建设工程施工项目预选承包商管理办法（试行）》（以下简称《承包商管理办法》），该文件主要是对全县区域内规模以下国有投资项目建设工程预选承包商名录的申请、建立、使用和管理进行规定。《承包商管理办法》第8条“在我县依法登记注册，依法纳税，依法诚信经营的施工企业由各行政主管部门依照第六条规定推荐后加入名录，其他施工企业申请加入名录的，应参加公开资格预审活动，推荐的施工企业不超过该工程类别名录库企业总数的30%”的规定明显与公平竞争审查要求相抵触。第14条“一个实施周期内，工商注册地在本县行政区域新注册的具有独立法人资格的企业，符合第六条规定的，经行业行政主管部门推荐后可直接进入名录”的规定对本县范围内的施工企业与不属于本县范围内的施工企业设置了不同的准入门槛，明显抵触公平竞争审查要求。第17条“进入名录的企业，若要求退出名录的，经企业申请、报行业行政主管部门同意，县政务数据办审核后，可退出名录”，企业加入和进入名录属于企业经营自主权，设置实质性的退出审查程序减损企业权利，违反“没有法律法规依据或者国务院规定，设置消除或者减少经营者之间竞争的市场准入或者退出条件”的公平竞争审查要求。综上所述，备案审查机关审查认为，送审文件内容上有排除外地其他合法竞争者的情形，与公平竞争审查制度明显抵触，不符合全县优化营商环境的工作要求，不建议出台。

案例六:辽宁省高级人民法院(2020)辽行终958号

基本案情

2001年6月19日,辽宁省人民政府下发《关于沈阳市实施土地利用总体规划用地的批复》(辽政地字〔2001〕117号),同意将于洪区于洪乡张士村农村居民点用地64.6804公顷征为国有。2011年5月1日,沈阳经济技术开发区管委会制作张士村村屯改造公告。2011年6月3日,铁西区人民政府作出铁西区人民政府房屋征收决定书,决定对张士村居民房屋进行征收,补偿安置执行铁西区西三环街道张士村村屯改造安置方案。2019年4月24日,铁西区人民政府对原告作出征收最终补偿意见书(以下简称最终补偿意见),载明:依据评估公司评估真实报告,确定李某泰房屋货币补偿金额425,600元,搬家费金额1000元、过渡费及货物搬运费补偿金额6000元,总计补偿金额432,600元。李某泰不服该最终补偿意见,诉至一审法院。

另查明,李某泰针对辽宁省人民政府作出的辽政地字〔2001〕117号征地批件向辽宁省人民政府申请行政复议,2019年11月1日,辽宁省人民政府作出辽政行复字〔2019〕49号行政复议决定书,维持117号征地批件。

再查明,冯某臣等123人作为原告针对铁西区人民政府2011年6月3日作出的铁西区人民政府房屋征收决定书,于2012年4月向一审法院提起行政诉讼,一审法院作出(2012)沈中行初字第60号行政判决,确认该房屋征收决定书违法;原、被告双方均提起上诉后,法院作出(2013)辽行终字第129号行政判决,驳回上诉,维持原判。

裁判要旨

一审法院认为:辽宁省人民政府于2001年6月19日作出《关于沈阳市实施土地利用总体规划用地的批复》(辽政地字〔2001〕117号),同意沈阳市为实施(沈阳经济技术开发区)土地利用总体规划上报的征用土地方案,将于洪区于洪乡张士村农村居民点用地64.6804公顷征为国有。2011年5月1日,沈阳经济技术开发区管委会制作张士村村屯改造公告，确定补偿标准按照张士村村屯改造安置方案执行。2011 年 6 月 3 日，铁西区人民政府作出铁西区人民政府房屋征收决定书，对张士村居民房屋进行征收，确定了征收范围、征收时限、安置地点、回迁时限、补偿方式和补偿安置标准。尽管最初的集体土地征收行为是为了经济技术开发区的土地利用总体规划进行的，但时隔多年，铁西区人民政府在其行政管辖区域内启动张士村村屯改造项目，对被征收人作出最终补偿意见的目的是解决历史遗留问题，故一审法院对李某泰关于铁西区人民政府不具有作出最终补偿意见职权的观点不予采纳。

按照《土地管理法》第 47 条第 2 款、第 3 款的规定，县级以上地方人民政府拟申请征收土地的，应当开展拟征收土地现状调查和社会稳定风险评估，并将征收范围、土地现状、征收目的、补偿标准、安置方式和社会保障等在拟征收土地所在的乡（镇）和村、村民小组范围内公告至少 30 日，听取被征地的农村集体经济组织及其成员、村民委员会和其他利害关系人的意见。多数被征地的农村集体经济组织成员认为征地补偿安置方案不符合法律法规规定的，县级以上地方人民政府应当组织召开听证会，并根据法律法规的规定和听证会情况修改方案。该案中，根据审理查明的事实，铁西区人民政府于 2011 年作出征收决定，决定对张士村居民房屋进行征收，补偿安置执行张士村村屯改造安置方案，该方案确定的补偿标准实践中已经得到执行。据此，在绝大多数被征收人已经按照该补偿标准签订征收协议的情况下，被诉的最终补偿意见依据评估结论确定对李某泰房屋的补偿金额，评估程序的启动缺少事实证据，依评估予以补偿的法律依据不足。综上所述，铁西区人民政府对李某泰作出的最终补偿意见的补偿依据不足，事实证据不足，依法应予撤销。依照《行政诉讼法》第 70 条第 1 项、第 2 项的规定，判决：撤销铁西区人民政府 2019 年 4 月 24 日对李某泰作出的最终补偿意见。

铁西区人民政府提起上诉。二审法院认为，该案的争议焦点是被诉最终补偿意见是否符合法律规定。当时有效的《土地管理法》（2004 修正）第 47 条规定："征收土地的，按照被征收土地的原用途给予补偿。征收耕地的补偿费用包括土地补偿费、安置补助费以及地上附着物和青苗的补偿费。征收耕地的土地补偿费,为该耕地被征收前三年平均年产值的六至十倍。征收耕地的安置补助费,按照需要安置的农业人口数计算。需要安置的农业人口数,按照被征收的耕地数量除以征地前被征收单位平均每人占有耕地的数量计算。每一个需要安置的农业人口的安置补助费标准,为该耕地被征收前三年平均年产值的四至六倍。但是,每公顷被征收耕地的安置补助费,最高不得超过被征收前三年平均年产值的十五倍。征收其他土地的土地补偿费和安置补助费标准,由省、自治区、直辖市参照征收耕地的土地补偿费和安置补助费的标准规定。被征收土地上的附着物和青苗的补偿标准,由省、自治区、直辖市规定。征收城市郊区的菜地,用地单位应当按照国家有关规定缴纳新菜地开发建设基金。依照本条第二款的规定支付土地补偿费和安置补助费,尚不能使需要安置的农民保持原有生活水平的,经省、自治区、直辖市人民政府批准,可以增加安置补助费。但是,土地补偿费和安置补助费的总和不得超过土地被征收前三年平均年产值的三十倍。国务院根据社会、经济发展水平,在特殊情况下,可以提高征收耕地的土地补偿费和安置补助费的标准。"根据该条规定,征收土地的,征收人应对被征收人的相关补偿项目依据有权机关制定的补偿标准进行补偿。具体到该案,在具有补偿标准的情况下,被诉的最终补偿意见没有对被征收人相关补偿项目并依据补偿标准进行补偿,而是依据评估报告结论确定对李某泰的补偿金额,并且从评估情况来看,评估程序的启动亦缺乏事实证据。因此,一审判决认为被诉最终补偿意见事实证据不足、依据不足判决予以撤销并无不当,认定理由一审判决已充分论述,法院不再赘述。

关于铁西区人民政府提出的法律适用问题。被诉最终补偿意见的作出时间是2019年4月24日,此时,2019年修正的《土地管理法》尚未施行,对该案的审查应适用《土地管理法》(2004修正)第47条的规定。一审判决在论述补偿标准问题时适用的法律亦是《土地管理法》第47条的规定,但条款的具体内容系修订后的《土地管理法》第47条第2款、第3款的内容。经法院审查,该法条引用的具体内容不当,法院予以指正。但并不影响被诉最终补偿意见不符合法律规定的认定,对铁西区人民政府的该项上诉主张法院不予支持。

综上所述,一审判决认定事实清楚,审判程序合法,依法应予维持。铁西区人民政府的上诉理由不能成立，对其上诉请求不予支持。依照《行政诉讼法》第89条第1款第1项的规定，二审法院裁判驳回上诉，维持原判。

案例七：江西省高级人民法院（2016）赣行终268号

基本案情

2006年11月8日，被告就坐落于莲花县六市乡垭坞村十一组的一宗林地（小地名为“先锋岑山”，又名“先锋岭山”，面积1876亩），为第三人颁发莲花县林证字（2006）第1402000001号林权证，该林地的宗地号是0360321140200KDYMSY00001。该证载明林地所有权人为国家，林地使用权人为海潭垦殖场林业公司。林地四至为：东至瓜子坪高墩下防火线至飞蚁岭石子路；南至井背上往飞蚁大路；西至飞蚁岭齐峰经峰岩下鼻于蚯形里偏北侧坡下至大路；北至林苏家坊老路往蚯形里大路。2010年10月15日，被告根据原告陈某连丈夫林某桂（已去世）的林权登记申请，就坐落于莲花县六市乡垭坞村十一组的一宗林地（小地名为“出水冲岸上”，面积43亩），为林某桂颁发莲花县林证字（2010）第0703110002号林权证，该林地的宗地号是0360321070311MDYMSY00700。该证载明林地所有权人为六市乡垭坞村十一组，林地使用权人为林某桂。该林地四至为：东至山脊小路与海潭垦殖场国有林场交界；南至秋形去山峰岩路；西至山冲（大坑）；北至水泥路。2014年，原告认为六市乡垭坞村锅底潭库区移民林某发、林某球的宅基地是在原告山场范围内，就山场界址与林某发、林某球发生争执。林某发、林某球等人遂向莲花县林业局反映，称林某发、林某球两户宅基地是当年（指2001年）锅底潭水库管理局与海潭垦殖场协商安排的，是属于第三人山场范围，不在原告的山场范围之内，请求莲花县林业局对原告的山林权属问题调查处理。2015年11月16日，莲花县人民政府作出《关于撤销〈莲花县证字（2010）第0703110002号宗地号（0360321070311MDYMSY00070）林权证〉的决定》（莲府发〔2015〕21号）。该决定的主要内容是莲花县林证字（2010）第0703110002号，宗地号（0360321070311MDYMSY00070）林权证所载山场包含在2006年林改时就发给海潭垦殖场林业公司莲花县林证字（2006）第1402000001号林权证所载先锋岭山场范围内,属于重复错误发证。根据《江西省林权登记管理办法(试行)》(已失效)第 32 条规定,撤销莲花县林证字(2010)第 0703110002 号,宗地号(0360321070311MDYMSY00070)林权证,所涉林木林地无异议后可依法按发证程序重新办理林权登记。原告对莲花县人民政府作出的该决定不服,遂向法院提起诉讼。

裁判要旨

一审判决认为,该案的争议焦点是被告作出的撤证决定是否合法。该案中,从被告作出的撤证决定的内容来看,其撤证的理由是 2010 年登记在林某桂名下的“出水冲岸上”山场系在 2006 年登记给第三人的“先锋岭山”范围内,属于重复错误登记。撤证决定称撤销后“可依法按发证程序重新办理林权登记”。故该决定的实质是注销其所颁发给林某桂的林权证,注销后再予以办理更正登记。因林权登记是由林业部门具体负责,涉案“出水冲岸上”山场 2010 年登记给林某桂,系由被告下属部门莲花县林业局具体经办,莲花县林业局应当对当时林某桂申请登记的情况、权利来源及当时登记所经过的程序(如有关人员是否到山场实地带界、相邻林权权利人是否签字确认等)最为了解,也有档可查。如莲花县林业局得到案外人反映后认为涉案山场登记有错误,经审查认为要注销,应当依据江西省林业厅《关于规范林权更正登记操作有关事项的通知》进行办理。根据江西省林业厅《关于规范林权更正登记操作有关事项的通知》的规定,若认为林权登记错误,林业主管部门应书面通知林权登记记载的权利人办理更正登记,书面通知后如权利人逾期不办理,林业部门应向所属同级人民政府提交专题报告,提出撤销林权的建议。然后所属同级人民政府按照《江西省森林条例》第 52 条、《江西省林权登记管理办法(试行)》(已失效)第 32 条规定,对林业主管部门专题报告所提建议作出明确意见。该案中,被告并未提交莲花县林业局的专题报告这一关键证据,也未提交林业部门的林权更正登记通知书及其送达回证,应当认定原告未收到林权更正登记通知书,原告在收到被告的撤证决定之前并不知晓撤证事项。被告作出对原告的不利决定而未事先通知原告,剥夺了原告的知情权和陈述权、申辩权,有违正当程序原则。且被告现有证据不足以证实林某桂 2010 年的林权证所登记的“出水冲岸上”山场包含在第三人 2006 年的林权证所登记的“先锋岭山”范围之内。综上所述,被告作出的撤证决定证据不足,程序违法。依据《行政诉讼法》第 70 条第 1 款第 1 项、第 3 项之规定,判决如下:撤销被告莲花县人民政府 2015 年 11 月 16 日作出的《关于撤销〈莲花县林证字(2010)第 0703110002 号宗地号(0360321070311MDYMSY00070)林权证〉的决定》。

上诉人莲花县人民政府不服,提起上诉。二审法院认为,关于上诉人作出的撤销行政行为认定被上诉人所持 2010 年林权证登记的“出水冲岸上”林地与第三人所持 2006 年林权证登记的“先锋岭山”林场存在重复错登事实的证据是否充分的问题。第三人所持莲花县林证字(2006)第 1402000001 号林权证,该林地的宗地号是 0360321140200KDYMSY00001。该证载明林地所有权人为国家,林地使用权人为海潭垦殖场林业公司。林地四至为:东至瓜子坪高墩下防火线至飞蚁岭石子路;南至井背上往飞蚁大路;西至飞蚁岭齐峰经峰岩下鼻于蚯形里偏北侧坡下至大路;北至林苏家坊老路往蚯形里大路。上诉人所持莲花县林证字(2010)第 0703110002 号林权证,该证载明林地所有权人为六市乡垭坞村十一组,林地使用权人为林某桂。该林地四至为:东至山脊小路与海潭垦殖场国有林场交界;南至秋形去山峰岩路;西至山冲(大坑);北至水泥路。由于双方所持林权证山名不同,四至不同。根据上诉人所持林权证东至山脊小路与海潭垦殖场国有林场交界的记录,可以判定两个山场存在东西相邻的事实。结合双方登证的权属来源看,被上诉人方的登证来源是 1981 年(莲)林证字 11173 号登载的“云水冲”山场及林某桂与其所在的村小组签订的责任山承包合同,四至为:东至国有林;南至国有林,西至去仙峰岩小路,北至小坑。第三人海潭垦殖场国有林场的登证来源是 1982 年的(莲)林证字第 11191 号,四至为:东至上萍乡太村大路;南至路;西至齐山顶;北至巴洞贯料石矿。从双方所持林权证来看,被上诉人所持 1981 年林权证与 2010 年林权证对比,东至变化不大。但第三人所持 1982 年林权证与 2006 年林权证对比,西至变化较大。1982 年西至齐山顶,2006 年西至飞蚁岭齐峰经峰岩下鼻玉蚯形里偏北侧坡下至大路,从至山顶变化为越过了山顶下至大路。2006 年第三人所持林权证新确定的四至是否存在包含了被上诉人2010年林权证登记的整个林地林木的情况，由于莲花县人民政府在作出撤销决定时，未提交有关踏山勘察证据，无法判断是否存在重复登记，显然其认定重复登记事实的证据不足。对山林权属争议进行调处并依法予以确定权属，是上诉人的法定职责，上诉人称对所有权争议应由一审法院予以查证并确认，该诉称不符合《江西省山林权属争议调解处理办法》有关职权的规定。同时，江西省林业厅《关于规范林权更正登记操作有关事项的通知》是规范全省林权更正登记操作程序的规范性文件，应予遵守执行。该通知规定，若认为林权登记错误，林业主管部门应书面通知林权登记记载的权利人办理更正登记，书面通知后如权利人逾期不办理，林业部门应向所属同级人民政府提交专题报告，提出撤销林权的建议。然后所属同级人民政府按照《江西省森林条例》第52条、《江西省林权登记管理办法（试行）》（已失效）第32条规定，对林业主管部门专题报告所提建议作出明确意见。该案中，上诉人并未提交莲花县林业局的专题报告这一关键证据，也未提交林业部门的林权更正登记通知书及其送达回证，应当认定被上诉人未收到林权更正登记通知书，被上诉人在收到上诉人的撤证决定之前并不知晓撤证事项。上诉人作出对被上诉人的不利决定而未事先通知被上诉人，剥夺了被上诉人的知情权和陈述权、申辩权，有违正当程序原则。同时，林权证是四权合一，被上诉人是林木所有权人和林地使用权人，林地所有权人是六市乡垭坞村十一组，莲花县政府在撤销林权证的同时，也影响了六市乡垭坞村十一组的权利义务，应履行告知义务，并听取其的陈述、申辩。综上所述，上诉人作出的撤销被上诉人莲花县林证字（2010）第0703110002号林权证的行政行为，认定事实的证据不足，行政程序违法。上诉人莲花县人民政府的上诉请求和理由，因事实和法律根据不足，法院不予支持。原审判决认定事实清楚，适用法律正确，审判程序合法。依照《行政诉讼法》第89条第1款第1项规定，判决驳回上诉，维持原判。

第四章

乡镇重大行政决策的合法性审查

一、基础知识指引

乡镇重大行政决策合法性审查是指基层政府在重大行政决策过程中，为了防止决策违法，而由行政机关合法性审查岗位和机构等特定主体，对决策依据、决策程序、决策内容等是否符合法律规定实施审查的一项程序性监督制度。它具有重大性、前置性、内部性的特点，是行政系统内部的一项前置监督程序，不包含事后司法机关的合法性审查。接受审查的对象首先必须满足该决策属于该区域重大事项，纳入重大决策范围，其次是在未作出最终决策前进行合法性审查，最后该审查是属于行政系统的内部审查，一般从乡镇一级到区县级人民政府办公室或者司法行政部门即可。2019 年国家开始全面推行重大行政决策程序规范工作，国务院出台《重大行政决策程序暂行条例》，但该条例主要针对县级以上人民政府重大行政决策的作出和调整程序作出规定，对乡镇一级没有相应规定，后续部分省级和地级市人民政府出台了相关规定，规范重大行政决策及合法性审查行为。

（一）乡镇重大行政决策主体权限合法性审查

乡镇重大行政决策主体权限涉及主体和权限两部分，主体是针对乡人民政府、镇人民政府、街道办事处所作的行政决策，重点是是否属于重大行政决策范畴。是否属于乡镇级重大行政决策范畴的前提是列入了重大行政决策清单目录。目前，试点乡镇合法性审查的地区大部分都在政府信息公开网上公开了每个乡镇重大行政决策事项范畴目录，有的地市级政府还制定了重大行政决策事项目录管理办法等配套文件,因此没有梳理的乡镇基层政府应该尽快梳理并公布。

没有出台公布自身重大行政决策目录的乡镇可能会对重大行政决策事项理解不到位,在事项认定上还不够精准。有些决策事项的上位文件为县级以上政府发文,乡镇领导则直接将文件事项纳入乡镇政府重大行政决策事项目录,从而不符合政府重大行政决策的主体要求。有的决策事项在成果呈现形式上还不够准确规范,例如决策事项内容涉及人才安置中乡镇落实事项和企业权利义务,应认定为行政规范性文件但未予认定。有的决策事项上报主体不准确,未以乡镇政府名义上报,重大行政决策公布形式上需进一步规范。

乡镇每年都应该对年度重大行政决策事项编制目录清单,清单一般将对全乡镇的经济社会发展有重大影响、涉及重大公共利益或者社会公众切身利益的其他事项纳入目录清单,主要包括:(1)乡镇经济和社会发展等方面的重要规划,比如全乡镇国民经济和社会发展五年规划及年度计划、全镇全域土地整治规划、全乡镇社会事业发展专项规划、全乡镇重点产业发展专项规划等。(2)乡镇重大公共政策、措施,包括涉及有关公共服务、市场监管、社会管理、生态环境保护、科技创新等方面。(3)开发利用、保护重要自然资源和文化资源的重大公共政策、措施。(4)决定实施的重大公共建设项目、重点项目,重大基础设施、公共设施和重点改造维修项目。(5)其他重大事项,如土地、矿山等重大公共资源开发利用的竞争性配置,重大项目准入,涉及全局性稳定的重大事件处理、重大信访矛盾化解事项等。

清单应结合乡镇的具体情况进行调整,定期公布、补充,以方便提供合法性审查明确的范围。乡镇(街道)可以根据原来年度公布的清单,结合职责权限和本地实际,确定修改决策事项目录、标准,经乡镇党委同意后向社会公布,并根据实际情况随时调整。

(二)乡镇重大行政决策程序合法性审查

在程序合法性审查方面,重点审查决策作出所经历的各个环节是否具备,每个环节是否依法进行,程序合法性审查整体上是一种要件审查。

1. 重大行政决策的启动。审查决策启动从决策建议来源开始，建议来源主要有乡镇领导、乡镇各个条线部门或派出机构、乡镇人大代表、基层群众、法人或组织。提出决策建议后，以相关条线部门为主的乡镇机构应提交建议及拟解决的问题、初步事实和理由到区县级对口部门研究论证，对口部门应当以论证拟解决的主要问题、建议理由和依据、解决问题的初步方案及其必要性、可行性等为核心内容。研究论证工作也可以聘请专业人士与条线人员共同承办。收到研究论证材料后，乡镇政府应该作出是否启动决策程序的决定，决定启动的，应着手重大行政决策草案的拟订等工作。草案拟定的审查应关注该草案的内容来源，决策机构有无开展调查研究，掌握有关信息是否全面、准确，涉及条线之间及单位、村民等有无协商、协调处理好关系。草案内容包括：全面梳理与决策事项有关的法律法规、规章和政策，使决策草案合法合规、与有关政策相衔接，符合上位法和上位文件；根据需要对决策事项可行性进行说明，对涉及的人财物投入、资源消耗、环境影响等成本和经济、社会、环境效益进行分析预测。

2. 公众参与重大决策，决策机构听取公众意见。调研发现，当前部分试点地区公众参与还不够广泛和深入。虽然各乡镇对履行公众参与程序理解认识逐步深化，但在履行的广度和深度上还需再强化。个别事项未征求与事项关联密切的利益群体意见，如对企业切身利益或权利义务有重大影响的决策事项未听取有代表性的企业和行业协会商会意见；征求意见的形式还不够丰富，运用座谈会、听证会等方式履行公众参与程序还不够充分；意见采纳反馈机制落实还不够到位，运用信息化手段引导公众参与决策的创新招法还不够多。除涉及国家秘密、商业秘密及公开造成不良影响等不予公开的决策事项外，乡镇政府应当采取便于社会公众参与的方式充分听取意见。审查人员应关注公众参与的方式即乡镇政府听取意见的方式，具体可以结合实际采取可行、有效的代表座谈会、听证会、实地走访、书面征求意见、向社会公开征求意见、问卷调查、民意调查等多种方式。特别要注意的是，应关注该重大决策牵涉利益的群体或个体是否被纳入听取意见对象范畴，故意不纳入或者忽略该听取对象的，无法通过合法性审查，有理由相信乡镇采取形式主义听取无关意见，审查对此不予关注很可能放任隐患的发生，决策作出前后可能引发复议或诉讼事件。应当审查乡镇重大决策事项征求意见有无公开，有无通过政府微信公众号、网站、政务新媒体以及报刊、广播、电视等便于社会公众知晓的途径，公布决策草案及其说明等材料，明确提出意见的方式和期限。公开征求意见的期限一般不少于30日，因情况紧急等需要缩短期限的，公开征求意见时应当予以说明。当前自媒体比较发达，乡镇（街道）借助移动终端采取微信公众号下发各个行政村、社会组织和人民团体公开征求意见是一个比较好的选择，偏远地区可以采用村务公开栏张贴告示的方式。对社会公众普遍关心的问题，乡镇应设立并公布热线并安排知晓情况的人负责解答，涉及专业性、技术性较强的问题，决策承办乡镇还可以通过专家访谈等进行解释说明——可以将专家访谈的视频或文字一并公布，以此发挥专业人员解释和宣教作用。

听证会也是一种常见的听取意见方式，适用于决策事项直接涉及公民、法人、其他组织切身利益或者存在较大分歧的问题，通过听证可以显得信息透明、地位平等、权利正当，结果是裁决的，更显公正，社会效果和法律效果兼具。因听证会相对访谈、实地走访、书面征求意见、问卷调查、民意调查等更加专业，具有固定的形式，而大部分乡镇公务员中没有类似专业人员，因此建议每个乡镇都应该配置并培训若干名听证主持人。听证前的程序是否保障了参与人权利，应审查有无提前公布决策草案及其说明等材料，明确听证时间、地点等信息。需要遴选听证参加人的，决策承办单位或者组织听证会的其他单位应当提前公布听证参加人遴选办法，公平公开组织遴选，保证相关各方都有代表参加听证会。听证参加人名单应当提前向社会公布。听证会材料应当于召开听证会7日前送达听证参加人。听证开始的程序是：(1)听证主持人询问核实介绍听证参加人的身份，宣布听证的目的、会场纪律、注意事项、当事人的权利义务，介绍听证主持人、听证员和书记员，询问当事人、第三人是否申请回避，宣布听证开始；(2)决策承办人介绍决策草案、依据有关事实进行陈述；(3)利益相关方代表提出异议答辩意见；(4)听证主持人概括出双方争议的焦点，争议焦点应尽量具体，不能概括为该重大决策有无合理性、重大决策是否合法等此类过于宏观的问题，应该围绕通过决策的要件中某一个或几个若干问题；(5)决策承办人和利益相关方分别围绕争议焦点，提交证据至主持人(举证),双方分别进行质证,双方举证质证均应围绕证据真实性、合法性、关联性和证明的目的进行,听证主持人对重要的事实及证据予以核实,必要时可以请专家出场进行专业问题解释说明,并接受双方询问和质证;(6)主持人就事实问题可以向双方进行询问,双方发表各自意见,必要时主持人可以要求双方在听证会结束一定时间内提供佐证资料证明自己的意见真实可信;(7)围绕听证主持人归纳的争议焦点,双方进行辩论;(8)各方作最后陈述,主持人宣布听证结束,各方在听证笔录上确认签字。

听证的目的也是将问题充分经过深入探讨的程序进行研究论证,主持人代表乡镇负责人听取双方意见和理由,撰写听证报告并附随听证笔录或录音录像供决策决定作出者参考,决策草案中是否采纳听证中产生的意见就是一个听证裁决结果。

决策承办人应当对社会各方面提出的意见进行归纳整理、研究论证,充分采纳合理意见,完善决策草案。

3. 重大行政决策的专家论证(选择适用)。专家论证是针对专业性、技术性较强的决策事项,决策承办人依靠自己的力量无法将问题解决,对其中原理无法通过自身专业背景和能力梳理清楚,还有就是涉及行政相对人利益的,承办人在调研中发现行政相对人对承办人不信任,通过权威机构来解读会增加公信力,这两种情形决策承办人都应当组织专家、专业机构论证其必要性、可行性、科学性等,并提供必要的保障。专家、专业机构应当独立开展论证工作,客观、公正、科学地提出论证意见,并对所知悉的国家秘密、商业秘密、个人隐私依法履行保密义务;提供书面论证意见的,应当署名、盖章。决策承办单位组织专家论证,可以采取论证会、书面咨询、委托咨询论证等方式。选择专家、专业机构参与论证,应当坚持专业性、代表性和中立性,注重选择持不同意见的专家、专业机构,与决策事项有直接利害关系的专家、专业机构应当回避。乡镇(街道)可以根据需要建立专家库,也可以参考上级专家库成员,结合专家专业背景和经历选取聘用。

4. 重大行政决策的社会风险评估(选择适用)。重大行政决策的实施可能对社会稳定、公共安全等方面造成不利影响而尚未进行过相关风险评估的,决策承办人或者乡镇(街道)负责风险评估工作的部门应当组织评估决策草案的风险可控性。开展风险评估,可以委托专业机构、社会组织等第三方进行,如律师事务所、会计师事务所、质量检测站等,也可以自行开展,涉及专业问题可以单项委托。开展风险评估,可以通过舆情跟踪、重点走访、会商分析等方式,运用定性分析与定量分析等方法,运用大数据分析等技术,对决策实施的风险进行科学预测、综合研判。开展风险评估,应当听取有关部门的意见,形成风险评估报告。风险评估结果应当作为重大行政决策的重要依据。乡镇决策领导或党委成员主要结合风险评估报告中的风险点、有无风险防范措施和处置预案,来判断风险是否真的可控并作出决策;认为风险不可控的,在采取调整决策草案等措施确保风险可控后,可以作出决策。

调研发现,各乡镇对专家论证和社会风险评估两个法定程序的重要性和法定性认识不足,推进力度不够大、履行率偏低。部分乡镇专家咨询论证意见未能从决策必要性、合理性、可行性进行全面分析,未能充分发挥决策智囊作用。有的乡镇街道决策事项虽然开展了风险评估,但未征求或未全面征求属地公安、财政、生态环境、应急管理、信访、网信等部门意见,也未履行报备程序;有的乡镇街道在征求意见方面还存在不规范的情况,仅就决策草案而未就风险评估情况征求意见,程序履行还未完全规范。上述理论应该对实践能发挥较好的指引作用,避免类似问题持续存在。

重大行政决策整个流程都是公开的,草案的形成公开只是其中的一部分,整个流程公开最终呈现如图 1 所示。

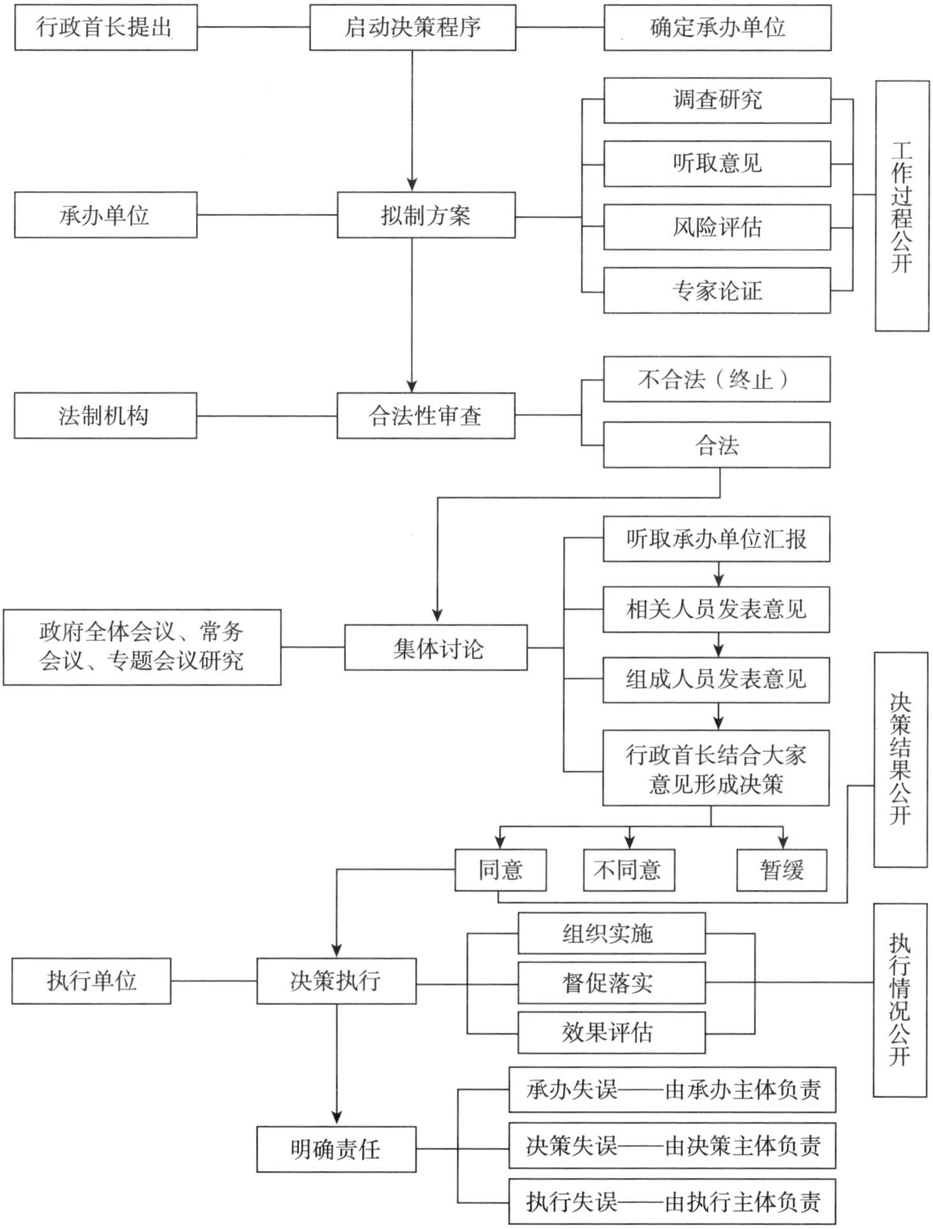

图 1 重大事项决策公开流程

(三)乡镇重大行政决策内容合法性审查

乡镇重大行政决策内容合法性审查就是围绕上述程序产生的决策草案展开,决策事项是否与该乡镇决策权限相符,草案形成的上述程序产生内容是否被采纳,重点审查草案内容是否符合有关法律法规、规章和国家政策的规定。合法性审查就应按照规定进行,个别乡镇采用征求意见等方式代替合法性审查,试图简化流程是违法行为。决策草案未经正式的合法性审查或者经审查不合法的,都不得提交乡镇党委会讨论。对国家尚无明确规定的探索性改革决策事项,可以明示法律风险,提交决策机关讨论。

具体而言,决策草案内容应符合的三大原则。

(1)作出重大行政决策应当遵循科学决策原则。首先,要贯彻创新、协调、绿色、开放、共享的新发展理念。创新是引领发展的第一动力,行政决策者要善于运用科学技术和方法,以创新理念引领乡村发展,引领乡村未来,推动科技创新和经济社会发展深度融合,塑造更多依靠创新驱动、更多发挥先发优势的引领性发展。协调是平衡发展的战略抓手,处理好局部和全局、当前和长远、重点和非重点的关系,在权衡利弊中趋利避害、作出最有利的选择。协调是发展手段和目标的统一,也是两点论和中心论的统一。乡镇行政决策做好统筹兼顾,主要侧重于妥善做好各村之间协调、辖区各个产业协调,比如旅游业和工业、农业的协调。绿色是高质量发展的自然追求。坚持人与自然和谐共生,坚持节约优先、保护优先、自然恢复为主的方针,像对待生命一样对待生态环境,让自然生态美景永驻人间,还自然以宁静、和谐、美丽。党的十八大以来,生态文明建设被摆在党和国家事业发展全局的重要位置,生态优先、绿色发展的理念成为全党、全社会的共识和行动,水复清、山复绿成为我们周围最显著的变化之一。开放展现高质量发展的广阔格局。坚持以开放求发展,是一种合作态度,要合作不要对抗,要共赢不要独占。共享是高质量发展的价值追求,要坚持以人民为中心,使全体人民在共建共享中有更多获得感,共同享受发展带来的红利。其次,坚持从实际出发,尊重客观规律,适应经济社会发展和全面深化改革要求。就乡村产业需要尊重的规律而言,既包含自然生态规律,又包括技术发展规律,还包括不容忽视的市场规律等。自然生态规律在不断地演变,但只要不断提升自我技术能力,在遵循自然生态规律的基础上,结合技术发展规律,用先进的技术武装农业经营主体,就可以让这些主体更具发展潜力。随着新技术不断被运用在乡村产业之中,尤其是数字化、人工智能等技术被广泛应用,现在的乡村产业也更数字化、更智能化。在尊重多种规律的基础上,做好乡村产业的科学规划至关重要。当前,乡村产业规划的主体主要是政府部门,凡是发展乡村产业较好的地区秉承的原则基本是“政府规划搭台,市场主体唱戏”,而且,一定是政府、村集体、农户、经营主体多赢才可持续。

(2)作出重大行政决策应当遵循民主决策原则。要充分听取各方面意见,保障人民群众通过多种途径和形式参与决策。决策承办人提交决策草案,应当报送下列材料:决策草案及相关材料,决策草案涉及市场主体经济活动的,应当包含公平竞争审查的有关情况;履行公众参与程序的,同时报送社会公众提出的主要意见的研究采纳情况;履行专家论证程序的,同时报送专家论证意见的研究采纳情况;履行风险评估程序的,同时报送风险评估报告等有关材料。审查这些材料,应侧重意见表达人表达了什么,草案采纳了什么,没有采纳的理由是什么。通过广泛参与、公开透明、程序规范等,实现决策权力的民主化和公正化,决策民主化可以促进民众的政治参与和社会监督,增加决策的合法性和可行性,提高政治稳定性和社会和谐度。把公众参与、专家论证、风险评估、合法性审查、集体讨论决定确定为重大行政决策法定程序,以确保决策制度科学、程序正当、过程公开、责任明确。公众参与是重大行政决策的规定程序,过程公开是重大行政决策的必然要求,政府决策的价值取向在于公共利益,决策的公共性决定了民主参与的必要性,这是公众参与的理论正当性基础。实践证明,公众参与有助于决策者发现问题、获取信息;有助于决策者化解矛盾、获得共识;有助于实现决策的正当性、可行性。

(3)作出重大行政决策应当遵循依法决策原则。严格遵守法定权限,依法履行法定程序,保证决策内容符合法律法规和规章等规定。国家行政学院教授许耀桐认为,依法决策的7个环节:一是公众参与。公民不仅通过他们的代表行使决策权,而且要更多地亲身参与决策的实际过程。二是专家论证。依法决策,必须建立专家咨询论证制度,把各学科、各行业的专家组织起来,对重大决策发挥有效的顾问、参谋作用。三是风险评估。尤其是重大决策,通过风险评估,把可能的风险降至最低限度或可控范围。四是合法性审查。要把合法性审查,作为决策的前置性条件,只有通过了合法性审查,决策才能启动。五是集体讨论决定。依法决策必须贯彻实行民主集中制，民主集中制的决策原则，要求按照集体领导、民主讨论、会议决定的工作流程，完善议事和决策机制。六是决策公开。决策公开，就是决策的信息公开，主要就是将拟出台的政策方案，进行社会公示，举行公众听证，听取公众和各方面的意见、建议，使决策在阳光下运行，得到批评和监督。七是建立重大决策终身责任追究制度及责任倒查机制。只要是滥用决策权或失职渎职等导致重大决策出错的，无论时间怎么变化、空间怎么变化，决策者都要对决策错误承担责任。①

二、案例应用参考

案例一：一审：北京市延庆区人民法院（2020）京0119行初151号；二审：北京市第一中级人民法院（2022）京01行终181号

基本案情

2019年10月17日，某村召开村民代表会议，会议决议内容：（1）就某村未搬迁宅基地房屋及非住宅决定立即启动村民自治搬迁腾退工作，以村委会为主体具体实施。（2）为确保广大村民利益、早日实现安置房开工建设，根据《土地管理法》《村民委员会组织法》的相关规定，决定立即收回某村未搬迁村民宅基地使用权，决定立即解除未搬迁非住宅土地租赁合同并收回（或非法占用）集体土地，由村委会负责通知并腾退地上物等工作事宜。（3）通过某村棚户区改造和环境整治项目集体土地上非住宅房屋腾退实施方案并按照以上方案实施。（4）搬迁腾退其他工作事宜由村两委会讨论决定并实施。2020年4月19日，某村村支部委员会、某村委会、某村经济合作社联合作出宅基地使用权收回决定书，决定收回原告王某的宅基地使用权。

2020年4月22日，原告王某向北京市某镇人民政府邮寄履责申请，要求某镇人民政府履行法定职责，责令某村委会撤销宅基地使用权收回决定书，改正强拆

① 参见许耀桐：《依法决策的7个关键环节》，载《决策》2015年第1期。

房屋、毁坏财物、滥用职权等违法行为。针对该履职申请,原告王某于2020年6月28日向某区人民政府申请行政复议,认为某镇人民政府不履行职责违法。某区人民政府于2020年8月15日作出行政复议决定,认为根据《村民委员会组织法》第27条相关规定,某镇人民政府具有对申请人提出的申请进行调查处理的法定职责,某镇人民政府收到原告履责申请后未对此作出处理,属于不履行法定职责,决定责令某镇人民政府于60日内对申请人提出的要求履行监督职责申请作出处理。2020年8月22日,原告王某再次向某镇人民政府邮寄要求履行监督职责申请书,要求某镇人民政府履行监督职责,责令某村委会改正2019年10月17日某村委会所作收回某村棚改范围内所有未搬迁宅基地及非宅基地的村民代表会议决定。某镇人民政府8月23日收到该申请后,于2020年10月16日向原告王某作出要求履行监督职责申请书处理情况,原告不服该处理情况,故提起诉讼。

北京市延庆区人民法院于2021年12月29日作出(2020)京0119行初151号行政判决:(1)撤销被告某镇人民政府于2020年10月16日作出的要求履行监督职责申请书处理情况;(2)责令被告某镇人民政府于该判决生效后60日内对原告王某的要求履行监督职责申请书重新作出处理。某镇人民政府提出上诉,北京市第一中级人民法院于2022年3月17日作出(2022)京01行终181号行政判决:驳回上诉,维持一审判决。

裁判要旨

1. 镇级人民政府依法具有监督其辖区内村民代表会议的法定职责。《村民委员会组织法》第27条第3款规定,村民自治章程、村规民约以及村民会议或者村民代表会议的决定违反前款规定的,由乡、民族乡、镇的人民政府责令改正。据此,某镇人民政府作为镇级人民政府,依法具有监督其辖区内村民代表会议的法定职责,应依法对王某的申请作出处理。

2. 镇级人民政府应当如何履行监督职责问题。镇级人民政府履行监督职责应当对村民代表会议决定是否与宪法、法律、法规和国家的政策相抵触,是否有侵犯村民的人身权利、民主权利和合法财产权利的内容等进行审查并作出判断处理,利用对村民自治的监督确保村民自治的实质性实现。只有在镇级人民政府对村民代表会议的召开以及会议决定是否按相关法律规定进行上述实质性审查后,才能认定其履行了法定监督职责。

案例二:南通法院2022年度十大典型案例之十

基本案情

某蛇场经合法设立,已从事蛇养殖多年。2020年1月全国新冠疫情发生后,蛇场根据该市自然资源和规划局要求签署了承诺书,并按承诺书要求停止了关于蛇产品的所有交易活动。同年四五月,蛇类冬眠结束后需要大量进食,蛇场为减少损失自行宰杀了部分蛇,因不得进行蛇产品交易,蛇场将宰杀的蛇冷冻、冷藏。

2020年8月,为进一步落实全国人大常委会2020年2月颁发的《关于全面禁止非法野生动物交易、革除滥食野生动物陋习、切实保障人民群众生命健康安全的决定》和国务院疫情防控要求,江苏省人民政府办公厅发布了《江苏省禁食陆生野生动物人工繁育单位退出补偿及动物处置方案的通知》(已失效),要求各地分类精准施策,妥善处置人工繁育场,科学处置在养野生动物,并明确要求对于因政府行为关停合法人工繁育场,以及因处置在养野生动物造成损失的,应根据实际情况对受损养殖场(户)依法给予补偿。江苏省的处置方案中还明确蛇类属于禁食陆生野生动物,补偿的参考标准为每公斤200元,该参考标准重点考虑了动物的种类、数量,并兼顾养殖设施投入和养殖模式等因素确定。同年9月,南通市某区政府颁发了《禁食陆生野生动物人工繁育单位退出补偿及动物处置工作方案》,明确要求辖区内人工繁育物种蛇类应退出养殖,对补偿标准明确为活体蛇每公斤200元。

同年9月,区自然资源局、林业局、市场监督管理局、公安局会同蛇场所在的镇政府等单位共同组成了工作组,对蛇场在养蛇(活蛇)称重后焚化,由镇政府与蛇场签订了补偿协议,蛇场拆除养殖设施,退出养殖,镇政府按每公斤200元的标准补偿活蛇损失。蛇场要求对疫情防控期间宰杀的蛇一并进行补偿,工作组以区政府的补偿方案中未涉及死蛇的补偿,需要另行讨论为由未予补偿。蛇场遂提起行政诉讼,请求撤销补偿协议,对已宰杀的蛇一并予以补偿。

裁判要旨

一审法院认为,被诉补偿协议系双方平等自愿协商的结果,仅对活蛇予以补偿符合区政府制定的补偿方案,案涉协议不存在可撤销的情形,判决驳回了蛇场的诉讼请求。二审法院经审理后认为,公民、法人或者其他组织因响应公共政策、维护公共利益而使自己的合法权益遭受损害的,应当得到合理的补偿。全国新冠疫情发生后,蛇场按照政策要求停止了关于蛇产品的所有交易活动。在蛇产品被禁止销售的情况下,蛇场为降低成本、减少损失而宰杀了部分蛇,并进行冷冻、冷藏以等待后续处理政策明确后再行处置,该处置行为合理适当。由此造成的蛇损失,属于合理损失,依法应属于行政补偿的范围。镇政府未对宰杀的蛇予以合理补偿,行政补偿行为存在不当。此外,冷冻储存的蛇若不及时处理,不能杜绝流入市场的可能,亦无法有效保障禁食野生动物目的的实现。二审法院遂向镇政府发送了司法建议书,建议镇政府对蛇场因执行相关政策而宰杀的蛇予以合理补偿。鉴于该案补偿范围问题还涉及某区制定的补偿方案的理解和执行问题,二审法院将该司法建议书抄送区政府。此后,区政府组织区自然资源和规划局、市场监督管理局、镇政府、信访局进行了会商,并形成处理意见。2022 年 5 月 16 日,镇政府回函法院表示已经制定了补偿方案,将与蛇场进一步协商落实。2022 年 6 月 15 日,蛇场与镇政府达成一致意见,由镇政府对已宰杀的蛇予以适当补偿,蛇场将冷冻、冷藏的蛇交由镇政府焚化。此后,蛇场向二审法院申请撤回上诉,二审法院裁定准许。

案例三:河南省安阳市中级人民法院(2019)豫 05 行终 276 号

基本案情

2015 年 4 月 17 日下午,八里营乡人民政府刘某威等数名工作人员、滑县八里营乡派出所民警到达郭某胜的位于滑县八里营乡西齐继村(以下简称西齐继村)宅院,在其在场的情况下,郭某胜宅院的部分砖垒围墙被拆除,院内财产受损,具体为:(1)宅院东侧高约1.50米、长约8.76米围墙被拆除,宅院西侧高约1.50米、长约6.30米围墙被拆除;郭某胜主张部分围墙被拆除后,剩余西侧同等高度长约3米的围墙为危墙,陪房西侧墙体西南角受损影响正常使用,但未提交危墙、陪房受损与拆除行为之间存在因果关系的证据。(2)宅院内车库依陪房墙体和西侧围墙而建,用14块石棉瓦搭顶,车库被拆除实际上是石棉瓦顶被掀(4块石棉瓦被损毁),一面长约3米、高约1.56米砖垒墙被拆除。(3)院内4棵近树根处直径分别约为0.35米、0.22米、0.25米、0.23米的椿树被砍伐,3棵近树根处直径分别约为0.16米、0.09米、0.17米的槐树被砍伐,1棵近树根处直径约为0.15米的枣树被砍伐,8棵树木的树干现置于原告的宅院内。关于郭某胜主张的丢失柴油壶、塑料大方钎、割草铲的损失,八里营乡人民政府不予认可,但八里营乡人民政府未提交拆除郭某胜宅院部分围墙前郭某胜院内财物清单。关于红瓦的损失,结合郭某胜陈述,经现场勘验,红瓦原露天堆放,现挪动了位置,数量没有变化,郭某胜未提交能够证明该项损失存在的证据。关于院内清障花费,砌墙、拉土、打夯、机械水电费,误工费,交通费,通信费,生活费等,郭某胜未提交证据予以证实。郭某胜就其遭受的财产损失申请司法鉴定,经法定程序选定鉴定机构后,原审法院委托河南广达资产评估事务所进行鉴定,该鉴定机构以不能准确评估价值为由退卷。由于对郭某胜的财产损失无法鉴定,结合在案证据和生活常识,一审法院酌定八里营乡人民政府赔偿郭某胜财产损失6000元。

裁判要旨

一审判决:(1)确认八里营乡人民政府于2015年4月17日下午拆除郭某胜位于西齐继村宅院部分围墙,拆除宅院内石棉瓦顶车库、砍伐宅院内8棵树木等行为违法;(2)八里营乡人民政府于判决生效后10日内赔偿郭某胜6000元。案件受理费50元,由八里营乡人民政府负担。

一审判决后,双方均上诉。二审驳回上诉,维持原判。

二审法院认为:(1)关于八里营乡人民政府是否系该案适格被告及被诉行政行为是否合法的问题。八里营乡人民政府认可拆除当天八里营乡人民政府的领导和工作人员在现场的事实。河南省高级人民法院(2018)豫行再135号行政裁定已予认定八里营乡人民政府主张村委会实施拆除行为,否认八里营乡人民政府是拆除主体的证据不足。在河南省高级人民法院指令原审法院审理期间,八里营乡人民政府未就其不是适格被告的主张补充其他证据予以证明。因此,结合郭某胜提交的通话录音等证据,可以证明八里营乡人民政府组织实施了强制拆除郭某胜部分围墙、车库的一面墙和部分石棉瓦顶,以及损毁树木的行为。八里营乡人民政府未提交证明其实施上述行政行为合法的证据,应当确认违法。(2)关于郭某胜的赔偿请求是否应予支持的问题。《行政诉讼法》第38条第2款规定"在行政赔偿、补偿的案件中,原告应当对行政行为造成的损害提供证据……"该案中,郭某胜未提交证据证明因八里营乡人民政府的强制拆除行为对其850块红瓦造成损坏及造成危墙、陪房受损的事实存在。其要求八里营乡人民政府赔偿因该政府的强制拆除行为侵犯其财产权,多年来其维权诉讼产生的误工费、交通费、通信费、生活费不属于行政赔偿范围,该项赔偿请求缺乏事实根据和法律依据。原审法院结合双方提交的证据和生活常识,酌定八里营乡人民政府赔偿郭某胜财产损失6000元并无不当。另外,郭某胜在二审期间提出"依法恢复郭某胜合法住宅,终止违法侵权"的请求,其在原审期间未提出,因此该项赔偿请求不属于该案审查范围。综上,原审判决认定事实清楚,适用法律正确,程序合法。郭某胜、八里营乡人民政府的上诉理由均不能成立,其上诉请求法院均不予支持。

案例四:吉林省白城市中级人民法院(2017)吉08行终35号

基本案情

刘某清系白城市洮北区东风乡致富村村民,因要求白城市洮北区东风乡致富村返还承包地并补发土地经营权证曾向法院提起民事诉讼,洮北区人民法院于2016年6月18日作出(2016)吉0802民初1816号民事裁定书,认定不属于人民法院受理民事诉讼的范围,对刘某清的起诉,法院不予受理。刘某清不服向白城市中级人民法院提起上诉,白城市中级人民法院作出(2016)吉08民终837号民事裁定书,认定刘某清的诉讼请求事项属于《土地管理法》(2004修正)第16条的调整范围，应由刘某清所在乡级人民政府或者县级以上人民政府处理，驳回上诉，维持原裁定。2016 年 11 月，刘某清向白城市洮北区东风乡人民政府提出申请，请求就刘某清在东风乡致富村第二轮土地承包时是否享有分配承包土地资格，是否在致富村应分得 8.6 亩承包土地，按分地标准应分多少承包土地作出决定。原告起诉前，被告未作出书面决定。故刘某清以白城市洮北区东风乡人民政府不作为为由向洮北区人民法院提起行政诉讼。

裁判要旨

一审法院认为，依照《土地管理法》（2004 修正）第 16 条的规定，刘某清请求事项属于白城市洮北区东风乡人民政府职责范围。白城市洮北区东风乡人民政府应在法定期限内对刘某清的请求事项作出明确答复。刘某清起诉白城市洮北区东风乡人民政府行政不作为成立。故判决白城市洮北区东风乡人民政府于该判决生效后 1 个月内对刘某清的请求作出答复。

二审法院认为，最高人民法院《关于审理涉及农村土地承包纠纷案件适用法律问题的解释》第 1 条第 2 款规定，申请洮北区东风乡人民政府解决，洮北区东风乡人民政府对刘某清的申请应作出处理，且生效的民事裁定也认定刘某清的承包地问题应由洮北区东风乡人民政府处理。但洮北区东风乡人民政府对刘某清的申请在法定期限内未予答复，已构成行政不作为。一审判决上诉人对刘某清的请求作出答复正确。上诉人主张刘某清反映的土地问题已经三级信访终结，上诉人对该问题已作出处理。经查，刘某清在信访中反映的问题与该案向上诉人申请处理的问题不一致。因此，上诉人的上诉理由不充分，法院依法不予支持。依照《行政诉讼法》第 89 条第 1 款第 1 项之规定，判决驳回上诉，维持原判。

案例五：江苏省连云港市中级人民法院（2016）苏 07 行终 90 号

基本案情

路某霞因东海县张湾乡瓦口村民委员会（以下简称瓦口村委会）将其承包的穆巑组四节冲 0.743 亩承包地发包给案外人穆某军，向东海县人民法院提起民事诉讼，要求判令瓦口村委会的发包行为无效。2015 年 4 月 20 日，东海县人民法院作出(2015)连东白商初字第 00092 号民事裁定书，认定该案系土地使用权争议，路某霞应依据《土地管理法》(2004 修正)第 16 条的规定向人民政府申请确权解决。2015 年 5 月 4 日，路某霞通过 EMS 向被告邮寄承包地使用权确权申请书，要求确认案涉土地使用权的归属。张湾乡人民政府收到该确权申请书既未确权亦未作任何答复。现路某霞以不作为违法为由，要求张湾乡人民政府履行确认土地使用权法定职责。

裁判要旨

一审法院认为，《土地管理法》(2004 修正)第 16 条规定，个人之间的土地所有权和使用权争议协商不成的，由乡级人民政府或者县级人民政府处理。据此，张湾乡人民政府作为乡级人民政府具有确认土地使用权的法定职责。路某霞曾就案涉土地纠纷提起民事诉讼，东海县人民法院作出的生效法律文书认定路某霞所诉实为土地使用权纠纷，告知路某霞先向人民政府申请确权，而路某霞在向张湾乡人民政府邮寄的申请书中也明确要求确认土地使用权。张湾乡人民政府收到该确权申请书既未履行法定职责又未有任何答复，构成不作为违法。张湾乡人民政府关于涉案纠纷系承包经营权纠纷的意见及穆朧村委会与该村 5、6 组群众代表于 2011 年 8 月 14 日达成的协议书不能作为其不履行法定职责的理由。根据《行政诉讼法》第 47 条第 1 款的规定，行政机关在接到申请之日起 2 个月内不履行的，提出申请的公民可以向人民法院提起诉讼。路某霞申请张湾乡人民政府确认土地使用权，张湾乡人民政府逾期未履行法定职责，路某霞有权提起诉讼，故对张湾乡人民政府辩称路某霞不具有诉讼资格的意见，不予采信。综上，路某霞的诉讼请求成立，应予以支持。依照《土地管理法》(2004 修正)第 16 条、《行政诉讼法》第 47 条第 1 款、第 72 条之规定，判决：东海县张湾乡人民政府于判决生效之日起 60 日内向路某霞履行确认土地使用权的法定职责。案件受理费 50 元(路某霞已预交)，由张湾乡人民政府负担，于判决生效之日起 10 日内一次性给付路某霞。上诉人张湾乡人民政府不服原审判决，提起上诉。

二审法院认为,根据《土地管理法》(2004 修正)第 16 条规定,土地所有权和使用权争议,由当事人协商解决;协商不成的,由人民政府处理。单位之间的争议,由县级以上人民政府处理;个人之间、个人与单位之间的争议,由乡级人民政府或者县级以上人民政府处理。被上诉人依法负有处理个人之间、个人与单位之间的土地所有权和使用权争议。依据《行政诉讼法》第 47 条规定,公民、法人或者其他组织申请行政机关履行保护其人身权、财产权等合法权益的法定职责,行政机关在接到申请之日起 2 个月内不履行的,公民、法人或者其他组织可以向人民法院提起诉讼。该案被上诉人与东海县张湾乡瓦口村民委员会就土地争议发生民事诉讼,东海县人民法院作出的生效裁定告知被上诉人土地确权问题应向人民政府申请解决。后被上诉人向上诉人邮寄承包地使用权确权申请书,申请书中明确要求被上诉人确认争议土地的使用权。上诉人在收到确权申请书后未在 2 个月期限内作出处理决定,也未作出书面答复,违反上述法律规定。上诉人认为被上诉人申请处理的是土地承包经营权争议,其并不具有土地承包经营权确权的法定职责无法律依据。综上,上诉人的上诉请求及理由依法不能成立,法院不予支持。原审判决认定事实清楚,适用法律正确,依法应予维持。根据《行政诉讼法》第 89 条第 1 款第 1 项之规定,判决驳回上诉,维持原判。

第五章

乡镇重大行政执法决定的合法性审查

一、基础知识指引

《中共中央关于全面推进依法治国若干重大问题的决定》第3条提出“完善行政组织和行政程序法律制度，推进机构、职能、权限、程序、责任法定化”，并首创“重大执法决定法制审查制度”的概念，该法制审查即合法性审查（以下所称合法性审查、法制审查、法制审核均为同一个意思）。重大执法决定合法性审查制度聚焦行政执法过程控制的基础性制度设置，对于营造规范有序的行政执法环境具有深远意义。我国《法治政府建设实施纲要（2021—2025年）》第5条阐明：“全面严格落实重大执法决定法制审核制度”的行政执法建设任务，以更好地实现“行政执法质量和效能大幅提升”的法治建设目标。“重大行政执法决定法制审核制度”是我国法治政府建设过程中提出的极具创新性和实践性的行政执法机关内部执法审核制度，即行政执法机关作出“重大”范围内的执法决定前，交由执法机关内部设置的法制审核部门对该决定内容进行全面、严格的合法性和合理性审查的前置程序。该制度有利于提高行政执法质量，提高行政相对人对决定的接受程度，从而降低对该决定的后期争诉概率，也有利于推进国家治理体系和治理能力现代化建设，以实现依法行政，全面落实法治政府的建设目标。所以，各地有序推进法制审核制度落实的重要性不言而喻。2021年《行政处罚法》第24条第1款、第2款规定：“省、自治区、直辖市根据当地实际情况，可以决定将基层管理迫切需要的县级人民政府部门的行政处罚权交由能够有效承接的乡镇人民政府、街道办事处行使，并定期组织评估。决定应当公布。承接行政处罚权的乡镇人民政府、街道办事处应当加强执法能力建设，按照规定范围、依照法定程序实施行政处罚。”该条款赋予了乡镇人民政府的执法权，因此自修改法律以来乡镇开始从事执法活动，重大行政执法决定是其中的关键一环。因乡镇行政执法经验不足，执法活动中呈现诸多问题，比如，对“重大事项”的界定不够清晰，乡镇重大行政执法决定的权限不明，合法性审查及法制审核内容合法性、合理性把握不准等。

（一）总体要求

国务院办公厅《关于全面推行行政执法公示制度执法全过程记录制度重大执法决定法制审核制度的指导意见》的制定目的是全面推行行政执法公示制度、执法全过程记录制度、重大执法决定法制审核制度（三项制度），以便对促进严格规范公正文明执法具有基础性、整体性、突破性作用，对切实保障人民群众合法权益，维护政府公信力，营造更加公开透明、规范有序、公平高效的法治环境具有重要意义，其中第四部分对全面推行重大执法决定法制审核制度要求作了规定。

1. 明确审核机构。该要求实际包括 3 个方面：一是明确执法机关内部负责本单位重大执法决定法制审核的工作机构或者岗位，机构和岗位需要具体、明确，确保法制审核工作有机构承担、有专人负责。乡镇人民政府以司法所作为工作机构，以司法所内一人作为固定法制审查岗位（该岗位除了重大行政执法决定审核往往还负责其他合法性审核工作）。二是明确法制审核工作的岗位要求。意见要求将加强法制审核队伍的正规化、专业化、职业化建设，把政治素质高、业务能力强、具有法律专业背景的人员调整充实到法制审核岗位，配强工作力量，使法制审核人员的配置与形势任务相适应，原则上各级行政执法机关的法制审核人员不少于本单位执法人员总数的 5% 。三是明确法制审核工作的补充力量充实来源。文件要求要充分发挥法律顾问、公职律师在法制审核工作中的作用，特别是针对基层存在的法制审核专业人员数量不足、分布不均等问题，探索建立健全本系统内法律顾问、公职律师统筹调用机制，实现法律专业人才资源共享。

2. 明确审核范围。该要求涉及法制审核的 5 种并列情形作为审核的范围：一是涉及重大公共利益，二是可能造成重大社会影响或引发社会风险，三是直接关系行政相对人或第三人重大权益，四是经过听证程序作出行政执法决定，五是案件情况疑难复杂、涉及多个法律关系的，都要进行法制审核。意见的 5 个方面中经过听证程序作出执法决定和涉及多个法律关系是比较容易区分的，但涉及的公共利益是否重大，社会影响或社会风险是否重大，行政相对人或第三人权益是否重大，案件是否疑难复杂，都是比较主观的标准，因此意见要求各级行政执法机关要结合本机关行政执法行为的类别、执法层级、所属领域、涉案金额等因素，制定重大执法决定法制审核目录清单。上级行政执法机关要对下一级执法机关重大执法决定法制审核目录清单编制工作加强指导，明确重大执法决定事项的标准。

3. 明确审核内容。意见列举了应当审核的七大方面：一是行政执法主体是否合法，行政执法人员是否具备执法资格；二是行政执法程序是否合法；三是案件事实是否清楚，证据是否合法充分；四是适用法律、法规、规章是否准确，裁量基准运用是否适当；五是执法是否超越执法机关法定权限；六是行政执法文书是否完备、规范；七是违法行为是否涉嫌犯罪、需要移送司法机关等。法制审核机构完成审核后，要根据不同情形，提出同意或者存在问题的书面审核意见。行政执法承办机构要对法制审核机构提出的存在问题的审核意见进行研究，作出相应处理后再次报送法制审核。

4. 明确审核责任。意见在审核责任上具体分为以下主体的责任并附协调机制：一是行政执法机关主要负责人，如乡镇长，是推动落实本机关重大执法决定法制审核制度的第一责任人，对本机关作出的行政执法决定负责。二是行政执法承办机构，如乡镇执法队，要对送审材料的真实性、准确性、完整性，以及执法的事实、证据、法律适用、程序的合法性负责。三是法制审核机构，如乡镇司法所，要对重大执法决定的法制审核意见负责。在协调机制方面，要结合实际，确定法制审核流程，明确送审材料报送要求和审核的方式、时限、责任，建立健全法制审核机构与行政执法承办机构对审核意见不一致时的协调机制。因行政执法承办机构的承办人员、负责法制审核的人员和审批行政执法决定的负责人滥用职权、玩忽职守、徇私枉法等，导致行政执法决定错误，要依纪依法追究相关人员责任。

（二）重大行政执法决定中的执法主体、人员资格和权限

执法主体、人员资格和权限问题实际是基层执法的人、事权的问题，执法权下

沉是行政改革,是否真能“沉”得“下”去需要人事配置的改革配套。

从组织架构上看执法主体、人员资格的问题,执法权下沉在改革中具体表现为执法下沉模式的选择及部门从碎片化到整体化的结构性变革。在执法模式上,派驻式下沉模式较为保守,下派人员仅在形式上参与执法,实质上仍归属于原单位;全域赋权的下沉模式较为彻底,赋予一支队伍综合行使各部门职权,从源头上实现执法力量整体化。以“执法权下沉”为核心的综合行政执法改革通过对执法权的重新配置,实现对行政权力分配制度的结构性改革,旨在改变行政机关的组织结构和行政权力的运行机制,突出体现了“以整治碎”的价值取向,并逐步向强化政府功能的整体主义、淡化职能部门色彩的部门主义的方向发展。执法权下沉过程中所强调的部门联动、联合执法也是政府对于消除机构设置离散化与权力配置碎片化所作的探索。大综合一体化改革的背后,不再局限于局部和单一的改革模式,而是在多个维度上顺应整体性治理的内在要求。人、事权与财权是行政体制改革所应关注的核心要素,在执法权下沉的新视域下,人员力量匹配是改革的重心。根据行政执法人员资格管理制度的要求,乡镇的执法人员必须是行政或事业编制人员。但乡镇在扩充执法人员编制上面临诸多困难。执法权下沉既是改革任务,也是崭新契机,诸如编制下沉、公务员分类管理等破解传统编制管理弊端的新方法正在实践中发挥作用。从整体性改革维度上讲,原分散于不同部门的执法力量按照下沉事项类别整合,除专业性较强的特殊事项外,其他事项由“一支队伍”整体管理,实现执法队员由“单科医生”向“全科医生”转变,缓解机构臃肿与管理碎片的困境,以科学管理体系与综合性执法机构逐步提升执法效能。

从法定要件看行政执法权下沉的权限问题,落实权力下沉的法定条件,即为《行政处罚法》第24条所规定的“基层管理迫切需要”与“接受机关能够有效承接”这两个关键要求。这“两个关键”是进行行政执法权下沉的实定法要求,应该作如下理解:首先,执法权的重新配置表现为“事项下放”,下放的范围、数量必须是满足“需求”和“承接”的双重要求,避免权力下沉过度化或真空化,形成两个极端;其次,能否“承接”的关键取决于“下沉模式”和“人员力量”是否与基层实际和行政任务相匹配;再次,判断执法效能是否真正提升的重要标准就在于包括“三项制度"在内的重要执法规范要求是否得到有效落实;最后,数字化将是未来加强部门联动、提高执法效能、构建"整体政府"的趋向和必要技术手段。在改革初期,基层的承接力较弱,下放事项过多导致基层无法承接,下放事项过少又无法满足基层执法需求,且各地因为经济发展水平、产业结构、人口规模、地理环境等存在差异,因此在赋权事项上因地制宜采取"基础库 + 自选库"的模式。从全国范围内来看,根据改革的激烈程度,大体可以将下放执法模式归纳为"权责清单 + 联合执法"模式、"专业执法 + 综合执法"模式和全面"综合执法"模式三大类。其中第一种较为保守,只是形式上的变化,第三种较为彻底,是一种全面改革的设计架构。

经过调研发现,当前执法权下沉到乡镇(街道)主要呈现以下问题:

1. 权限异化。部分乡镇(街道)缺乏对于下沉事项的理性决断,赋权事项缺乏精准度,往往在县级以上政府的主导下容易将"重心下沉"理解为不加区分的执法事项下放,简单机械地将涉及公共安全、公共服务和公共管理的执法责任下放给基层,高估乡镇(街道)的执法能力,使其陷入超负荷状态。在乡镇(街道)执法体制与执法资源都尚未到位的改革初期,本应遵循权力下沉的内在规律,"贪多求全"最终会导致执法不到位的结果产生。同时在另一面向,权力下沉又受行政机关的控权惯性所掣肘。县级主管部门出于长期以来的控权惯性,不愿将某些基层治理所急需的权力下放,反之,部分县级主管部门将本该由自己承担而常年解决不了的执法困境交给乡镇(街道),或是为了完成执法体制改革的任务,将实践中使用频率低甚至长期闲置的行政处罚权下放,造成权力下沉的虚化现象。

2. 执法力量无保障。首先是人员编制"无编可沉"与"沉不下去"。一方面,"无编可沉"的问题源于当前条块分割的执法体制和基层机构编制的限制。除专业领域执法队伍外,县级部门执法编制数量普遍薄弱,执法编制岗位还应继续保持的情况下(岗位数量减少),就无法满足下沉需要。另一方面,编制"沉不下去"的问题源于编制种类的差异。县级业务主管部门、县级综合执法局、乡镇(街道)不同编制类型和身份人员统一划入综合行政执法机构,既有行政编制,又有参公、事业编制,还有没有编制的辅助人员,同工不同酬,一定程度上影响了工作的积极性。涉及的合法性问题主要是部分事业编制人员及所有辅助人员无法申领行政执法证,执法人员资格问题没有解决,执法行为合法性不足。许多执法人员处于一人多岗的状态,对不熟悉的岗位又没有经过专业培训,导致专业性不足。部分执法人员随着权力清单的规定暂时划转到乡镇(街道),后续变动概率大,造成归属感不足。其次是法制审核力量不足。改革初期往往呈现为法制审核人员配置不足、不专业,外聘法律顾问对赋权事项不够熟悉,行政执法业务不够精通,遇到疑难复杂案件时真正能够承担法制审核职责的人员力量并不充足。最后是乡镇(街道)执法人员相对在年龄、学历上偏低,对信息化数字化改革显得力不从心。

3. 条块分割不综合。我国政府组织结构呈现出纵向层级化、横向部门化的特征。纵向权力自上而下配备,机构层层对口设置;横向机构按照部门配置,执法权力分散。原有的综合管理是一种分解了的权力分割模式,现有的地方治理需要的是一种综合作用的治理。执法权下沉乡镇(街道)政府更突出了乡镇(街道)总揽全局的职能,显然处理不当是很难有效发挥的。

要解决乡镇(街道)执法主体、人员资格和权限的问题,可以选择以下路径:

第一,通过地方立法明确乡镇(街道)执法地位和权限。乡镇(街道)的执法地位不明确,主要表现在特定领域的执法权限上,在《行政处罚法》2021 年修订,《地方各级人民政府组织法》2022 年修正的情况下,上位法有了一定支撑,各地可以通过修改地方立法的形式明确乡镇(街道)的执法地位,赋权领域(建立执法清单)的程序等。同时,考虑行政组织法和行为法之间的脱节,地方可以通过组织人事方面的文件来支持乡镇(街道)执法工作。

第二,实行动态化差异化的权力清单制。乡镇(街道)要对接收权力做好准备,按照整体性政府的要求对各个办公室、科室、所等进行机构和职能整合,实现政府结构整体化、功能一体化、性质服务化。新制度应该循序渐进地推进,兼顾公平与效率,避免急于求成,实现权力合理配置。首先,要对每个乡镇(街道)进行权力下沉差异化、个性化对待,对权力清单的遴选建立完备制度。乡镇(街道)可以通过专家论证、公众参与等评估乡镇(街道)需求及其执法资源、专业化水平等方面情况,建立和完善权力清单。其次,对已有清单结合社会发展和乡镇治理需求的动态变化进行评估,最终确定将点多面广、高频易发、专业技术要求适宜、基层社会管理迫切需要且能有效承接的事项赋予乡镇(街道)实施,动态调整具体实施的行政执法事项目录。相反,县级机关可以将已下沉但不适合由基层掌握的权力回收,替换为更能促进社会治理有效的权力。

第三,健全乡镇(街道)执法人员的编制配置。应该通过县级党委编办将落实人员编制下沉与机关权限下沉同步进行,建议50%以上的执法力量应该下沉,乡镇(街道)综合执法人员编制应该按照综合执法类公务员制度管理,将行政、参公和事业编制统一为行政执法类专项编制,待遇按照执法人员的职级来定。辅助人员应该只从事行政执法辅助事项,不能直接参与对外行政执法行为。建立激励机制,给予下沉至基层的公务人员在职位晋升、工资待遇、休养政策等方面的一些优待,提高公务人员积极性,并建立县级与乡镇(街道)上下级的公务员交流机制,通过全系统招录,优先选调乡镇(街道)公务人员。

第四,提升乡镇(街道)执法者综合执法素质。县级专业执法人员大部分来自县级综合执法队,下沉后缺乏对其他执法事项的了解和经验,专业能力与新承接的执法事项要求不相适应,存在"不敢办案、不会办案、不愿研究"等现象。市、县两级机关业务骨干应当将部分重心转移到培训指导专业执法技能上,同时要创设学习型队伍,建立配套考核制度,明确执法人员的选拔标准、严格实行资格管理制度、定期对下沉人员进行技术培训、建立科学的绩效管理考核体系,以"负面清单"形式划清行政执法行为"红线",将考核结果纳入升职考虑。

第五,打通协同执法通道实现乡镇(街道)整体性治理。整体性治理是要求打破部门界限,坚持系统观念,增强执法协作,促进决策统筹性与行政一体性,实现权力运作的整体化和高效率。乡镇(街道)综合行政执法改革要围绕区域协同(跨区域执法合作)、县乡协同(县乡一体、条抓块统)、管执协同(监管执法协同)、政民协同(村社吹哨、队伍报到)等关键节点,建立健全跨部门信息共享机制和联合执法机制,全方位形塑执法协同新格局,实现违法线索互联、执法标准互通、处理结果互认,为基层综合行政执法改革提供新思路。

(三)重大行政执法决定的事实清楚和证据合法充分

1. 事实清楚和证据合法充分的关系。从表面上看,重大行政执法决定要求事实清楚和证据合法、充分两方面,但执法决定"事实清楚"不可能脱离证据存在,不可能与"证据合法充分"割裂开来独立加以判断。其中违法事实清楚要求与执法决定内容相关的事实都已经查清,证据合法是对证据的质量要求,证据充分是对证据数量的要求,必须足以形成一个完整的证据锁链并得出排他的唯一结论。要形成重大行政执法决定,事实清楚和证据合法充分是统一的。一方面事实清楚要依赖证据合法充分来证实,另一方面事实清楚的到达标准只能选择证据证明了的法律事实客观存在且合法充分。事实清楚是目标,证据合法充分是手段,证据合法充分了自然事实被证明清楚了。此处"事实"乃是法律事实,是一个认识性事实,不是客观事实。因为客观事实均是过去时,一旦发生便一去不复返,承办人只能根据案件遗留的证据去认识事实。我们常常会遇到这样的情形:事情尽管很清楚,却很难拿出相应的证据,比如根据日常推理没有破绽。换句话说,在日常生活中,事实是否清楚与有没有证据,证据是否真实、合法、充分无关,二者可以彼此分离、互不影响。案件事实是专业人士运用根据证据规则依照法定的程序审查判断的案内证据来认定的,而不能等同于客观真实。

2. "事实"的范围和"清楚"的标准。执法人员要实现作出正确的执法决定这一职能,并不一定需要绝对的客观真实,当执法人员依照法定程序运用证据规则能够证明以下事实时,无须知道这些事实以外的细枝末节或者重现该案件事实本身,即可对一个案件作出行政决定。且这种结论具有权威性,被认定为是正确的。需要运用证据证明的这些事实主要包括:(1)行政相对人的主体适格即身份;(2)与行政决定指向的行为是否存在、事实是否发生;(3)指向的行为是否为相对人所为;(4)相对人与案件有关行为的动机、目的,有无过错;(5)实施行为的时间、地点、手段、后果以及其他情节;(6)相对人的责任以及与其他同案人的关系;(7)相对人的行为是否构成行政决定涉及的情形,有无法定或者酌定从重、加重、从轻、减轻处罚、处置以及无须处罚、处置的情节;(8)其他与行政决定有关的事实。

事实清楚的标准应该是行政决定作出的乡镇执法承办人代表的乡镇执法主体对案件事实了解、明白。案件真实细节不可能完全清楚,执法人员只要根据证据证明的事实,认为确实清楚了,那就是事实清楚,这就是法律意义上的事实清楚,也是被认定了的事实。“案件事实清楚”的证明标准确定为是法律上的真实是可行的,也是目前的通说。虽然无法达到复原客观事实的全过程,但证据证明的事实应该无限接近客观事实。证明达到客观真实的要求,体现了对案件实体真实最大限度的追求,客观真实应当是任何案件的证明活动追求的终极目标。重大行政决定应当达到的“事实清楚”标准应当是:(1)据以作出决定的证据均已查证属实;(2)案件事实均有真实、合法和充分的证据证明;(3)证据之间、证据与事实之间的合理怀疑均已得到排除;(4)得出的结论是唯一的,没有其他可能或其他可能均可被排除。

3. 证据合法充分。证据合法应当符合证据是真实的、合法的和与案件有关联性的,即证据三性,证据充分要求应该证明行政决定据以作出的要件事实均有证据加以证明。行政机关应当采取合法手段,依照法定程序全面收集证据。证据应当查证属实,才能作为认定事实的根据。行政机关在行政执法过程中收集的物证、书证、视听资料、电子数据以及难以重新取得的调查笔录等证据材料,其他行政机关经合法性审查,可以将其作出行政执法决定所依据的证据使用。下列证据材料不得作为行政执法决定的依据:(1)违反法定程序收集,可能严重影响执法公正的;(2)相关人员不予认可且没有其他证据印证的证据的复制件或者复制品;(3)无法辨认真伪的;(4)不能正确表达意思的证人提供的证言;(5)在中华人民共和国领域以外形成的未办理法定证明手续的;(6)不具备合法性、真实性和关联性的其他证据材料。

(四)重大行政决定依据适用的准确和裁量基准运用的适当

决定依据的适用准确和裁量基准的恰当运用涉及的是一个自由裁量的问题。只要有自由裁量的存在,就有裁量过重或者过轻的讨论,也就有权力是否滥用的情况存在。孙笑侠认为,行政自由裁量权是指行政机关对于作出何种决定有很大的自由余地,可以在各种可能采取的行动方针中进行选择,根据行政机关的判断采取某种行动或不采取某种行动。[①] 随着我国现代社会的发展,社会管理细化之后带来行政职权的扩大,行政自由裁量权作为一种合理性的行政权是必然存在的,也有扩大范围的趋势。行政自由裁量权在我国法律法规中主要体现在:(1)授予行政机关某种权力,行政机关可以在作为与不作为之间作出选择。例如《行政处罚法》第51条规定对违法事实确凿并有法定依据,对公民处以200元以下、对法人或者其他组织处以3000元以下罚款或者警告的行政处罚的,行政机关可以决定是否当场作出行政处罚决定。(2)法律法规对某种情形下所采取的某几种处置方式均列举了授权行政机关可以选择其中的一种或几种处置方式。例如,《治安管理处罚法》规定对违反治安管理处罚法者,行政机关可以根据其违法的具体情况处以警告、罚款、拘留处罚。(3)法律法规对行政处罚主要是罚款处罚和拘留处罚制定出一个幅度和范围行政机关可以在此幅度和范围内自由掌握进行处罚。例如,《反不正当竞争法》第20条规定经营者违反本法第8条规定对其商品作虚假宣传或者引人误解的商业宣传,或者通过组织虚假交易等方式帮助其他经营者进行虚假或引人误解的商业宣传的,由监督检查部门责令停止违法行为,处20万元以上100万元以下的罚款;情节严重的,处100万元以上200万元以下的罚款,可以吊销营业执照。经营者违反本法第8条规定,属于发布虚假广告的,依照《广告法》的规定处罚。(4)法律法规对于行政违法行为情节或其他情形未作出具体规定而是运用诸如"情节较轻""情节较重""必要时"等模糊、不确定的法律概念,由执法机关理解、掌握和适用。依照《行政诉讼法》第70条第5项和第77条第1款的规定,人民法院对于滥用职权的行政行为应判决撤销或部分撤销,对于明显不当的行政处罚可以判决变更。而上述两种行为都已被我国行政法学理论和实践确定只发生在行政自由裁量权领域。由此可以看出,《行政诉讼法》并未剥夺人民法院对行政自由裁量行为的司法监督权。同时《行政诉讼法》第6条规定,"人民法院审理行政案件,对行政行为是否合法进行审查"。所谓行政行为既包括羁束行为,也包括自由裁量行为。而人民法院合法性审查的范畴也应既包括形

---

① 参见孙笑侠:《论司法对行政的合理性审查》,载胡建淼主编:《公法研究》第1辑,商务印书馆2002年版。

式上的也包括实质上的,这也符合现代法治关于行政行为不仅要合乎法条的字面含义,而且要合乎蕴含在法律规范之中的立法目的、法律精神和基本原则的理论。

一方面立法层面需要健全行政执法裁量基准制度,特别是高频事项自由裁量基准细化率应该达到100%;另一方面根据现有制度要作到重大行政决定裁量的精准化,执法者及为此把关的合法性审查人员应按照一个理性者的要求为裁量合法性和合理性树立基准。

1. 实质性合法性审查

(1)比例标准。为了将国家权力的行使保持在适度、必要的限度之内,特别是在法律不得不给执法者留有相当的自由空间的情况下,在大陆法系国家权力分配上会通过对手段和目的之间关系的衡量甚至是对两者各自所代表的、相互冲突的利益之间的权衡来实现,也就是借助比例标准来进行有效的控制。当国家行使公权力而与公民相对人基本权利发生冲突时,就必须凭借某种审查标准来判断上述公权力的行使是否为宪法所允许。国家权力对公民权利侵害是否适度、结合比例在其间便要由比例标准来发挥决定性作用。对该标准最著名、最通常的阐述为"三阶理论"。第一阶:手段的妥当性,国家公权力措施必须适合于增进或实现所追求的目标之目的。行政机关可以通过目的取向来选择能够达到预期效果的手段,在这个过程中必须结合当时所处的自然或社会环境,运用经验和学识对手段运用的效果甚至是否与相关法律目的冲突等因素进行判断。第二阶:手段的必要性,也就是要靠以往的经验与学识的积累对所追求的目的和所采取的手段之间的相当比例进行判断,保证所要采取的手段在诸种可供选择的手段中是最温和的、侵害最小的。第三阶:法益的相称性,又叫严格意义或狭义的比例原则。它就是要求干预的严厉程度与理由的充分程度之间要非常成比例,对行为的实际利益与人民付出的相应损失之间进行"利益衡量",使人民因此受到的损害比起公权力由此获得的利益来说要小得多、合算得多,使人们可以合理忍受的程度。

(2)合理性标准。在对行政自由裁量权的合法性审查中合理性标准的运用早在18世纪就已存在,到20世纪初合理性审查标准已经发展到相当成熟的程度,各国都通过对滥用自由裁量权或滥用职权的扩张性解释来不断扩大合理性标准的适用范围。正如英国著名行政法学家威廉·韦德所说“合理原则(合理性审查标准)已成为今年赋予行政法生命力最积极和最著名的理论之一。”“今天该原则几乎出现在每星期所发布的判例中,在大量案件中该原则得到了成功运用。它在实体方面的贡献与自然公正原则在程序方面的贡献相同。”①在现实中普通法的审查人员在运用这项审查标准时更加克制,其结果是审查的门槛实际上比大陆法系的比例标准要高。审查人员应努力去寻找客观化的审查标准而留给行政机关一切立法所许可的自由选择空间。只有当行政决定考虑了不相关的因素或没有考虑相关的因素,目的不适当或者内容极其不合理,这样审查者才对行政决定的内容进行干预。因此,合理性原则作为实质性审查标准实际上反映了行政自治与司法控制彼此应当怎么取得平衡的一种特殊样式。

2. 程序性合法性审查

行政程序之所以备受关注,一方面是因为在正义观念逐渐由实质正义向程序正义渗透的趋势下越来越凸显其在确保客观与公正方面的巨大价值,另一方面是因为与实体性规范相比,行政程序在约束的同时既不呆板有原则又不失灵活,能够根据个案之不同调整、整合产出的结果以谋求个案正义的实现。就如《行政诉讼法》规定违反法定程序的判决应撤销或者部分撤销并可以判决被告重新作出具体行政行为,该条款在行政诉讼上的重要意义是确认了违反法定程序(程序不适当)是司法审查的一个很重要的标准。并不是所有的案件都需要后置程序给予行政决定人程序性保护,审查人员在把握的分寸上一般要把握两个构成要件:第一是给予具体授权的法上规定了的法定程序不足以实现正义;第二是要求行政机关承担这些附加的程序不会损害立法目的。本书认为除此之外还可以综合考量行政相对人利益的性质:相对人能从程序性权利之中获得多大的收益,程序的缺失会对行政决定的正确性产生多大的影响,以及行政机关遵从这些程序义务之后会增加多少成本等因素。我们同时要清楚违反法定程序的法律后果还有:一是无效与可撤销;二是可撤销理论;三是改良的治愈理论。

---

① [英]威廉·韦德:《行政法》,楚建译,中国大百科全书出版社 1997 年版。

行政自由裁量权是行政权力的重要组成部分,也是行政权力中最显著、最独特、最活跃的一部分权力。行政自由裁量权是行政机关的一种自行决定权,从其权力来源、特点、效力以及法律幅度内的选择均有独具的特征。行政自由裁量权的存在既有其积极的作用也有其消极的影响,其出路在于合理控制行政自由裁量权,而对行政自由裁量权的合法性审查是控制其权力滥用的重要途径。通过对行政自由裁量权的分析以及对当前此问题现状的了解,我们也希望找到最佳的方式来有效制约行政自由裁量权,使我国的民主法治建设更上新台阶。

乡镇人民政府、街道办事处拟作出的重大行政执法决定提交合法性审查时,承办单位向审查机构提供重大行政执法决定文书草案、证据材料、决定依据、有关行政裁量的理由说明及其他材料后,合法性审查机构、人员应该根据上述方法进行合法性审查。

二、案例应用参考

案例一:广州铁路运输法院(2024)粤71行终195号

基本案情

案涉房屋位于广州市天河区××村××街××号之×。李某辉、新塘街道办均确认案涉房屋无产权证明,第七层原建有板房。凌塘股份合作社经济联社出具证明称,案涉房屋使用人为李某辉及黄某辉。

2023年1月10日,新塘街道办工作人员前往案涉房屋进行现场检查并拍照取证,现场照片拍摄说明显示第七层已完成混凝土框架浇灌。当日,新塘街道办作出穗天新责字〔2023〕12011号责令改正通知书,载明案涉房屋未取得建设工程规划许可证进行施工的行为,违反了《广东省城乡规划条例》第40条的规定,依法责令停止违法行为,并在2023年1月13日18时前拆除加建部分,不停止建设或逾期不拆除的,执法机关将对上述违法建设依法采取强制拆除措施。新塘街道办工作人员将上述责令改正通知书张贴于案涉房屋一楼大门。李某辉称未收到上述责令改正通知书,新塘街道办称李某辉拒绝签收,故采用张贴方式。

2023年1月19日，新塘街道办工作人员前往案涉房屋进行现场检查并拍照取证，现场照片拍摄说明“一楼大门上锁，无法进入检查”。

2023年3月27日，广州市天河区信访局向新塘街道办作出穗天信〔2023〕324号人民网群众留言转送函，将群众反映××村××街××号之×已建6层还违规加层改造扰民问题转送新塘街道办办理。

2023年3月28日，新塘街道办工作人员前往案涉房屋进行现场检查并拍照取证。现场检查笔录载明，案涉房屋业主为李某辉；现场是一栋七层，占地面积250平方米的框架结构住宅楼，加建的第七层外立面是木板结构，里面建成框架结构，尚未装修；现场业主未能出示建设工程规划许可证；现场对业主发出协助调查通知书，要求业主于2023年3月29日携有关资料前往新塘街道办事处接受询问调查。李某辉签名确认检查笔录属实并签收了询问调查通知书。

2023年4月6日，广州市天河区城市管理和综合执法局（以下简称天河区城管局）向新塘街道办作出穗天城管综合〔2023〕377号关于新塘街辖区内涉嫌违法建设的告知函，要求新塘街道办对××村××街××号之×涉嫌违法建设问题进行查处。

2023年4月14日，新塘街道办工作人员对李某辉夫妻二人进行约谈，要求其不得再实施违法建设行为并自行拆除房屋在建违法建设。

2023年4月21日，新塘街道办工作人员对李某辉进行调查询问，并制作了询问笔录。询问笔录载明，李某辉系案涉房屋产权人，房屋无产权证，2021年11月在原六层的基础上加建了混砖结构板房，加建面积190平方米并投入使用；2022年12月，因混砖板房不牢固，全部改建为框架结构；房屋加建时，未取得建设工程规划许可证。李某辉签名确认询问笔录属实。

2023年5月6日至19日，新塘街道办工作人员多次带领拆违施工队前往案涉房屋，发现案涉房屋一层或六层均锁门，无法进入检查。

2023年5月12日，天河区城管局向新塘街道办作出穗天城管综合〔2023〕534号关于新塘街辖区内涉嫌违法建设的提醒函，称××村××街××号之×涉嫌违法建设问题未有实质性查处进展且投诉不断，要求新塘街道办尽快采取有效措施对上述地址违法建设进行查处。

2023年5月27日,新塘街道办工作人员经现场检查,发现案涉房屋仍在施工,遂拍照、录像取证。

2023年5月31日,新塘街道办工作人员前往案涉房屋第七层进行现场检查并拍摄视频,视频显示案涉房屋第七层仍在施工。当日,新塘街道办对案涉房屋第七层组织实施了拆除。李某辉不服该拆除行为,遂诉至原审法院。

原审法院依照《行政诉讼法》第74条第2款第1项、最高人民法院《关于审理行政赔偿案件若干问题的规定》第32条的规定,判决如下:(1)确认新塘街道办事处于2023年5月31日对李某辉位于广州市天河区××村××街××号之×房屋第七层实施的强制拆除行为违法;(2)驳回李某辉的赔偿请求。该案受理费50元由新塘街道办事处负担。上诉人李某辉不服原审判决,向广州铁路运输法院提起上诉,二审于2024年2月28日作出驳回上诉,维持原判的判决。

裁判要旨

新塘街道办实施强制措施亦应遵循法定程序。《行政强制法》第18条规定:"行政机关实施行政强制措施应当遵守下列规定:(一)实施前须向行政机关负责人报告并经批准;(二)由两名以上行政执法人员实施;(三)出示执法身份证件;(四)通知当事人到场;(五)当场告知当事人采取行政强制措施的理由、依据以及当事人依法享有的权利、救济途径;(六)听取当事人的陈述和申辩;(七)制作现场笔录;(八)现场笔录由当事人和行政执法人员签名或者盖章,当事人拒绝的,在笔录中予以注明;(九)当事人不到场的,邀请见证人到场,由见证人和行政执法人员在现场笔录上签名或者盖章;(十)法律、法规规定的其他程序。"该案中,新塘街道办强制拆除案涉违法建设,未制作现场笔录,其拍摄的现场视频仅记载了案涉房屋第七层被拆除前的情况,未能反映拆除过程,新塘街道办未提交证据证明已当场告知李某辉相关事项并听取其陈述、申辩,故新塘街道办实施的案涉强制拆除行为违反法定程序,应当确认违法。

案例二:贵州省六盘水市中级人民法院(2024)黔02行终20号

基本案情

某某养殖农民专业合作社于2016年开始在贵州省六盘水市盘州市××镇××村××组(小地名“老材沟”,下同)修建果园看护房,后一直在此经营,并于2022年9月9日完善了相关备案手续。被告于2023年2月28日组织相关工作人员违法强拆了原告的果园看护房及其附属设施,给原告造成了难以挽回的财产损失,严重损害了原告的合法权益。原告认为被告擅自强制拆除原告位于盘州市××镇××村××组××看护房及其附属设施的行政行为,无论是在程序还是在实体上均明显违法,其行为造成了原告难以挽回的财产损失,应承担赔偿责任,故提起诉讼。请求确认被告于2023年2月28日强制拆除原告位于盘州市××镇××村××组××看护房及其附属设施的行政行为违法;依法判决被告将原告的果园看护房及其附属设施恢复原状,如不能恢复原状则需要赔偿此次违法强拆造成的看护房及果园晾晒棚的损失约100,000元;依法判决被告赔偿此次强拆行为给原告造成的果园看护房物品损失20,451元、停产停电果园减产的损失30,000元、果树6棵共8000元、小麦被雨淋湿造成损失2000元、水电路损失大约5000元、生产生活产生费用10,000元、律师代理费及相关产生费用35,000元等损失共计11.0451万元。一审判决如下:(1)确认被告盘州市××镇人民政府于2023年2月28日强制拆除原告盘州市某某养殖农民专业合作社位于盘州市××镇××村××组××看护房及其附属设施的行政行为违法。(2)限被告盘州市××镇人民政府于本判决生效之日起15日内赔偿原告盘州市某某养殖农民专业合作社因位于盘州市××镇××村××组××看护房及其附属设施被拆除导致的各项损失共计人民币18,500元。(3)驳回原告盘州市某某养殖农民专业合作社的其他诉讼请求。案件受理费50元,由被告盘州市××镇人民政府负担。某某养殖农民专业合作社及盘州市××镇人民政府均不服一审判决,提起上诉,贵州省六盘水市中级人民法院2024年3月19日作出判决如下:(1)维持贵州省六盘水市水城区人民法院(2023)黔0221行初87号行政判决第一项、第三项即“一、确认被告盘州市××镇人民政府于2023年2月28日强制拆除原告盘州市某某养殖农民专业合作社位于盘州市××镇××村××组××看护房及其附属设施的行政行为违法;三、驳回原告盘州市某某养殖农民专业合作社的其他诉讼请求”。(2)撤销贵州省六盘水市水城区人民法院(2023)黔0221行初87号行政判决第二项,即“限被告盘州市××镇人民政府于本判决生效之日起15日内赔偿原告盘州市某某养殖农民专业合作社因位于盘州市××镇××村××组××看护房及其附属设施被拆除导致的各项损失共计人民币18,500元。”(3)由盘州市××镇人民政府于本判决生效之日起15日内赔偿盘州市某某养殖农民专业合作社因位于盘州市××镇××村××组××看护房及其附属设施被拆除导致的各项损失共计人民币37,251元。二审案件受理费100元,由盘州市××镇人民政府负担。

裁判要旨

1. 根据自然资源部、农业农村部《关于设施农业用地管理有关问题的通知》(自然资规〔2019〕4号)第1条、第4条“……作物种植设施用地包括作物生产和为生产服务的看护房、农资农机具存放场所等,以及与生产直接关联的烘干晾晒、分拣包装、保鲜存储等设施用地……设施农业用地由农村集体经济组织或经营者向乡镇政府备案,乡镇政府定期汇总情况后汇交至县级自然资源主管部门……”以及贵州省自然资源厅、贵州省农业农村厅《关于设施农业用地管理有关问题的通知》(黔自然资规〔2020〕1号)第1条合理界定设施农业用地范围第1项“辅助设施用地。为生产服务的看护房、检验检疫监测、病虫害防控、农资农机具存放场所,以及与生产直接关联的烘干晾晒、分拣包装、保鲜存储、副产物处理、产品转运等设施用地”;第2条合理控制设施农业用地规模第1项“作物种植设施用地规模。直接用于作物种植的生产设施用地规模根据作物种植规模,按照国家及农业行业标准合理确定。进行作物设施种植(栽培)和育种育苗的,辅助设施用地规模控制在种植设施用地面积的6%以内;从事规模化作物种植的,辅助设施用地规模控制在作物种植面积的3%以内。为种植生产服务的看护房控制在单层15平方米以内”之规定,设施农业用地纳入农业内部结构调整范围,实行备案管理,无须经过审批程序;可以使用一般耕地,不需办理建设用地审批手续,不需落实耕地占补平衡,与之相对应的看护房控制在一定规模范围内即可。

2. 案涉看护果园房已通过政府相关部门同意备案申请完善了手续,不应再认定为违法建筑,××镇人民政府对其未取得建设用地规划许可证属违法建筑为由将其强制拆除,属认定事实不清。其次,××镇人民政府在实施强制拆除行为前亦未依照《行政强制法》第37条"经催告,当事人逾期仍不履行行政决定,且无正当理由的,行政机关可以作出强制执行决定。强制执行决定应当以书面形式作出,并载明下列事项:(一)当事人的姓名或者名称、地址;(二)强制执行的理由和依据;(三)强制执行的方式和时间;(四)申请行政复议或者提起行政诉讼的途径和期限;(五)行政机关的名称、印章和日期。在催告期间,对有证据证明有转移或者隐匿财物迹象的,行政机关可以作出立即强制执行决定"之规定作出强制执行决定,属程序违法。

案例三:广东省汕尾市中级人民法院(2024)粤15行赔终5号

基本案情

2019年7月19日,公平镇人民政府与县自然资源局将屈某钊在海丰县公平镇毛某陂村民小组的土地上建设的房屋拆除。屈某钊不服,向一审法院提起行政诉讼,请求确认公平镇人民政府与县自然资源局于2019年7月19日强制拆除屈某钊房屋的行政行为违法,一审法院于2022年11月2日作出(2020)粤1502行初20号行政判决:确认公平镇人民政府与县自然资源局于2019年7月19日拆除屈某钊案涉建筑物的行政行为违法。公平镇人民政府与县自然资源局不服提起上诉,汕尾市中级人民法院于2023年5月16日作出(2023)粤15行终17号行政判决:驳回上诉,维持原判。上述生效判决查明:"屈某钊系海丰县公平镇平一村民委员会毛某陂村民小组村民。毛某陂自然村属于平一村行政区管辖,是省定贫困村,2017年8月启动省定贫困村创建社会主义新农村示范村工作,并全力推进该项工作的进行。毛某陂村民小组响应号召,对该村的土地进行统一规划安排给需要建房者。2018年8月20日,屈某钊与毛某陂村民小组签订建设新房协议书,之后在毛某陂村民小组安排的土地上建设了案涉房屋。在建设新房协议书签订之前的2018年5月5日,县自然资源局向公平镇人民政府发出关于要求对2018年度土地卫片执法检查的违法用地进行核查整改的函,函告公平镇人民政府该镇辖区内涉及疑似违法用地的宗数及面积,请该镇尽快对疑似违法用地的情况进行核查,对违法用地和违章建筑该拆除的拆除,该复耕复绿的复耕复绿,并将整改情况函告县自然资源局。该函附表海丰县2018年度卫片执法检查外业情况表显示,案涉建筑物的土地位于海丰县公平镇平一村委会,位于监测编号为'110图斑''114图斑'范围内,定性为'违法用地',用地主体是'毛某陂村',分类属'一户一宅'。经核对《海丰县公平镇土地利用总体规划图(2010—2020年)》,案涉建筑物所处地块的土地利用总体规划为基本农田。按照县自然资源局核查整改函的要求,公平镇人民政府与县自然资源局于2019年6月23日以屈某钊未经县级以上人民政府批准擅自在位于××镇××村委××村的土地上动工建房违反了《土地管理法》的规定为由,共同作出责令改正违法行为通知书,责令屈某钊在收到通知之日起3日内改正;同日,公平镇人民政府以屈某钊的案涉房屋属于违规占用基本农田建设为由作出通知,限定屈某钊在2019年6月26日前自行拆除,并复耕,否则强制拆除。2019年7月19日,公平镇人民政府、县自然资源局拆除了屈某钊案涉建筑物。""被诉强制拆除行为实施时,屈某钊在案涉土地已建设完成两层半房屋,占地面积150平方米。"上述生效判决认定:"经核对《海丰县公平镇土地利用总体规划图(2010—2020年)》,案涉房屋所处地块涉及基本农田,屈某钊未经批准,非法占用案涉土地建设房屋,所建设房屋为违法建筑,依法应予拆除。至于屈某钊主张其与毛某陂村民小组签订建设新房协议书,并由毛某陂村民小组安排案涉土地给其建设房屋,因毛某陂村民小组并非土地管理部门或规划许可部门,并不能据此认定屈某钊已取得用地手续和规划报建手续。""公平镇人民政府、县自然资源局对案涉房屋实施强制拆除行为的过程中并未按照《行政强制法》的相关规定,程序违法。"2023年6月5日,屈某钊向公平镇人民政府提交行政赔偿申请书,请求公平镇人民政府与县自然资源局赔偿财产损失605,470元及误工、交通、律师费用120,000元。公平镇人民政府未对屈某钊的申请进行处理。2023年

8 月 9 日,屈某钊提起行政赔偿诉讼。一审判决被告海丰县公平镇人民政府与被告海丰县自然资源局于判决生效之日起 60 日内赔偿原告屈某钊 35,000 元。屈某钊不服一审判决上诉,广东省汕尾市中级人民法院于 2024 年 5 月 29 日作出判决:驳回上诉,维持原判。

裁判要旨

《国家赔偿法》第 2 条第 1 款规定,国家机关和国家机关工作人员行使职权,有本法规定的侵犯公民、法人和其他组织合法权益的情形,造成损害的,受害人有依照本法取得国家赔偿的权利。该法第 36 条第 8 项规定,对财产权造成其他损害的,按照直接损失给予赔偿。最高人民法院《关于适用〈中华人民共和国行政诉讼法〉的解释》第 47 条第 3 款规定,当事人的损失因客观原因无法鉴定的,人民法院应当结合当事人的主张和在案证据,遵循法官职业道德,运用逻辑推理和生活经验、生活常识等,酌情确定赔偿数额。生效判决已确认公平镇人民政府与县自然资源局实施的案涉强制拆除行为违法,屈某钊的赔偿请求能否得到支持关键在于其合法权益是否受到损害。根据生效判决,案涉房屋系位于基本农田保护区范围内的违法建筑,不属于《国家赔偿法》规定的应予保护的合法利益,但鉴于违法建筑是由具有一定价值的建筑材料构成,违法建筑的违法性并不能排除建筑材料的合法性,即违法建筑的建筑材料属于屈某钊的合法财产权益。在案证据未能证实公平镇人民政府与县自然资源局将拆除后的建筑材料已交付屈某钊处置或保管,其对该部分可回收、重新利用的建筑材料的损失应承担赔偿责任。

案例四:浙江省金华市婺城区人民法院(2023)浙 0702 行初 265 号

基本案情

原告沈某平拥有合法所有权的五层房屋,坐落于浙江省金华市婺城区三江街道东里 59 号。金华市综合行政执法局与被告金华市婺城区人民政府三江街道办事处强拆原告房屋第四层、第五层楼后(已另行起诉),被告金华市婺城区人民政府三江街道办事处又于 2022 年 7 月 22 日对原告作出通知书,称原告房屋为危险房屋,并于2022年7月26日在未出具任何合法手续的情况下,对原告房屋实施第二次强拆,将原告房屋剩余的第一层、第二层和第三层全部强制拆除。至此,原告房屋全部毁损灭失。原告认为,被告在没有履行法定程序的情况下,对原告的房屋实施两次暴力强拆,属于非法强拆,严重损害了原告及其家属的合法权益,被告应当承担其所实施的强制拆除行为产生的一切法律责任。综上,应当确认被告强拆原告房屋的行为违法,并赔偿违法行政行为给原告造成的损失。原告于2022年7月28日向婺城区人民法院提起诉讼。婺城区人民法院于2024年3月29日判决如下:(1)确认被告金华市婺城区人民政府三江街道办事处于2022年7月26日强制拆除原告沈某平涉案房屋一层至三层的行为违法;(2)责令金华市婺城区人民政府三江街道办事处于判决生效之日起90日内按照该判决对原告沈某平依法予以行政赔偿。

裁判要旨

1.《浙江省房屋使用安全管理条例》第16条第2款规定:“住房城乡建设主管部门、其他有关部门和乡镇人民政府、街道办事处发现房屋存在前款规定以外的重大险情的,可以委托房屋安全鉴定机构进行房屋安全鉴定。”可见,被告金华市婺城区人民政府三江街道办事处提出危房鉴定申请符合该条例规定。

2.《城市危险房屋管理规定》第17条规定,房屋所有人对经鉴定的危险房屋,必须按照鉴定机构的处理建议,及时加固或修缮治理;如房屋所有人拒不按照处理建议修缮治理,或使用人有阻碍行为的,房地产行政主管部门有权指定有关部门代修,或采取其他强制措施。发生的费用由责任人承担。《浙江省房屋使用安全管理条例》第3条第2款规定,乡镇人民政府、街道办事处应当建立健全房屋使用安全常态化、网格化管理制度,对本辖区内房屋安全状况予以监督检查,并协助、配合上级人民政府和有关部门组织实施危险房屋治理与应急处置等工作。第21条第1款规定,经鉴定为危险房屋的,住房城乡建设主管部门应当自收到房屋安全鉴定报告之日起3日内,向房屋使用安全责任人发出督促解危通知书,提出对危险房屋的处理意见和解危期限。督促解危通知书提出立即停止使用意见的,住房城乡建设主管部门应当立即提请本级人民政府按照本条例规定采取应急处置措施。第3款规定,住房城乡建设主管部门应当跟踪督促、指导、协调房屋使用安全责任人采取解危措施,其他有关部门和乡镇人民政府、街道办事处应当予以协助。根据上述规定可知,房地产行政主管部门及本级人民政府系对危房进行应急处置的职权部门,三江街道办事处仅有协助房屋安全责任人治理危险房屋的职责,并无实施应急处置行为的职权。

3. 被告对涉案房屋实施拆除行为,也应参照《行政强制法》的有关规定并符合正当程序的要求,即先将鉴定结论通知房屋所有人或者使用人并限期搬离,如所有人或者使用人在规定期限内不搬离的,可作出责令所有人或者使用人停止使用危险房屋并将所有人或者使用人依法强制迁离房屋并拆除的决定。被告金华市婺城区人民政府三江街道办事处在未履行上述义务的情形下,径行拆除涉案房屋程序违法。综上,被告金华市婺城区人民政府三江街道办事处对涉案房屋不具有处置权,且强制拆除也不符合法定程序,故被告强制拆除房屋行为违法。

案例五:浙江省丽水市莲都区人民法院(2024)浙1102行初22号

基本案情

2017年,原告与某某镇原白岩村12队代表签订农村田地承包经营权转让合同,约定12队将队员承包的林地(东至13队田、南至山顶、西至17队地、北至12队田)的经营权转让给原告,租期自2017年3月1日至2057年3月1日。合同签订后,原告对该地块进行果园开发。2023年6月21日,被告某某人民政府作出告知书称,因大岩下村至某某镇泉山村道路沿线环境改造提升工程的需要,将于2023年6月28日对某某镇湖东桥头场地进行平整及美化。2023年8月9日,被告某某人民政府在未给予原告任何补偿的情况下,强行将原告种植的果树、种植设备损毁。清表时,原告的果树处于盛产,被告的行为给原告造成了巨大的经济损失。原告起诉至丽水市莲都区人民法院,法院于2024年6月27日判决确认被告某某人民政府于2023年8月9日对原告在某某镇湖东桥头上岙底山脚林地种植经营的地上附着物实施强制清表的行为违法。案件受理费50元,由被告承担。

裁判要旨

强制清除地上物的实施主体，一般应当依据作出强制执行决定、强制清除告知和具体实施清除行为的主体等客观事实，结合承担法律责任的能力要件等综合判断。该案中，被告作为青田县大岩下村至某某镇泉山村道路沿线环境改造提升工程项目实施主体，曾经向公众发布公告需对包括案涉地块在内的场地进行平整。原告提供的视频、照片、证人证言也均能反映清表当天被告有多个工作人员在现场并实施了对地上附着物的清除行为。在被告未能举证证明系其他主体或原告自行清除的情况下，首先应推定系被告实施了强制清表行为，并由其承担相应法律责任。根据《土地管理法》《行政强制法》的相关规定，行政机关在作出强制执行决定前，应当按照先补偿后征收的原则履行补偿职责，并应履行催告程序、给予当事人陈述、申辩、听证等权利。同时，《行政强制法》第13条规定，行政强制执行由法律设定，法律没有规定行政机关强制执行的，作出行政决定的行政机关应当申请人民法院强制执行。该案被告在实施清除地上附着物行为之前，未履行任何法定程序，显属违法。

第六章

乡镇行政协议的合法性审查

一、基础知识指引

(一)行政协议及经济合同属性认识

广义的行政协议包括一般的行政性协议以及乡镇(街道)作为合同主体一方纯粹的民事经济合同,后者仅受到民事法律关系的制约,产生争议发生诉讼时也是民事诉讼的范畴,该类经济合同不是本书关注的重点。本章涉及的行政协议又称行政合同或者行政契约,是行政主体为实现行政管理和公共服务,在法定职责范围内,通过协商一致与行政相对人签订的具有行政法上权利义务关系的协议。[①]传统行政管理主要是单方的行政命令行为,随着国家管理职能的扩大,民主与法治进步,协商民主方式应用于行政管理中解决行政管理问题越来越多,行政行为方式也将逐步增加,行政行为的内容将会越来越丰富,行政行为的内涵和外延也将随之发展,行政协议应运而生。行政协议与传统行政命令、行政决定、行政处罚等高权行为相比,更能为被管理者所接受,更有利于公务的推行;它与民事行为相比,吸收其灵活性而舍弃随意性,能将公共目的、公共利益在与被管理者和谐融洽的气氛中实现。

通常认为行政性与合同性是行政协议的两个基本属性。并且,“行政协议性质的复合性决定了协议本身既具有合同的一般属性,又具有行政行为的特殊

① 参见程琥:《行政协议案件判决方式研究》,载《行政法学研究》2018 年第 5 期。

性”。[①] 行政协议属性决定了行政协议双方的平等性及主体的特殊性，不同于传统行政命令行为和民事合同，也决定了人民法院在审理行政协议案件时适用特殊的审查标准。内部形式和外部形式作为一对哲学范畴，是表现事物内容的两种不同方式，可以运用于对行政协议的具体分析中。内部形式是行政协议内容的内在组织机构，是行政协议内容诸要素间的本质联系；外部形式是行政协议内容外在的非本质的联系方式，是使不同内容的行政协议相互区别的外部形态、外部表现。行政性和合同性是行政协议的双重属性，其中合同性是行政协议的内部形式，包含在行政协议内容之中，是行政协议内容的组成部分、因素和环节，与内容一起表征行政协议的本质方面；行政性是行政协议的外部形式，是行政协议内容的外观，它以外在的表现形式对行政协议内容产生影响。行政协议的内部形式和内容共同表征行政协议的本质，对行政协议起决定作用。只有将行政协议的行政性与合同性、外部形式与内部形式统一起来，才能准确理解和把握行政协议的基本内涵。

（二）行政协议合法性审查的标准

1. 全面审查原则。全面审查要求审查人员对协议内容及起草背景材料进行全面审查，不受送审材料中审查要点影响，整个行政协议就是一个行政行为本身，从形式上就是一个整体性的行政行为，而其中的内容既包括民事部分，也包括行政部分，审查人员不应该拆分其中的部分行为进行审查，签订该份协议的行政行为是否合法是首先要考虑的，然后细化其中涉及哪些行政内容，是否存在行政违法的情形。

2. 合法性和合约性审查并存。行政协议的双重属性决定了行政协议审查的双重并存要求，既要进行合法性审查，又要进行合约性审查。具体而言，合法性审查是基于行政协议的行政属性进行审查，重在从形式上判断行政协议是否符合行政法律规范规定，因此称为形式合法性审查；合约性审查是基于行政协议的合同属性进行审查，重在从内容上判断行政协议是否符合民事法律规范规定，因此称为实质合法性审查。当然，根据违反国家强制性的协议条款无效的规定，民事条款同样不得违反法律、行政法规，而违反规范性文件中社会秩序的规定也可能因

① 贺小荣：《行政协议的创设与国家治理方式的转型》，载《中国法律评论》2017 年第 1 期。

依据“违反公序良俗的合同无效”之规定无效。从形式合法性审查来讲,“对合法性从(广义)形式上加以判断的好处是,形式判断通常有明确法律依据,争议较小”。[①] 形式合法性审查主要是对行政协议是否符合行政法律规范进行审查,主要包括对行政主体订立行政协议的职权依据、事实证据、行政程序、适用法律进行合法性审查。实质合法性审查主要是对行政协议约定的内容是否符合民事法律规范进行审查,主要是对行政协议当事人是否遵循自愿、公平、诚信、遵法守俗原则要求进行审查。行政协议不仅需要在形式上符合行政法律规范,还需要在内容上合乎民事法律规范,合乎契约精神和正当性要求。从形式法治向实质法治转型来讲,“形式合法性审查重在要求行政行为符合硬法的规定,这是从广度上对行政行为进行合法性审查,实质合法性审查则是进一步强调行政行为符合软法的规定,这是从深度上对行政行为进行合法性审查”。[②] 因此,合法的行政协议应当是行政法律规范和民事法律规范的集合体,是公法和私法的完美结合,是公共利益与个人利益的平衡,不仅在形式上要符合行政法律规范,而且在实质上要符合民事法律规范。并且,行政协议的形式合法与实质合法总体上是统一的,合法行政协议不仅形式合法,而且实质合法。当然并不排除特定情形下行政协议形式合法与实质合法之间出现冲突,比如行政协议形式合法而实质违法,或者形式违法却实质合法。这种冲突可能会影响对行政协议效力判断,比如行政协议形式违法并不必然导致实质无效,或者行政协议以合法形式掩盖非法目的,此时行政协议效力需要综合判定。

3. 平衡公共利益与个人利益的关系。行政协议具有实现行政管理民主化、改善行政管理方式、取得行政相对人配合的优势,导致实践中存在一种认识误区,将行政协议维护公共利益与保护个人利益对立起来,认为行政协议作为行政主体履行行政管理职能或者执行公务的重要方式,只能保护公共利益,且当公共利益与个人利益冲突时,只能以牺牲个人利益来保护公共利益。甚至认为行政主体在行政协议履行中只要是为了维护公共利益需要,就完全可以单方面变更、解除协议。

---

① 张青波:《行政协议司法审查的思路》,载《行政法学研究》2019 年第 1 期。

② 程琥:《行政诉讼合法性审查原则新探》,载《法律适用》2019 年第 19 期。

这种认识误区往往让一些民法学者对行政协议持排斥态度，认为行政协议不利于平等保护个人利益。比如，有观点认为："此类协议虽然也披上了协议的外衣，在当事人之间形成了一种看似平等的法律关系，但其并不是按照等价交易的方式进行的市场交易行为，而是行政权的行使方式，是一种替代行政行为，无法完全适用民法的等价交换、公平等原则。"[①]这种观点可能代表部分民法学者对行政协议的认识。事实上，行政协议作为行政主体履行行政管理职能或者执行公务的一种方式，尽管其目的是实现行政管理目标和维护公共利益需要，但并不意味着必然要以牺牲公平为代价。无论是《土地管理法》对征地作出的公平、合理补偿规定，还是《国有土地上房屋征收与补偿条例》对房屋征收市场化补偿要求，抑或其他一些法律法规关于行政补偿的规定，行政相对人在行政协议中获得补偿或者赔偿都以不低于民事合同相应标准为基本要求。实践中，有的行政机关推进重点工程项目征收，为获得行政相对人的支持和配合，在行政协议中可能会给予其远高于民事合同对价的补偿。并且，在行政协议诉讼中，人民法院对行政主体以维护公共利益为名单方面变更、解除行政协议的权力进行合法性审查，对违法行政行为进行严格司法监督和依法纠正，恰恰有利于保障行政相对人合法权益。如果合法性审查仅审查民事合约性，对民事合同涉及的行政行为只能从证据角度进行判断，无法做到行政行为合法性审查，也极有可能因违法行政行为在民事合同中得不到纠正而长期存在，最终侵害的是国家利益、公共利益或者他人合法权益。

（三）行政协议合法性审查的方式方法

行政协议合法性审查显然不同于其他行政行为的审查方式方法。实践中由于行政协议具有双重属性，行政协议的行政属性决定了合法性审查程序需要以一种特殊的行政合法性类型进行审查；行政协议的合同属性又决定了还需要考虑行政协议作为一种特殊的民事合同类型，按照合同的审查规则来对待。行政协议案件司法审查标准应当坚持形式合法性审查与实质合法性审查相统一，并且实质合法性审查是行政协议案件司法审查标准的重中之重。

---

① 王利明：《论行政协议的范围——兼评〈关于审理行政协议案件若干问题的规定〉第 1、第 2 条》，载《环球法律评论》2020 年第 1 期。

1. 对协议约定事项是否属于可诉行政协议范畴进行审查。审查行政协议事项首先需要判断协议标的是否真的属于行政协议以及发生争议是否属于行政诉讼受案范围。一是判断诉讼标的是否属于行政协议。最高人民法院《关于审理行政协议案件若干问题的规定》(以下简称《行政协议司法解释》)第 1 条规定:“行政机关为了实现行政管理或者公共服务目标,与公民、法人或者其他组织协商订立的具有行政法上权利义务内容的协议,属于行政诉讼法第十二条第一款第十一项规定的行政协议。”根据该司法解释规定,行政协议有别于命令、决定等传统行政行为,是行政主体与相对人之间签订具有行政法权利义务关系的协议;同时行政协议与民事合同存在差别,在协议主体、目的、内容等方面差异明显。因此,人民法院审理行政协议案件时,既不要把行政协议当作传统行政行为处理,也不要作为民事合同处理。二是判断行政协议一旦发生争议是否属于行政诉讼受案范围。《行政协议司法解释》第 2 条对行政协议类型作出规定,主要包括:政府特许经营协议;土地、房屋等征收征用补偿协议;矿业权等国有自然资源使用权出让协议;政府投资的保障性住房的租赁、买卖等协议;符合《行政协议司法解释》第 1 条规定的政府与社会资本合作协议;其他行政协议。该司法解释对行政协议类型规定相对宽泛,具有较大灵活性,一般情况下属于上述类型的行政协议可以纳入行政诉讼受案范围。《行政协议司法解释》第 3 条对不属于行政诉讼受案范围的行政协议类型作出限定,主要包括:行政机关之间因公务协助等事由而订立的协议;行政机关与其工作人员订立的劳动人事协议。因此,只有属于成为行政诉讼受案范围的行政协议,才能成为行政诉讼标的和合法性审查对象。

2. 对行政协议进行形式合法性审查。形式合法是行政协议合法的前提和基础。之所以把对行政主体作出的行政协议行为审查称为形式合法性审查,主要是因为这种对行政协议行为合法性审查是形式上的、浅层次审查,而对于行政协议效力审查是实质上的、深层次审查。实践中,对行政协议形式是否合法比较容易判断,而对行政协议实质是否合法却比较难以判断。行政协议形式合法性审查的依据主要是行政法律规范,主要包括法律法规、规章以及与上位法相一致的行政规范性文件。《行政协议司法解释》第 11 条规定:“人民法院审理行政协议案件,应当对被告订立、履行、变更、解除行政协议的行为是否具有法定职权、是否滥用职权、适用法律法规是否正确、是否遵守法定程序、是否明显不当、是否履行相应法定职责进行合法性审查。原告认为被告未依法或者未按照约定履行行政协议的,人民法院应当针对其诉讼请求,对被告是否具有相应义务或者履行相应义务等进行审查。”具体来讲,主要对以下方面进行审查:

(1)审查是否依法行使职权。职权法定和越权无效是依法行政的基本要求。行政机关签订行政协议,应当具有职权依据,不得超越职权或者滥用职权。并且,在我国,行政主体之多,乡镇人民政府订立行政协议的权限目前并无统一规定,还需要县级以上政府和机关赋权,但是根据职权法定和越权无效的原则,凡是行政主体都需要在其权限范围内订立行政协议,合法性审查人员要么依据权力清单审查,要么依据法律法规、规章以及与上位法相一致的规范性文件审查职权依据,不得超越权限范围。签订行政协议是一个权限,将相关权限编入协议内容也是一个权限。

(2)审查协议中事实部分是否有证据支撑。行政主体实施行政协议行为,应当事实清楚并有相应证据证明或确保能形成证据,预防被诉后败诉。对行政协议行为进行形式合法性审查时,应当同样遵循以事实为根据,需要审查行政协议行为涉及的事实是否属实,是否可以形成法律意义上的证据。在行政诉讼中证明行政协议行为合法性,应当承担举证责任的是行政主体。

(3)审查是否正确适用法律。行政主体在涉及行政协议的订立、履行、变更和解除条款中,应当符合行政法律规范规定,主要包括法律、行政法规、地方性法规、规章等,规范性文件在不与上位法冲突的情况下,可以作为行政主体实施行政协议行为的依据。实践中,如果地方性法规、行政规章、规范性文件的规定与法律、行政法规的规定不一致,应当执行法律和行政法规的规定。行政协议形式合法的渊源极为广泛,审查结果可能会因为行政协议虽然符合法律、行政法规规定,但不符合地方性法规、行政规章,甚至规范性文件规定导致违法。合法性审查加强对法规命令的多级审查适用,也更有利于法律、法规、规章的统一实施。

(4)审查是否遵循法定程序。行政协议行为的条款履行不仅要确保实体合法,还要确保程序合法,并且程序合法是实体合法的重要保障。通常来讲,法定程序是法律法规、规章规定的程序,行政主体实施行政协议的签订、变更、解除等行为都应当遵循法定程序,没有法定程序的,应当遵循正当程序,特别是保障相对人的陈述、申辩等程序权利,要做到协议内容上有权利保障的表述,履行方式上有权利保障的留痕。

(5)审查是否存在明显不当。审查行政协议的内容是否对行政机关有权对相对人采取的措施存在自由裁量权,该裁量标准是否有约定。所谓明显不当是指行政机关行使自由裁量权过程中极端不合理,导致行政行为结果畸轻或畸重。对行政行为类条款设置明显不当的,应当予以纠正。

(6)审查是否规避履行或不履行相应法定职责(义务)。这里的法定职责侧重于法定义务的履行。如果乡镇人民政府作为行政协议签订机关,其法定职责可能相对模糊,但只要赋权清单明晰,审查是相对简单的,法定职责必须履行,行政机关应当积极主动地履行法定职责,一旦不履行法定职责,损害行政相对人合法权益的,应当明确如何给予司法救济。实践中,行政协议中会有约定可以不履行某法定职责,包括明确不履行和延长履行法定期限两种情形。不履行的是法定职责,是法律法规明确规定的职责,原则上约定职责、后续义务等不属于履责义务范畴,出现争议时应当作为行政协议一般民事争议解决,不涉及行政合法性审查。

3. 对行政协议进行实质合法性审查。行政协议实质合法性主要是基于行政协议的合同属性进行合法性审查,是对行政协议是否符合《行政诉讼法》第 75 条规定和民事法律规范进行审查。行政主体作出订立、变更、解除行政协议等行为时,不仅要符合形式合法要求,也要符合实质合法要求,符合协议约定,符合契约精神。实践中,因为行政诉讼是可以直接援引相应的民事法律规范作为法律适用依据的,其对保障私方利益并无规范适用上的困难。特别是在行政协议中行政主体行使行政优益权时,更应当遵循形式合法和实质合法要求。[①] 实质合法性审查

① 行政法中的行政优益权:行政机关在行政合同中所享有的较行政相对人优先的权利,依法选择合同相对方的权利、对合同履行的指挥权和监督权、单方面变更和解除合同的权利、制裁权。行政优益权由行政优先权和行政受益权两部分组成。行政优先权,是指国家为保障行政主体有效地行使行政职权而赋予行政主体许多职务上的优先条件,即行政权与其他社会组织及公民个人的权利在同一领域或同一范围内相遇时,行政权具有优先行使和实现的效力。行政受益权,是指行政相对人通过行政主体的积极行为而获得各种利益及利益保障的权利,从范围上讲包括财产利益、人身利益和其他各种利益。从利益享有的程度和方式上讲,可分为保障性受益权、发展性受益权和保护性受益权。

时，可以比照民事法律规范，特别是《民法典》合同编的相关规定。比如《民法典》第147条至第151条分别就重大误解、欺诈、第三方欺诈、胁迫、显失公平情形下撤销权行使作出规定。《行政协议司法解释》第14条规定：“原告认为行政协议存在胁迫、欺诈、重大误解、显失公平等情形而请求撤销，人民法院经审理认为符合法律规定可撤销情形的，可以依法判决撤销该协议。”具体来讲，行政协议实质合法性审查主要包括以下几个方面：

（1）审查行政协议是否遵循自愿原则。合法性审查需要审查协议相对人非行政主体一方签订行政协议是否具有真实意思表示。真实意思表示是指表意人的表示行为真实地反映其内心的效果意思，民事法律行为以意思表示为核心。关于真实意思表示《民法典》作了比较完整的规定，共有6个条文，解决6个问题：①以对话方式作出的意思表示，相对人知道其内容时生效。以非对话方式作出的意思表示，到达相对人时生效。②无相对人的意思表示，表示完成时生效。③以公告方式作出的意思表示，公告发布时生效。④行为人可以明示或者默示作出意思表示。沉默只有在有法律规定、当事人约定或者符合当事人之间的交易习惯时，才可以视为意思表示。⑤行为人可以撤回意思表示。撤回意思表示的通知应当在意思表示到达相对人前或者与意思表示同时到达相对人。⑥有相对人的意思表示的解释，应当按照所使用的词句，结合相关条款、行为的性质和目的、习惯以及诚信原则，确定意思表示的含义。因此，为维护行政协议的稳定性，对于意思表示错误的行政协议，合法性审查机构或人员可以提示行政机关通过撤销的方式纠错，但应当受到严格限制。对于相对人主张行政机关对其“欺诈”“胁迫”，使其在不平等、不自愿的情形下签订了行政协议，要求撤销行政协议，应当有充分证据证明，否则不应得到支持。

（2）审查行政协议是否遵循公平原则。在行政协议签订和履行过程中，行政主体往往较为强势，贯彻公平原则显得更为重要。在行政协议中，不能当然地认为行政相对人获得的对价、补偿或者赔偿就应当比民事合同利益要低，在行政协议中获得利益不低于民事合同利益是公平原则的基本要求。也就是不能因行政管理与被管理关系的存在而忽视市场规则，平等主体之间的交易原则应该在行政协议中体现。

(3)审查行政协议是否遵循诚信原则。诚信原则不仅是民事活动的基本原则,也是经济社会发展的必然要求。诚信政府和诚信社会是市场经济的基石,政府在行政协议签订和履行中要率先垂范,认真践行诚信原则,不得肆意毁约或者"新官不理旧账",确保行政协议的安定性和稳定性。

(4)审查行政协议是否遵循公序良俗原则。《民法典》第153条规定:"违反法律、行政法规的强制性规定的民事法律行为无效。但是,该强制性规定不导致该民事法律行为无效的除外。违背公序良俗的民事法律行为无效。"从该条规定来看,导致合同无效的法律形式范围限定在全国人民代表大会及其常务委员会制定的法律和国务院制定的行政法规中的强制性规定。根据该条规定,人民法院确认合同无效,应当以法律和行政法规为依据,不得以地方性法规、行政规章为依据。此外,该条用"公序良俗"的概念取代了"公共利益"的概念,明确了违反公序良俗的民事法律行为无效。

二、案例应用参考

案例一:浙江省高级人民法院(2021)浙行终653号

基本案情

原告项某雨户有家庭人口6人,分别为户主项某雨、妻子朱某喜、儿子项某华、女儿即原告项某静、外孙即原告朱某旭、朱某谕。浙江省台州市朱溪水库工程项目经批准后,仙居县人民政府办公室印发了仙政办发〔2017〕77号《台州市朱溪水库工程移民安置办法》。2017年8月25日,台州市龙泰房地产评估有限公司评估确定了原告户房屋及装修、附属物的价值。同年10月15日,仙居县朱溪镇人民政府作为甲方与乙方(户主签名项某雨)签订了台州市朱溪水库工程建设征地移民安置补偿协议,约定了项某雨户移民安置人口、安置方式以及搬迁补助费等安置补偿事宜。后政府将协议约定的部分款项287,751.32元打入项某雨账户。项某雨提出该协议非其本人或户内成员所签,仙居县人民政府称该协议是项某静或朱某喜代表该户所签。经鉴定,案涉协议落款处乙方项某雨的签名及指印不是项某静或朱某喜所签、所按。后仙居县人民政府改称案涉协议系原告户委托其亲戚朱某兵所签。原告遂提起诉讼,请求确认案涉补偿协议无效。

法院裁判

台州市中级人民法院经审理认为,该案争议焦点为案涉补偿协议的效力应如何认定。被告仙居县人民政府在补偿安置工作中应当查明被征收土地及房屋的权属情况,确定被征收人,并与被征收人协商补偿安置事宜。被告确认案涉房屋的权利人为原告项某雨户,应与项某雨或该户内成年家属就补偿安置签订协议。被告称案涉协议系原告委托其亲戚朱某兵所签,但未提供任何证据证明存在该委托事实,项某雨亦明确否认,故案涉协议缺乏事实和法律依据,依照《行政诉讼法》第 70 条之规定,应予撤销。已打入项某雨账户的款项,项某雨应予返还。遂判决撤销案涉补偿协议;原告项某雨于判决生效之日起 30 日内向仙居县人民政府返还已收到的款项 287,751.32 元。

仙居县人民政府不服,向浙江省高级人民法院提起上诉。浙江省高级人民法院认为,基于行政协议兼具合意性与行政性的特征,行政协议案件司法审查既要审查行政协议的效力性,也要审查行政行为的合法性。《行政诉讼法》第 70 条第 1 项规定,行政行为主要证据不足的,人民法院判决撤销或者部分撤销,并可以判决被告重新作出行政行为。案涉补偿协议上的签名、捺印并非项某雨本人或其他户内成员所为,据仙居县人民政府陈述,系由案外人朱某兵代为实施。但被代理人项某雨否认授权委托,仙居县人民政府亦未能提供朱某兵具有代理权的相关证据。故仙居县人民政府未尽调查核实义务,即与没有代理权限的朱某兵签订处分项某雨户房屋的协议,属于行政行为主要证据不足,被诉安置补偿协议依法应予撤销。浙江省高级人民法院遂判决驳回上诉,维持原判。

案例二:江苏省宿迁市中级人民法院(2015)宿中行初字第 00104 号

基本案情

2002 年 9 月 5 日,泗洪县招商引资委员会受泗洪县人民政府委托印发了关于招商引资的优惠政策，据此优惠政策，原告于2003年9月5日与泗洪开发区管委会订立合作协议书一份。该协议载明：被告在2个月内向原告提交土地使用权证；原告的投资超过1000万元，应免缴土地出让金。被告违反协议规定，既没有在协议订立2个月内向原告提交土地使用权证，也没有免缴原告的土地出让金。被告的违约行为导致原告没有合法经营场所，影响企业在市场中的竞争发展。自协议订立后，原告一直向被告主张提供土地使用权证，被告一直拖延不提供。2007年5月30日和6月15日，被告泗洪开发区管委会逼迫原告缴纳494,400元、226,775元土地保证金，2007年5月31日和6月28日，被告泗洪国土局逼迫原告缴纳2,060,640元土地出让金，但被告泗洪开发区管委会仍不向原告提供土地使用权证。经原告多次主张，2010年2月2日，被告泗洪开发区管委会才给原告15亩土地的土地使用权证，尚欠26.2亩土地使用权证。现要求被告泗洪开发区管委会履行合作协议，按照协议的约定向原告提供26.2亩土地使用权证。

法院裁判

江苏省宿迁市中级人民法院（以下简称宿迁中院）经审理认为该案有三个争议焦点：(1)原告与被告泗洪开发区管委会签订的合作协议是否属于行政协议，该案是否属于行政诉讼受案范围；(2)如果合作协议属于行政协议，泗洪县人民政府和泗洪国土局是否为该案的适格被告；(3)原告要求根据合作协议约定取得国有土地使用权证是否符合法律规定。

针对第一个争议焦点，宿迁中院认为，《行政诉讼法》第12条第1款规定："人民法院受理公民、法人或者其他组织提起的下列诉讼：……（十一）认为行政机关不依法履行、未按照约定履行或者违法变更、解除政府特许经营协议、土地房屋征收补偿协议等协议的。"最高人民法院《关于适用〈中华人民共和国行政诉讼法〉若干问题的解释》（已失效）第11条第1款规定："行政机关为实现公共利益或者行政管理目标，在法定职责范围内，与公民、法人或者其他组织协商订立的具有行政法上权利义务内容的协议，属于行政诉讼法第十二条第一款第十一项规定的行政协议。"该案中，根据泗洪县招商引资委员会洪招委发〔2002〕3号文件的规定，泗洪开发区管委会具有招商引资的责任,其依据洪招委发〔2002〕3 号文件的精神,与原告汇龙公司经协商签订合作协议具有招商引资促进当地经济发展的公益目的,该协议具有行政法上权利义务内容,属于行政协议,原告作为行政协议的相对方,对行政机关不依法履行协议约定不服有权向法院提起行政诉讼。被告泗洪县人民政府和泗洪开发区管委会辩称该案不属于行政案件受案范围的意见不符合法律规定,法院不予采纳。

针对第二个争议焦点,宿迁中院认为,《行政诉讼法》第 26 条第 1 款规定:“公民、法人或者其他组织直接向人民法院提起诉讼的,作出行政行为的行政机关是被告。”该案中,原告汇龙公司要求三被告履行合作协议,但该协议系被告泗洪开发区管委会与原告汇龙公司签订的行政协议,原告起诉泗洪县人民政府和泗洪国土局不符合法律规定,泗洪县人民政府和泗洪国土局不是该案的适格被告,应当驳回原告对二被告的起诉。

针对第三个争议焦点,宿迁中院认为,《合同法》第 52 条(现对应《民法典》第 153 条)规定:“有下列情形之一的,合同无效:……(五)违反法律、行政法规的强制性规定。”《土地管理法》第 54 条规定:“建设单位使用国有土地,应当以出让等有偿使用方式取得;但是,下列建设用地,经县级以上人民政府依法批准,可以以划拨方式取得:(一)国家机关用地和军事用地;(二)城市基础设施用地和公益事业用地;(三)国家重点扶持的能源、交通、水利等基础设施用地;(四)法律、行政法规规定的其他用地。”该法第 55 条第 1 款规定:“以出让等有偿使用方式取得国有土地使用权的建设单位,按照国务院规定的标准和办法,缴纳土地使用权出让金等土地有偿使用费和其他费用后,方可使用土地。”该案中,原告汇龙公司建设用地不属于以划拨方式取得土地的情形,其因建设使用土地应以出让方式取得,并按照法律规定缴纳土地使用权出让金等费用,但根据原告汇龙公司与被告泗洪开发区管委会签订的合作协议第 3 条约定可知,汇龙公司在泗洪县工业园区投资兴建五金制造彩印项目,如果投资超过 1000 万元,免缴土地出让金,泗洪开发区管委会在 2 个月内向汇龙公司提交土地使用权证。该约定违反了《土地管理法》的强制性规定,属无效条款。原告要求根据合作协议第 3 条约定取得 26.2 亩土地的国有土地使用权证无法律依据,对其主张法院不予支持。

综上所述,泗洪县人民政府和泗洪国土局不是该案的适格被告。原告与被告泗洪开发区管委会签订的合作协议第3条约定违反法律规定,原告要求根据该协议第3条的约定取得国有土地使用权证的理由不成立。宿迁中院驳回了原告对被告泗洪县人民政府和泗洪县国土资源局的起诉并驳回了原告的诉讼请求。

案例三:最高人民法院(2018)最高法行申3007号

基本案情

2013年7月,王某凤和征收实施单位签订成本价购房合同,合同约定安置房地点为晋东棚户区地块即国樾龙城小区,合同第2条约定双方共同遵守经市有关部门基本确认的成本单价3500元/平方米进行售购房,第3条约定超面积房款在实际购房安置时另行结算。上述合同中关于成本价的确定依据是2013年4月19日杏花岭区2013年重点道路建设工程拆迁例会[2013]第1期会议纪要,该会议纪要载明:关于成本价购房问题。购买条件严格按照征收补偿方案规定的内容执行,具体单价经与市直有关部门协商,答复暂定为3500元/平方米,购房住户需一次性全额支付现款。2016年3月31日,太原市杏花岭区人民政府制定了《太原市杏花岭区北中环街建设工程等项目晋东棚户区回迁安置方案》,方案第6条载明:成本价购房70平方米价格为4500元/平方米,超出70平方米的按6200元/平方米市场价结算。上述方案中关于成本价和市场价的确定依据是2015年12月30日太原市杏花岭区人民政府、太原市住房和城乡建设委员会、太原市房产管理局[2015]第1期会议纪要,该纪要载明:(1)根据太原市龙城北部置业有限公司提供的该地块实际发生的成本费用:4809.22元/平方米的相关资料,安置成本价以4500元/平方米收取,并由市建审中心对该成本价进行审核。(2)太原市杏花岭区人民政府、太原市住房和城乡建设委员会、太原市房产管理局等相关部门综合考虑该地块的小区环境、品质,参照周边楼盘的市场销售价(富力城毛坯期房6900元/平方米、富力华庭毛坯期房8000元/平方米、富力桃园毛坯房2014年尾盘6700元/平方米、程家村小区2013年年底政府回迁安置小区6091元/平方米),确定晋东棚户区1#地块(国樾龙城湾小区)住宅(超70平方米/套面积部分)市场价为6200元/平方米,略低于同期地段楼盘价。原告王某凤认为回迁安置方案关于成本价4500元/平方米的规定违反了成本价购房合同关于成本价3500元/平方米的约定,关于市场价6200元/平方米的规定没有合法依据,遂向法院提起诉讼,要求撤销回迁安置方案第6条。

法院裁判

最高人民法院认为:“特定情形下,法律也允许行政机关享有一定的行政优益权,意即当继续履行协议会影响公共利益或者行政管理目标的实现时,行政机关可以单方变更、解除行政协议,不必经过双方的意思合致。具体到该案,在成本价购房合同未对再审申请人单方解除合同、变更合同内容作出约定的情况下,再审申请人单方作出回迁安置方案,将合同约定的‘成本单价3500元/平方米’调整为‘4500元/平方米’,就是其行使行政优益权的表现,但行政机关的行政优益权不得随意行使,否则即为违法。”最高人民法院裁定驳回太原市杏花岭区人民政府的再审申请。

案例四:江苏省南京市中级人民法院(2021)苏01行终311号

基本案情

因公共建设需要,栖霞拆迁办对蒋某荣房屋所在区域进行协议搬迁。2017年8月1日,栖霞拆迁办入户调查,制作了入户勘查记录表,载明涉案房屋砖筒、砖混、砖木房面积合计421.98平方米。调查程序中,蒋某荣户提供了涉案房屋用地审批手续,所载审批土地使用面积为135平方米,其中建筑占地91平方米,翻建砖混两层建筑,面积为182平方米。2017年12月16日签订补偿协议之前,蒋某荣户进行协议分户。分户协议载明房屋总面积1055.22平方米、权证面积182平方米,蒋某荣配偶林某来、儿子林某忠各分配权证面积91平方米。栖霞拆迁办分别与林某来、林某忠签订补偿协议,其中与林某来签订的搬迁补偿协议约定:被搬迁房屋货币补偿总额为1,057,936元,其中包括:有证房屋140平方米,补偿款

560,280 元作为申购安置房的资金封闭运作;无证房屋 775.22 平方米的建筑材料回收款和装修补助为 232,566 元(775.22 平方米 ×300 元/平方米)。协议签订后,林某来将房屋交付给栖霞拆迁办拆除;栖霞区拆迁办支付了封闭运作资金以外的补偿款 497,656 元。2018 年 9 月,栖霞拆迁办以蒋某荣及其子女(林某来已去世)为被告提起诉讼,要求返还补偿款 189,972 元。后撤回起诉。

此后,被告以审计时发现将涉案房屋面积与其他户相加、多计算了 633.24 平方米面积为由,于 2020 年 3 月 24 日作出撤销协议决定书,认定多计算补偿款 189,972 元(633.24 平方米 ×300 元/平方米),继续履行将造成国有资产损失,决定撤销与林某来签订的搬迁补偿协议及签订补偿协议时填写的申购安置房申请,要求蒋某荣退还已领取的补偿款 497,656 元,并重新签订补偿协议。

原告认为,被告单方面撤销搬迁补偿协议及要求自己退还已领取的补偿款 497,656 元于法不公,诉至法院,请求法院认定原协议继续有效,已领取的补偿款不予退回。

法院裁判

南京市江北新区人民法院经审理认为,被诉行为属于行政协议履行完毕后的自我纠错,系可诉的行政行为。行政机关具有自我纠错的权力和职责,但被诉行为存在以下问题:一是撤销协议的主要证据不足。入户勘查记录表记载涉案房屋建筑面积为 421.98 平方米,而在装修附属物补偿测算表、分户协议、搬迁补偿协议中双方确认的建筑面积均为 1055.22 平方米,两者存在矛盾。搬迁补偿实施过程中,栖霞拆迁办处于主导地位,不宜作对原告不利的解释。入户调查过程中,栖霞拆迁办工作人员、评估单位人员、建设单位跟踪审计人员、社区工作人员均参与其中,应推定调查工作是严谨、审慎的,栖霞拆迁办亦无证据证明蒋某荣在此过程中存在过错。原告在被告主导的搬迁行为中具有值得保护的信赖利益,在此情况下撤销搬迁补偿协议,违反了信赖保护原则。二是不符合正当程序。自我纠错作为一种行政行为,应当遵循正当程序原则。被告作出撤销决定前,未告知原告拟作出的决定,未说明撤销决定依据的事实和理由,未保障原告的陈述、申辩权,违反了正当程序原则。三是不符合比例原则。栖霞拆迁办主张多支付的189,972元系因无证房面积计算错误,影响的补偿项目为材料回收款和装修补助费,而认定的房屋面积140平方米没有变化,用于申购安置房的封闭资金亦没有变化,不影响原告申购安置房。除了材料回收款和装修补助费,其他补助费用均符合搬迁补偿方案中载明的计算方法,亦符合搬迁补偿协议载明的相关政策依据。因此,即使存在计算错误,也只需对协议中部分内容进行变更或撤销。栖霞拆迁办撤销与此无关的安置房申购申请及其他项目的补偿,超出了必要的限度,违反了比例原则。据此,南京市江北新区人民法院判决撤销被告作出的撤销协议决定书。被告不服,提起上诉。二审法院经审理,判决驳回上诉,维持原判。

案例五:江苏省宿迁市宿城区人民法院(2018)苏1302行初396号

基本案情

原告全某胜等33人诉称,其在江苏省泗洪县石集乡柳山村均拥有房屋,因农村集中居住区和万顷良田等工程建设,被告在2016年4月至12月按照《关于印发泗洪县集体建设用地整理房屋迁建补偿暂行办法的通知》(洪政发〔2011〕21号)分别与其签订了泗洪县石集乡房屋征收补偿安置协议。2017年11月至12月,其通过申请政府信息公开等拿到《江苏省人民政府关于泗洪县2017年度第1批次村镇建设的批复》(苏政地〔2017〕165号)、《江苏省人民政府关于泗洪县2017年度第3批次村镇建设的批复》(苏政地〔2017〕713号)、《泗洪县人民政府征收土地方案公告》等文件,才知晓与被告签订协议时,征地批复等征收文件未获批,相关征收部门也未依法发布土地征收公告。被告作为乡级人民政府,实施签订涉案房屋征收补偿安置协议的行为系超越职权,违反法律规定,补偿价格明显低于市场价格。故诉至法院请求撤销与被告所签订的房屋征收补偿安置协议。

法院裁判

江苏省宿迁市宿城区人民法院认为,被告石集乡人民政府在签订协议前未委托专业评估机构对需要安置补偿的房屋进行市场化评估确认实际价格，政府工作人员直接按照泗洪县人民政府出台的《关于印发泗洪县集体建设用地整理房屋迁建补偿暂行办法的通知》（洪政发〔2011〕21号）所确定的补偿标准与原告签订协议，而泗洪县房地产市场价格近5年上涨明显，且协议中只有货币补偿，没有提供安置房或宅基地安置，鉴于原、被告在签订该行政协议中处于不平等的地位，故该补偿标准显失公平，遂判决撤销被告石集乡人民政府与原告全某胜等33人签订的泗洪县石集乡房屋征收补偿安置协议。一审宣判后，被告提起上诉，后于二审中撤回上诉，一审判决生效。

案例六：广东省高级人民法院（2021）粤行终1505号

基本案情

2014年6月18日，江城区人民政府与俊贤公司签订中洲水产品仓储物流园项目投资建设协议书，次日又签订中洲水产品仓储物流园项目补充协议书。两份协议书约定：中洲水产品仓储物流园项目计划用地面积约14万平方米，俊贤公司总投资约为3亿元；江城区人民政府以招标或拍卖或挂牌（以下简称招、拍、挂）形式公开组织项目用地出让；俊贤公司将通过招、拍、挂形式公开交易取得项目用地使用权；俊贤公司在补充协议签订之日起10个工作日内向江城区人民政府支付履约金2050万元，该履约金由江城区人民政府专项用于该项目用地的土地开发费用支出，以后，俊贤公司需根据江城区人民政府征地及办理国土用地批文的实际需要支付相关资金；江城区人民政府按时办理用地报批、征收，依法组织项目用地公开出让；并约定违约责任等。协议签订后，俊贤公司于2014年6月27日向阳江市江城区土地储备中心汇款2050万元，但江城区人民政府一直没有按协议书约定对涉案土地以招、拍、挂形式公开组织项目用地出让，也没有退还俊贤公司履约金。2020年9月22日，俊贤公司向江城区人民政府发出关于终止协议及退款的函，该政府未作回应。同年10月12日，俊贤公司再次发出关于尽快给予回复的函，江城区人民政府也没有作出回复。俊贤公司遂向阳江市中级人民法院提起行政诉讼，请求判令：（1）解除中洲水产品仓储物流园项目投资建设协议书、中洲水产品仓储物流园项目补充协议书;(2)责令江城区人民政府退还俊贤公司2050万元,并赔偿利息损失,利息以2050万元为本金按全国银行间同行业拆借中心5年期以上的LPR公布价,自2014年6月27日起计至江城区人民政府退还全部款项时止。

法院裁判

广东省高级人民法院认为,协议签订后,俊贤公司于2014年6月27日依约向阳江市江城区土地储备中心汇款2050万元,但江城区人民政府一直没有按上述协议约定对涉案土地以招、拍、挂形式公开组织项目用地出让,也没有将上述款项退还俊贤公司。江城区人民政府的行为已经构成违约,该违约行为致使不能实现合同目的,俊贤公司有权解除合同并要求江城区人民政府赔偿损失。俊贤公司为履行合同缴纳的2050万元,江城区人民政府应当予以退回,并应当支付资金占用期间的利息。一审判决的利息支付基数、期间和利率,于法有据,应予维持。广东省高级人民法院作出二审判决:驳回上诉,维持原判。

案例七:最高人民法院(2020)最高法行申13329号

基本案情

2016年8月1日,一审第三人制作了房屋征收安置补偿计算表及贵州双龙航空港经济区征收补偿费兑现清册,载明对钟某琼的补偿金额为421,313.21元,钟某琼在上述两份表上签字认可。同日,钟某琼(乙方)与一审第三人(甲方)签订了房屋征收安置补偿协议,协议约定:(1)房屋现状:乙方房屋属空心砖混结构,建筑面积478.66平方米;(2)征收安置补偿方式:乙方自愿选择被征收房屋货币补偿安置方式;(3)征收安置补偿金额及给付期限:乙方被征收的房屋、宅基地、空地、附属物、室内外装修,以及水、电、电话、闭路电视、宽带网户头、搬家费、搬家奖励、临时周转过渡费等款项共计421,313.32元,乙方腾空房屋交甲方处置后,甲方10日内一次性全额支付给乙方。协议签订后钟某琼已领取房屋安置补偿款。钟某琼认为与龙里县人民政府签订的房屋征收安置补偿协议存在合同无效情形,故诉至法院，请求：依法确认龙里县人民政府委托贵州龙溪城市经济带建设指挥部与钟某琼签订的房屋征收安置补偿协议无效。

法院裁判

最高人民法院认为，被诉房屋征收安置补偿协议属于行政协议。行政协议是行政机关为了实现行政管理或者公共服务目标，与公民、法人或者其他组织协商订立的具有行政法上权利义务内容的协议，是双方当事人的合意结果，体现了当事人对自身权利的处分，因此兼具行政性和合同性。对行政协议效力的审查，既要以《行政诉讼法》第75条关于确认行政行为无效的规定为基础，也要适用《合同法》第52条（现对应《民法典》第153条）关于认定合同无效的规定，在依法行政原则与保护相对人信赖利益、诚实信用、意思自治等基本原则之间进行利益衡量。只有在行政协议存在重大、明显违法，违反法律法规的强制性规定，损害国家利益、公共利益及他人合法权益时才能确认无效，否则应当认可行政协议的效力。动辄将双方经磋商达成合意的行政协议退回原点，既阻碍行政协议功能的发挥，也有悖于行政协议当事人权利义务的及时有效实现。经原审审理确认，该案被诉房屋征收安置补偿协议系双方自愿签订，其内容并不存在前述法律规定的重大明显违法，损害国家利益、公共利益或他人合法权益等无效情形，原审判决驳回关于确认无效的诉讼请求并无不当。钟某琼提起该案诉讼时认为该案案涉征收“未批先征”，并提出案涉协议的签订存在欺骗和威逼利诱、显失公平，主张被诉房屋征收安置补偿协议无效，均未提供充分理据，法院难以支持。最高人民法院遂裁定驳回钟某琼的再审申请。

第七章

乡村涉法事项的合法性审查

一、基础知识指引

（一）农村土地经营权流转的合法性审查

农村土地问题的实质在于土地经营权的确立与流转，规范农村土地承包权流转的合法性审查的目的是降低现行法律法规不完善以及乡镇公务员、乡镇居（农）民法律意识淡薄等原因给农村土地经营权流转带来的法律风险。

1. 主体合法性审查。经调研发现，当前农村土地流转以 20 年的中长期流转为主，采用出租、入股模式流转土地的农民最多，主要流向农业产业化龙头企业和工商企业进行工厂化生产或农旅结合开发，统一组织，集体同时流转是流转的主要方式。因此流转的双方中一方是村集体或者农户（流转方），另一方是受让方（受转方）。而村集体又有两类组织：村民委员会和村集体经济组织。村集体经济组织此前叫生产大队、小队、村民小组，现在基本上会改为村经济合作社（分社）、联合社（分社）、村级公司等。绝大多数的集体经济组织成员与本村村民一致，但是也并不完全如此。农村承包地、宅基地实行“三权分置”之后，集体经济组织的作用被激活，它们必须出面行使土地所有权，而此时村民无法和集体经济组织成员相混同，即村民不能直接成为集体经济组织的成员。比如，在浙江义乌，农村宅基地“三权分置”之后，一些外地来的打工者、长期居住者也可以取得当地的住房，甚至取得当地的农民户口，但无法取得当地农民的集体经济组织成员资格。在《民法典》第 96 条已经明确把农村集体经济组织规定为特别法人之后，《村民委员会组织法》第 24 条第 2 款规定由村民代表会议代行集体组织权利的做法确实不妥。因此,在主体的合法性审查中,首先应该解决村民自治组织与农村集体经济组织相区分的问题,经济事务已经由集体经济组织行使的,应该以此主体作为合同主体,该主体也是通过代表大会授权、决议或者与农民单独签订的租赁协议等取得集体统一流转的主体。

其次是审查土地流转的受让方。受让方是否具备相应的经营资格、信用状况如何、经营水平是否经过合理评价以及土地流转后的具体用途等关键信息往往成为审查的盲区。这种对受让方准入的宽松处理,不仅增加了违约风险,还可能导致土地流转后无法得到有效的利用,进而使得农民增收的目标变得遥不可及。就政策层面而言,对于土地流转受让方的经营规模、净资本情况及信用情况没有明确必须审查的必要性,亦没有设定准入红线。当受让方因经营不善而亏损,出现资金问题,需要大规模增资、扩资以维系土地经营权流转关系时,不可避免会出现受让方提前撤资的情形。

2. 流转程序合法性审查。乡镇人民政府部门作为辖区内主要的监管主体,负责衔接制定相关的法律政策和制度,维护好市场秩序,需要招投标的,应该按照流程办理;乡镇政府中农林部门负责土地流转的登记、备案和管理或者衔接工作,提供政策咨询和技术支持;土地管理部门(自然资源规划部门)负责土地流转的审批、监督和检查工作,防止非法流转和土地,特别要注意土地使用用途不能超过土地规划的用途,可以作出调整的要做好前置工作。《农村土地经营权流转管理办法》第3条作出了农村土地经营权流转的禁止性规定:"土地经营权流转不得损害农村集体经济组织和利害关系人的合法权益,不得破坏农业综合生产能力和农业生态环境,不得改变承包土地的所有权性质及其农业用途,确保农地农用,优先用于粮食生产,制止耕地'非农化'、防止耕地'非粮化'。"在进行土地流转时,要明确土地所有权的归属,保证土地权属不发生变化,土地用途亦不可发生变化,切忌用于非农建设,不得损害农户权益。一般超过一定期限的流转是可以作流转登记的,土地承包经营权证可以更换,部分农村土地登记难免困难,因为承包地多数是小块地,登记确权时候因工作量很大、费用比较大而没有做好确权的,可以借鉴一些地方通过农村自己建立台账的方法来解决这个问题。无论如何,农村土地权利登记是财产权利的基础性法律制度建设，将其做好，对于下一步乡村振兴和乡村治理是很有必要的。

3. 农村土地流转合同合法性审查。根据《农村土地承包法》第 38 条的规定，土地经营权流转应当遵循以下原则：(1)依法、自愿、有偿，任何组织和个人不得强迫或者阻碍土地经营权流转；(2)不得改变土地所有权的性质和土地的农业用途，不得破坏农业综合生产能力和农业生态环境；(3)流转期限不得超过承包期的剩余期限；(4)受让方须有农业经营能力或者资质；(5)在同等条件下，本集体经济组织成员享有优先权。乡镇政府可以制定和发布规范性合同范本，这些范本应详细列明合同双方的权利和义务、流转期限、流转价格、违约责任等关键条款。范本应具有足够的灵活性和适用性，以适应不同地区、不同情况下的土地流转需求，确保农村土地流转合同的合法性和合规性。

（二）宅基地事项的合法性审查

宅基地是指农村的农户或个人用住宅基地而占有、使用本集体所有的土地。我国《宪法》第 10 条第 2 款和《土地管理法》第 9 条第 2 款对宅基地的性质作了一致的规定，农村和城市郊区的土地，除由法律规定属于国家所有的外，属于农民集体所有；宅基地和自留地、自留山，属于农民集体所有。因此，宅基地的性质是集体所有，由集体行使对宅基地的所有权。宅基地的原始取得是农民申请宅基地，相关程序应当大致安排为：符合宅基地申请条件的农户，以户为单位向所在村民小组提出宅基地和建房的书面申请。村民小组收到申请后，讨论并在本小组范围内公示。公示无异议或异议不成立的，村民小组将材料交村民委员会审查。审查通过的，由村级组织签署意见，报送乡镇政府。由乡镇政府对农民宅基地申请进行审批。经批准用地建房的农户，应当在开工前向乡镇政府或授权的牵头部门申请划定宅基地用地范围。农户建房完工后，乡镇政府组织相关部门进行验收，实地检查农户是否按照要求建设住房，并出具农村宅基地和建房（规划许可）验收意见表。通过验收的农户，可以向不动产登记部门申请办理不动产登记。

1. 宅基地的"三权分置"。宅基地"三权分置"是指落实宅基地集体所有权，保障宅基地农户资格权和农民房屋财产权，适度放活宅基地和农民房屋使用权。简单地说就是宅基地将被赋予三项权能，分别为所有权、资格权、使用权，并且三权分置。村集体（村或经济社）是宅基地所有权人，符合规定和条件的村民（农户）具有认定为宅基地资格权资格，宅基地使用权人就是通俗所说的农村自建房房主，现实为本村村民（农户）。三权分置后宅基地所有权不变，仍然属于集体所有。落实宅基地集体所有权就是保障和强化了集体经济组织有依法收回宅基地的权利，也赋予了集体经济组织对宅基地使用的监督权利，以及集体经济组织在宅基地使用权流转或被征收时按照一定比例分享流转或征收收益。稳定农户资格权就是维护农民家庭作为集体经济组织成员取得和占用宅基地的权利。资格权是对村民（农户）各项附着于土地上的权利的一种保障。资格权设置和认定关系到广大农民的基本权利和切身利益，包括宅基地的取得权利、流转权益、土地开发收益分配等都与资格权直接相关，资格权认定是关键也是难点。适度放活宅基地使用权就是将允许农户除通过转让流转宅基地使用权外，还可以以出租、抵押、入股等方式流转宅基地使用权，进一步提高宅基地集约利用水平和效益，同时激活宅基地租赁权和抵押权，释放农村建设用地土地价值潜能。宅基地使用权流转问题具有复杂性，与耕地保护、城乡住宅市场秩序、增值收益分配、土地财政等问题均产生复杂隐秘的关联，宅基地制度必须始终坚守“土地公有制性质不改变、耕地红线不突破、农民利益不受损”这“三条底线”。部分乡镇干部认为国家应当独占土地增值收益并经由合理分配使社会成员受益，这种观念是错误的。这其实没有搞清楚宅基地开发权和宅基地增值收益分配两个问题。《土地管理法》第 62 条第 6 款规定鼓励成员盘活利用闲置宅基地，其实已经赋予了集体成员对于宅基地的开发权。前者属于农民，后者属于农民集体共有，不能将规划用途管制和国家垄断开发权混为一谈。

2. 宅基地可以继承。首先，关于宅基地继承是否违反《土地管理法》所规定的“一户一宅、面积法定、成员专享”等原则，《土地管理法》的核心内容在于其行政法本质，契合公法之特征，《土地管理法》原则不过是属于行政管理层面的规制手段。其中，“一户一宅”是指一户只能申请一处宅基地，并非指只能保有一处宅基地；“面积法定”是指集体成员在初始取得宅基地阶段，所分配的宅基地面积不得超过规定的标准;“成员专享”则是指宅基地初始取得主体应当具有集体经济组织成员资格,即宅基地使用权主体的身份性应当目的性限缩解释为初始申请时具有特定资格。其次,宅基地继承仅仅是使用权的继承,并不涉及资格权。“宅基地使用权具有身份属性”混淆了权利取得原因上的身份属性和权利本身具有的财产属性之间的辩证关系。换言之,宅基地申请者的身份限制特指权利取得时的身份,并非该权利本身具有身份属性,一旦初始取得宅基地使用权,该土地便独立于权利人身份,可以在符合公法用途管制的前提下自由流转。另外,用益物权的成立与其是有偿还是无偿取得并无直接关系。农村集体经济组织成员初始取得宅基地,是作为集体土地所有权主体的农民集体赋予其成员通过内部机制平等获得利益分配的机会。集体土地上设立宅基地使用权这种权利负担,属于与身份相联系的福利分配,目的在于实现“户有所居”的社会保障目标。宅基地使用权取得阶段的无偿性,并不会影响其在持有、流转阶段作为用益物权的财产属性,否则将不可避免陷入宅基地使用权本身具有人身专属性的误读。

那么,宅基地使用权是否可以遗赠?根据《民法典》继承编第 1133 条第 3 款规定,宅基地使用权人固然也可以通过遗赠的方式,将宅基地使用权赠与国家、集体或者法定继承人以外的组织、个人。“三权分置”后的宅基地使用权属于财产权,本身并不具有居住保障功能。如果必须以“具有居住需求”为宅基地使用权继承的硬性条件,恐怕大多数继承人都不具备继承资格,甚至可能出现继承人中“部分人有、部分人没有继承资格”的情形,这明显与立法及政策精神相悖。其次,无须过分担忧宅基地使用权过度自由流转会导致“土地垄断”,现实中将宅基地使用权完全赠与陌生人的情况极为罕见,而且在宅基地使用权继承规则的建构中,公法及政策层面的规定也会对私人权利作出一定限制。作为民事基本法的《民法典》并未规定用益物权属性的宅基地使用权的持有数量,因继承拥有多处宅基地并不与私法规范相违背。即便基于国家相关政策考察,也可以从 2008 年 7 月国土资源部《关于进一步加快宅基地使用权登记发证工作的通知》(已失效)第三部分(一)“……除继承外,农村村民一户申请第二宗宅基地使用权登记的,不予受理”之规定中得到印证,即继承导致占用多处宅基地的,可以依法予以确权登记。

(三)村规民约的合法性审查

村规民约源于传统的乡约,是传统自治文化和无讼目的的结合。自治观念下的乡土社会是"礼治"社会,"礼治"社会依靠传统维持,而且维护社会秩序也需要"礼治"。在人们的思想观念中,传统即社会积累的经验,在日复一日的生活中,尽可能把前人所用的解决问题的方法作为自己的生活指南,越是经过前代生活证明有效的,也越值得保留。自治观念下"礼治"存在的前提是传统可以有效地应对生活中出现的各种问题。乡土社会恰恰满足这一要求,因此它的秩序可以用"礼治"来维持,进而形成一种自治的观念。在传统的乡土社会,等级观念根植于每个人的心中,这种所谓的等级是按照社会地位的高低划分的。等级观念的主要表现就是人际关系中形成的"差序格局"。"差序格局"的乡土社会秩序主要是以"己"为中心,以亲缘关系远近建立起来的社会关系,这种社会关系以血缘关系、亲情纽带为构成基础。在等级观念的影响下,人际交往首先衡量的是"秩序",即"先后""次第",然后才有交往合作关系。儒家伦理道德规范在社会关系中讲究"出身""门第""位置""等级",人们安守本分,"各安其位""各就各位",凡是在这个秩序框架中超越"边界"的言行都被认为是"无序的""冒犯的"。在中国传统文化中,儒家思想占据了主导地位。费孝通先生曾指出,在这个乡土社会中,人们深受儒家传统思想的熏陶,信守"无讼"观念,崇尚"礼治"思想。这种"无讼"观念就是在问题出现后,不通过法律来解决,而是选择私下解决。众所周知,在乡村这个小圈子里,大家彼此之间很了解,相互之间有很高的信任度,村民之间可以依靠道德约束力、村民间的舆论导向来解决问题。这为私下解决问题带来了现实可能性。同时,乡村社会是一个"熟人社会",纠纷引发的舆论传播速度快、范围广,而且很快会成为邻里之间茶余饭后讨论的话题。村民碍于邻里关系的和谐稳定,通常会选择更为快捷、影响范围更小的解决方式来维护邻里乡亲的和谐关系,信守息诉止讼观念,推崇宗族意识。乡土社会是一个注重道德教化和礼俗的社会,做人崇尚儒家的"仁""义""礼""智""信",做事信守"温""良""恭""俭""让"。邻里乡亲面对发生的矛盾纠纷更愿意选择不伤感情、更为平和的方式解决。非诉讼方式解决问题就是不用强制力来约束村民,而是通过细心劝导和道德教化平息矛盾。从诉讼的经济成本角度考虑，村规民约是从亲情、友情的角度调解纠纷，这种非诉讼纠纷解决给村民提供了最为节约成本的方式。“由提倡无讼而发展起来的调处息讼，把国家权力与社会力量紧密结合在一起，是在自然经济条件下，解决民事纠纷的较好的方法，其制度之完备、经验之丰富、实施之广泛，在世界古代法制史上是仅有的。”但长时间受息诉止讼观念的影响，导致村民厌诉、耻诉、惧诉、怕诉的思想浓厚，甚至淡忘了权利。村民们无论是面对涉及人身和财产权利的民事纠纷，还是更为严重的刑事案件，习惯的做法是找宗族的长者通过调解解决。事实上，这种处理方式无论是对矛盾双方还是对矛盾本身的解决都是不利的，因为通过调解解决矛盾，双方必然会考虑到道德和社会舆论的压力，进而作出让步或者妥协，这样从表面上看维护了社会稳定，实际上有些社会矛盾并没有得到公正地处理和解决。

村规民约同时具有直接的司法适用功能。在中国乡村结构和秩序转型过程中，村规民约的“准法律规范”属性、国家法的不足以及乡村纠纷调解机制的非终局性等都决定了村规民约的民事司法适用成为必然。“三治结合”乡村治理体系下的村规民约融合了国家法律、自治规范及道德规范等，其内容不仅涉及村落乡风文明，还包括村民权利、社会公德、经济发展、地方秩序、利益分配等，既体现村民意志也体现国家意志及乡村社会集体意志。在规范结构形式上，部分村规民约具备法律规范的基本要素，权利义务及行为后果明确，具有民事司法适用的可行性。在国家法尚未完全深入乡村社会时，村规民约担负了替代性立法角色，可以弥补国家法在乡村社会的缺位。我国《民法典》第 10 条规定，法律对民事纠纷没有规定的情况下，可以适用习惯，但不能违反公共秩序和良好风俗。村规民约的部分内容本身就是民事习惯的一种表现形式，司法机关可以比照《民法典》第 10 条将村规民约认定为当地习惯予以适用。将村规民约适用于司法实践，有利于在乡村纠纷中平衡当事人的权利义务，化解乡村矛盾。国家司法活动对村民法治观念的形成具有价值导向作用，从而有利于健全“三治结合”乡村治理体系，最终实现法治乡村建设。

1. 村规民约制定程序的合法性审查。程序正义是实现实体正义的重要保障，无论是宪法还是法律都有严格的制定和修改的程序,这也是其合法性得以保障的基础。一方面,要明确村规民约的制定主体。根据《村民委员会组织法》第27条第1款之规定,村民会议是村规民约制定和修改的法定主体,具有制定和修改的权利。村民会议可以授权村民代表会议讨论决定该条规定的各大事项。《村民委员会组织法》第25条第1款规定了人数较多或者居住分散的村,可以设立村民代表会议,讨论决定村民会议授权的事项。村民代表会议由村民委员会成员和村民代表组成,村民代表应当占村民代表会议组成人员的4/5以上,妇女村民代表应当占村民代表会议组成人员的1/3以上。村民委员会、村民代表会议或者其他村民不得作出与村规民约相抵触的决定,应避免村中的少数人以个人决定取代集体决议,以保证民主权利的有效行使。另一方面,村规民约要规范修订程序。《村民委员会组织法》对召开村民会议的参会人员、法定人数、通过决定的人数等规定,就是对包括制定村规民约在内的议事程序的程序性规定。主要程序为:村民会议由村民委员会召集。有1/10以上的村民或者1/3以上的村民代表提议,应当召集村民会议。召集村民会议,应当提前10天通知村民。召开村民会议,应当有本村18周岁以上村民的过半数,或者本村2/3以上的户的代表参加,村民会议所作决定应当经到会人员的过半数通过。法律对召开村民会议及作出决定另有规定的,依照其规定。召开村民会议,根据需要可以邀请驻本村的企业、事业单位和群众组织派代表列席。

村民会议可以制定和修改村民自治章程、村规民约,并报乡、民族乡、镇的人民政府备案。村民自治章程、村规民约以及村民会议或者村民代表会议的决定不得与宪法、法律法规和国家的政策相抵触,不得有侵犯村民的人身权利、民主权利和合法财产权利的内容。村民自治章程、村规民约以及村民会议或者村民代表会议的决定违反前款规定的,由乡、民族乡、镇的人民政府责令改正。制定和实施村规民约的情况,村民委员会同样实行村务公开制度。各村可以结合自身实际情况制定一套完整、翔实的流程。我们认为,修订程序应涵盖以下几方面内容:(1)积极宣传,广泛听取意见,吸纳村民具有建设性的建议;(2)按照《村民委员会组织法》规定的召开村民会议的程序,推选制定村规民约小组人选应当有本村18周岁以上村民的过半数，或者本村 2/3 以上的户的代表参加，村民会议所作决定应当经到会人员的过半数通过；(3)由制定小组综合各方意见，起草讨论稿供村民讨论与反馈；(4)邀请司法机关对村规民约讨论稿的合法性提出建议；(5)在村民会议上表决；(6)备案与公布。

2. 合法性审查与普法教育相结合，提升广大农村干部和农民的法律素养。制定符合村民意愿、符合现实生活要求、高质量的村规民约需要法律保障。要让村规民约得到更好地执行，还需要高素质、懂法律的干部。现实中部分乡村干部对于村规民约重视不足，有些观念停留在家长制、族长制时期，对于乡村治理依靠德高望重的长者，对法律和村规民约的作用没有明确的认识。因此，应加大法律法规的宣传力度，与村民生活息息相关的法律在颁布后要及时组织相关人员学习；大力推进"谁执法，谁普法"，对于发生在村民身边的法律纠纷，执法机关应以案释法，这样，既能够解决实体争议，又宣传了法律法规，村民也更容易接受。此外，村民委员会应指导村民学习法律法规，通过村民喜闻乐见的形式传播法律常识，重点突出对村民骨干、家庭户主的培养和教育，这样做不仅能够快速、高效地将法律知识传播到每位村民，而且能够增强村民的法律意识、契约意识、规则意识、民主意识。

3. 合法性审查的构成。(1)强化乡镇政府的备案审查监督。我国《村民委员会组织法》第 27 条第 1 款规定，村规民约制定后要向乡镇人民政府备案。乡镇人民政府应该对备案的村规民约进行审查，不能只备案不审查。强化备案审查监督，首先，要明确备案审查职责，乡镇政府有对村规民约审查的责任；其次，要进行合规性审查，对于村规民约规定的内容是否与现行法律法规一致，是否有侵害村民合法权益的条款，可以聘请专家对村规民约的合规性进行审查；最后，应进行定期审查，乡镇政府应当对备案的村规民约定期审查，若发现有与现行法律不一致的规定及时通知修改。(2)健全司法审判合法性审查制度。司法是守护公平正义的最后一道防线，司法监督是一种事后监督，是审查村规民约的最后一道屏障。在实际工作中，要注意司法权与自治权的协调问题。目前，人民法院在适用村规民约解决纠纷的过程中，如果村规民约符合宪法法律，法院可以直接适用村规民约并说明理由;若村规民约不符合法律法规,无论是民事案件还是行政案件,人民法院只可以确认村规民约违法,不适用村规民约中的规定,而不可以予以撤销,实际上并没有解决村规民约合法性问题。因此,司法机关可以向订立村规民约的村上级政府发出司法建议,建议对村规民约中的某些条款加以修改并限期回复修改结果。

总之,在中国特色社会主义法律体系已经形成的背景下,在法律已经通过明确条文确定习惯适用的情况下,村规民约正在以自己独特的方式潜移默化地影响着农村、农民的生产生活。在法治国家、法治社会建设进程中,村规民约要主动适应时代变化,增强在司法环节中的适用性,在解决乡村社会纠纷、加强农村法治建设、提升村民法律素养等方面发挥重要作用。

(四)村干部违法犯罪预防

国家监察体制改革后,反腐败力量得到进一步整合,但是对村干部腐败的惩治仍然面临着办法不多、投入不够、查处不力等问题。理论界对村干部犯罪问题进行系统性的研究不多,对村干部这一犯罪主体的关注度不够。2018 年 12 月修订的《中国共产党农村基层组织工作条例》第 19 条第 2 款规定:"村党组织书记应当通过法定程序担任村民委员会主任和村级集体经济组织、合作经济组织负责人,村'两委'班子成员应当交叉任职……"这使村干部的权力进一步集中。随着乡村振兴战略的实施,乡村的可支配资源进一步增多,如果不健全对村干部权力的监督,并进行系统性治理,村干部犯罪问题将进一步恶化。因此全面系统地分析村干部犯罪特点及其原因,找准风险防控重点,有针对性地提出预防和治理对策,具有重要理论价值和实践意义。

1. 村干部犯罪的特点:(1)村干部犯罪领域与国家发展政策紧密相关。经调研发现,10 年以前村干部犯罪中贪污村集体所有的财产占比最高,其次是经营集体企业腐败,第三是向村民吃拿卡要。随着城市的发展,近年来土地资源越来越稀缺,城中村、城市郊区的征地拆迁量迅猛增加,涉及土地领域的腐败问题急剧增多,上升到第一位;国家财政继续加大向农村转移支付的力度,贪污公益项目补助继续位居第二;在国家大力推进农村建设的过程中,村内的工程建设项目逐渐增多,村内公益项目工程领域的犯罪增长明显,利用本村工程发包、监管过程中的腐败位居第三。可见,村干部犯罪领域与国家的乡村发展政策密切关联。(2)村干部犯罪涉及的罪名比较集中。通过对法院公开网中的村干部犯罪案例进行分析,笔者发现村干部犯贪污罪、职务侵占罪、挪用公款罪、挪用资金罪、受贿罪、非国家工作人员受贿罪6个罪名的案件数占94.6%。其中贪污罪占比最高,达到51.2%。村干部利用协助政府从事行政管理职权实施的犯罪数量远高于村干部利用集体自治事务管理职权实施的犯罪数量,如村干部犯贪污罪的次数是犯职务侵占罪次数的4.1倍;犯受贿罪的次数是犯非国家工作人员受贿罪次数的2.6倍;犯挪用公款罪的次数是犯挪用资金罪次数的1.5倍。村干部犯罪的这个特点,一方面说明村干部协助政府从事行政管理工作时掌握的资源资金比其管理的集体资源资金多;另一方面说明村干部协助政府从事行政管理时面临更大的刑事风险,政府部门对村干部履职行为监管不力。(3)村干部犯罪类型具有一定区域特征。东部地区经济发达,各类制度较为健全,村内公益事业项目较多,在履行村集体自治事务管理职权时面临的风险比中西部地区高。中部欠发达地区村内财经制度不健全、监督力量薄弱,随着国家加大对中部地区财政支付转移力度,中部地区贪污、受贿、挪用公款类犯罪呈高发态势;西部落后地区人口较少,村干部人数基数低于中东部地区,各类犯罪占比也均低于中东部地区。通过对中国裁判文书网中检索的案例进行分析,笔者发现,东部地区村干部犯职务侵占罪、非国家工作人员受贿罪以及挪用资金罪的次数是中部地区的1.2倍、西部地区的4.3倍;中部地区村干部犯贪污罪、受贿罪及挪用公款罪的次数是东部地区的1.5倍、西部地区的2.8倍;西部地区村干部犯罪总量远低于中部地区和东部地区,仅为中部地区的34.7%、东部地区的44.7%。此外,村干部犯罪还有村"两委"一把手犯罪高发,村干部共同犯罪比例较高等特征。

2. 村干部犯罪的原因:(1)社会文化环境难以得到迅速改变,滋生村干部犯罪的土壤仍然存在。村干部犯罪是在一定社会文化背景下产生的,农村的社会文化环境中有一些因素触发和刺激着村干部犯罪,如崇拜权力与金钱,熟人社会中习惯找人情关系避开制度约束等。(2)自治制度未得到严格执行,村干部权力缺乏制度约束。基层群众自治制度是我国的基本政治制度,但是当前不少地方村民自治权利没有得到有效保障,村民民主决策权、民主管理权没有得到落实,村干部垄断了村内权力。如《村民委员会组织法》已经确立了村务公开制度,对哪些事项应当公布,不同类别事项应当公布的频次都有明确的规定。但村委会却没有执行到位,主要表现在应公开的事项不公开,或有选择性地公开,这使得村民的知情权受到侵害,使其难以进行有效监督。村干部利用信息不对称,欺上瞒下,实施犯罪。(3)监督机制未发挥应有作用,村干部权力缺乏监督制约。不同时间段村干部犯罪的领域各不相同,集体资源多时,集体财物成为犯罪对象;国家投入资源多时,国有财物也成为犯罪对象,这说明村干部权力长期缺乏有效监督。家庭承包责任制取代集体生产经营制后,村民忙于自己的生产生活事务,较少关注集体事务,很难自发组织起来对村干部的日常工作进行监督。有的村民害怕打击报复,或考虑到将来有求于村干部等原因,面对村干部的违法犯罪行为不敢监督。基层政府和村干部的关系密切,有很多行政事项需要村干部的协助,特别是在城市化过程中的征地工作。(4)相关配套制度不完善,对村干部缺乏必要的管理和保障。在村民自治制度形成、发展,尚未扎根农村的过程中,国家权力在农村抽离了,重心逐步转向城市。村级治理中,不少村没有建立规范的财务管理制度,村资产底数不清、管理不严,为村干部贪腐打开方便之门。(5)国家对微腐败的惩治不够及时、高效,对村干部未形成有力震慑。现有的惩罚手段中罚金措施使用不足,村干部在经济上付出代价少,惩罚力度不够,罪刑不均衡。村干部的违纪违法犯罪行为不能得到及时有效惩治,使其在违法犯罪道路上越走越远,涉案金额也越积越多。

3. 村干部犯罪的预防和治理对策:治理村干部犯罪不是某个领域和局部的工作,而是一个全方位、立体性的系统工程。犯罪对策是“基于犯罪原因、犯罪条件的揭示和犯罪预测的把握,由社会组织制定与实施的,探寻犯罪预防、犯罪控制、社会政策与刑事政策、社会措施与刑事处置、犯罪惩罚与犯罪矫治的合理的原则与方法”。[①] 在分析村干部犯罪特点、主要原因及发展态势的基础上,可知村“两委”一把手是村干部犯罪的高发人群,也是需要重点防控的人群;农村“三资”领域

---

① 张小虎:《宽严相济刑事政策的基本思想与制度建构》,北京大学出版社 2018 年版。

成为村干部犯罪的高发区，国家支农惠农资金、征地拆迁、工程建设等领域是需要重点防控的领域；村干部利用登记申报审核、发放补贴、项目发包、质量监督、审批结算、验收检查、协调纠纷等职权进行贪污、侵占、挪用、受贿，这几类犯罪占村干部犯罪的绝大部分，贿赂类犯罪将逐渐增多，这些环节是村干部犯罪的主要案发环节，需要重点防控。村干部犯罪治理的目标是通过完善制度，建立一套不敢腐、不能腐、不想腐的机制，对村干部犯罪刑事风险点进行重点防控，将村干部犯罪控制在社会可容忍的范围内。

（1）构建村干部不敢腐机制：惩罚的效果不在于其严厉性，而在于惩处罪犯的及时性和恰当性。为充分发挥惩罚在控制村干部犯罪上的作用，职能部门应通过监督检查、巡察、审计、畅通举报渠道等多种方式，积极拓宽村干部犯罪线索来源渠道，减少村干部犯罪黑数；建立快查快结机制，突出查办案件重点，提升村干部犯罪受到惩处的及时性；建立协作配合机制，形成惩治村干部犯罪的合力；建立提级办理、指定管辖、异地办案机制，破解农村熟人社会对办案的干扰；加大对行贿人的打击力度；加强对外逃村干部追逃追赃的力度。在监察体制改革背景下，纪检监察机关需要根据村干部犯罪性质的严重程度，运用监督执纪"四种形态"，分类进行惩治，一般违纪违法行为，运用党纪政务处分、组织处理等非刑罚手段，增加禁止一定期限担任村干部的组织处理措施，增加罚金惩治手段；严格把握罪与非罪的边界，建立案例指导机制，防止处罚畸轻畸重。司法机关应注重运用认罪认罚从宽制度，把握好此罪与彼罪的界限，建立量刑指导意见，完善刑罚执行方法，做到罪刑均衡，罚当其罪。完善惩治村干部犯罪的立法，推动国家反腐败立法建设，及时将严重破坏国家管理秩序和侵犯村民权利的行为纳入犯罪。

（2）健全村干部不能腐机制：针对村干部犯罪的原因，采取有针对性的措施，消除或抑制引发村干部犯罪的情境因素，使村干部不能腐。治理村干部犯罪，需要从根本上合理配置村干部权力并规范村干部权力运行。发挥制度预防作用，加强协商民主制度建设，村集体的事情由村民自己商量决策、进行管理，法律应保障村民的这种政治自主权，这也是完善村民自治制度的重要方式。通过确立权力边界、严格决策管理程序、发挥村民自治章程和村规民约作用、赋予村民司法救济权、落实村务公开制度、健全村级财务制度,进一步保障村民权利、制约村干部权力。通过完善监督机制,来增加村干部犯罪的风险和难度,是预防村干部犯罪的有效方法。完善监督体系,通过加强基层党委政府监督、审计监督、纪检监察监督,强化国家权力对村干部权力的监督,这是当前监督体系中最重要、最有力的监督。在日常监督中,还需要加强村干部同级监督、村监督委员会的监督,完善村内力量对村干部权力的监督。除此之外,还需要增强社会力量的监督,特别是非政府组织的监督。通过充分发挥各类治理主体的监督作用,实现控制村干部犯罪的目标。

(3)完善村干部不想腐机制:导致村干部犯罪的原因除了客观原因,还有村干部个人的主观原因。针对村干部个体的心理、性格、素养、生活状况等因素,在严把人选关的基础上,采用教育、培训、保障等方式,使村干部不想腐。健全村干部的选任机制,增强村级党组织的战斗力,继续从国家机关中选派村第一书记,发挥大学生村干部的作用。建立与各地经济发展水平相适应的村干部基本报酬制度,明确财政补贴标准,并确立正常增长机制,可以保持对乡村精英的吸引力;除给予一定经济待遇保障和物质激励外,在政治上,还可予以一定的发展空间,如可在优秀、清廉的村党组织书记中考录乡镇公务员或事业编人员,甚至可以从中选拔乡镇领导干部。“牢固的理想信念和党性修养是遏制腐败思想产生的保障。”①加大廉洁教育力度,通过警示教育、正规培训教育、先进典型宣传、廉政谈话教育等多管齐下,不断筑牢村干部不想腐的思想防线。基层政府要加强对村干部特别是村“两委”一把手的法治宣传教育,定期开展有针对性的培训,使他们增强法治观念和规矩意识,对纪律法律心存敬畏,不敢轻易触碰法律底线。利用信息技术,开展远程网络教育,解决偏远地区开展法治宣传教育不到位的难题。

---

① 文宏、杜菲菲:《镇街一把手行为的演化机理与治理对策——基于2009—2017年镇街腐败案例的内容分析》,载《湘潭大学学报(哲学社会科学版)》2017年第5期。

二、案例应用参考

案例一：安康铁路运输法院(2023)陕7101行初216号

基本案情

2022年11月10日，被告××县××镇人民政府向原告罗某作出的关于罗某要求土地确权的回复，主要内容为：你所提"将原横溪镇兴坪村七组原承包地7.86亩确权于你名下，并将罗某1原属于你的承包地归还于你，由你本人享受退耕还林政策补贴"的请求缺乏事实依据且违反《农村土地承包法》，故××镇人民政府不予支持。如对本回复不服，可在收到本回复之日起60日内向××县人民政府申请行政复议或者6个月内向有管辖权的人民法院提起行政诉讼。

2023年7月11日，××县人民政府向原告罗某作出×政复决字〔2023〕2号行政复议决定书，主要内容为：按照国家相关法律规定，土地权属应以登记为准，××镇人民政府基于罗某申请确权的地块已合法登记在罗某1所持有的林权证中的事实而作出的回复，事实清楚、证据确凿。根据《行政复议法》(2017修正)第28条第1款第1项、《行政复议法实施条例》第43条的规定，决定维持××县××镇人民政府于2022年11月10日作出的关于罗某要求土地确权的回复的行政行为。如不服该决定，可以自收到该决定书之日起15日内向有管辖权的人民法院提起行政诉讼。罗某不服被告××县××镇人民政府、被告××县人民政府土地权属确权及行政复议，于2023年7月20日向法院提起行政诉讼。安康铁路运输法院于2023年12月28日作出如下判决：撤销被告××县××镇人民政府2022年11月10日作出的关于罗某要求土地确权的回复及被告××县人民政府2023年7月11日作出的×政复决字〔2023〕2号行政复议决定书。案件受理费50元，由被告××县××镇人民政府负担。

裁判要旨

根据法院作出的已经发生法律效力的(2023)陕7101行初1号行政裁定书所

确认的事实以及对相关事实的法律评价,被诉关于罗某要求土地确权的回复在行为性质上实质为行政机关依申请启动的对个人之间土地使用权归属发生争议所作出的行政处理意见,依法属于行政裁决行为。据此,该案系因农村土地承包经营权(含林地承包经营权或林地使用权)权属归属问题引发的行政争议。原国土资源部作出的《土地权属争议调查处理办法》第14条第4项规定:“下列案件不作为争议案件受理:……(四)农村土地承包经营权争议案件;……”据此,涉及农村土地承包经营权的各类权属纠纷依法不属于人民政府处理土地权土地等自然资源所有权或使用权争议的受案范围,即相关行政机关并无职权对当事人之间的此类型权属争议问题作出处理或裁决。该案中,被告××县××镇人民政府基于当事人土地纠纷确权申请而启动调查核实工作后,径行对原告罗某与第三人罗某1之间的土地承包经营权(林地使用权)权属归属问题作出具有实体认定和评判内容的处理意见,属于超越职权作出行政裁决的情形,依法应予撤销。同理,被告××县人民政府对此问题未在该案复议中指出并纠正,其作出维持原行为的复议决定不当,依法应一并撤销。鉴于该案各被告对案涉当事人申请没有法定职权进行处理,故原告罗某要求处理其相关土地权属争议问题的请求,无法责令被告方重新作出行政行为,相关当事人可以根据《农村土地承包法》第55条之规定,通过协商、调解、仲裁及民事诉讼方式解决。

案例二:一审:河北省保定市竞秀区人民法院(2023)冀0602行初62号;二审:河北省保定市中级人民法院(2024)冀06行终162号

基本案情

2002年1月1日,以后辛庄村委会为甲方,以周某顺为乙方签订租赁协议,协议载明,周某顺租后辛庄村土地1块(东坟处)2.51亩,双方本着平等互利、协商一致的原则,特定以下条款,供双方共同遵守。(1)租赁费每亩每年2500元,共2.51亩,合租赁费6275元,每年第一个月内交清全年租金,超期视为违约。(2)用电,甲方提供电源,乙方照章用电,动力电交纳电补贴,按副业电计表纳费,并服从管电人员管理,否则管电人员有权惩罚和停止用电。(3)占地,由乙方到职能部门办理有关手续并承担费用,如果因手续不全,造成经济损失由乙方全部承担。(4)本协议履行中,单方不准终止协议,必要时双方协商解决。(5)在协议履行中,和上级职能部门(公安、工商、税务、土地、城建、环保等)发生一切费用由乙方承担。(6)本协议履行中双方都要服从上级规划,乙方禁止挖坑卖土,合同到期乙方不再承租,地面附着物,甲方需要可以折旧作价归甲方,否则乙方无条件拆除,恢复原貌、恢复耕种,但必须在协议履行期内办清,超期按违约处理。(7)在协议履行中,发生未尽事宜,双方协商解决。(8)本协议履行年限为2002年1月1日~2032年12月31日,有效期30年整。2021年5月10日,东金庄乡人民政府、保定市莲池区城市管理综合执法一大队、保定市国土资源局莲池区分局对张某敏作出通知。载明,张某敏,你(单位)在位于莲池区××乡××村建筑物未依法办理土地、规划等相关手续,属于违法占地、违法建筑,其行为违反了《土地管理法》、《城乡规划法》和《河北省城市市容和环境卫生条例》的规定,责令你自接到通知之日起3日内自行将违法占地上的建筑设施拆除,恢复土地原状。逾期,区政府依法组织拆除。2021年7月14日,东金庄乡人民政府组织对张某敏所建建筑进行了拆除。张某敏因诉被上诉人保定市莲池区东金庄乡人民政府强制拆除房屋提起诉讼。一审判决确认东金庄乡人民政府强制拆除张某敏位于保定市莲池区××乡××村工业园××号的房屋行为违法。二审维持原判并增加赔偿张某敏损失8万元及利息的判决内容。

裁判要旨

1.《行政强制法》第44条规定:对违法的建筑物、构筑物、设施等需要强制拆除的,应当由行政机关予以公告,限期当事人自行拆除。当事人在法定期限内不申请行政复议或者提起行政诉讼,又不拆除的,行政机关可以依法强制拆除。该案中,被上诉人东金庄乡人民政府认定上诉人张某敏房屋为违法建筑,作出限期拆除通知后,未经法定程序即强制拆除张某敏房屋的行政行为违法。

2.《国家赔偿法》第4条第4项规定:“行政机关及其工作人员在行使行政职权时有下列侵犯财产权情形之一的,受害人有取得赔偿的权利……(四)造成财产损害的其他违法行为。”该案中,一审法院确认东金庄乡人民政府强制拆除张某敏案涉房屋的行为违法并无不当,张某敏有权取得赔偿。

案例三:浙江省宁海县人民法院(2023)浙0226行初68号

基本案情

2023年3月2日,被告中河街道向原告送达编号为(2023)中拆公第1号强制拆除公告,内容为:“你(单位)未经审批,擅自在鄞州区某某小区二期××号××室公共平台上搭建玻璃材质构筑物。上述建筑行为未取得建设工程规划许可审批意见且属于无法采取改正措施消除对规划实施影响的情形。该行为违反了《浙江省城乡规划条例》第59条的规定,且你(单位)至今未予自行拆除。现本机关发布公告,要求你(单位)自本公告发布之日起2日内自行拆除上述违法建筑。逾期不拆除的,本机关将组织人员进行强制拆除,由此产生的费用及造成的经济损失,由你(单位)自行承担。”当日原告即电话咨询被告下属城管部门,同时要求被告对原告楼上的×××室违章建筑一并处理。2023年3月9日,原告又去被告处表示愿意配合,但希望公平执法,和楼上×××室的违章建筑一并拆除。被告城管人员强调被告已发函给宁波市自然资源和规划局鄞州分局(以下简称鄞州区资规局),但鄞州区资规局一直没有回复×××室是否属于违章建筑,所以必须先拆除原告的违章建筑。原告当时提出,希望被告和鄞州区资规局沟通一下,给原告具体的违章建筑认定文件及合理的自行拆除时间。2023年3月14日上午,在原告未收到任何反馈的情况下,被告组织人员上门强拆。原告及家人上前沟通,再次表示愿意主动拆除,但希望公平执法,和楼上×××室的违章建筑一并拆除。但被告根本不听原告及家人的陈述和申辩,强行拖扯致使原告多处受伤。被告无视原告受伤,继续强制隔离以保证非法强拆进行,后原告家人无奈报警,打“120”求助并去医院治疗。在强拆过程中,原告要求被告提供鄞州区资规局认定违章建筑的文件,但被告拒不提供。后原告到被告处找相关人员核实。被告工作人员在原告再三要求下在电脑屏幕上给原告展示了鄞州区资规局于2023年1月17日作出的(2023)第5号告知函的部分截图。当日下午,原告拿着截图照片去鄞州区资规局核实，才发现原告××室和楼上×××室的违章建筑认定是在同一份文件即(2023)第5号告知函上。原告认为，被告无强拆违章建筑的职权，选择性执法，未同等对待同一小区内被认定的违章建筑，未正确适用法律，且未告知原告相关权利，程序违法。原告徐某某于2023年5月19日向法院提起行政诉讼。法院于2024年2月20日判决确认被告宁波市鄞州区人民政府中河街道办事处于2023年3月14日对原告徐某某在宁波市鄞州区××路××弄(某某小区二期)××号××室北侧公共平台上搭建的玻璃材质构筑物实施强制拆除的行为违法；驳回原告徐某某的行政赔偿请求。

裁判要旨

1.《浙江省违法建筑处置规定》第30条规定，设区的市、县(市、区)综合行政执法部门经法定程序被赋予城镇规划管理相关行政处罚职责的，由其具体负责城镇违法建筑处置工作。《浙江省综合行政执法条例》第8条、第9条规定，县(市、区)人民政府可以在省人民政府批准的综合行政执法事项目录中选择行政执法事项，依法交由能够有效承接的乡镇人民政府、街道办事处实施；县(市、区)人民政府应当编制乡镇、街道具体实施的综合行政执法事项目录清单，向社会公布后组织实施。依据宁波市鄞州区人民政府《关于将部分区级部门行政处罚权交由福明街道办事处等8个镇人民政府(街道办事处)行使的公告》及其附件《宁波市鄞州区福明街道办事处、潘火街道办事处、中河街道办事处、钟公庙街道办事处行使行政执法事项目录》，被告中河街道被赋予对未取得建设工程规划许可进行建设行为的行政处罚权及与之相关的行政检查权、行政强制权。《浙江省违法建筑处置规定》第11条第3项规定，在已竣工验收的建设工程用地范围内擅自新建、搭建，或者利用建设工程擅自新建、搭建的建筑物或构筑物，应当认定为国土空间规划法律法规规定的无法采取改正措施消除影响之情形，由自然资源主管部门责令限期拆除。案涉宁波市鄞州区××路××弄(某某小区二期)××号××室北侧公共平台上搭建的玻璃材质构筑物已经自然资源主管部门确认未取得建设工程规划许可审批意见且属于无法采取改正措施消除对规划实施影响的情形，依法应予拆除。《浙江省违法建筑处置规定》第 15 条、第 16 条规定，当事人收到限期拆除违法建筑决定后，应当在决定载明的期限内自行拆除或者申请拆除；在法定期限内不申请行政复议或者提起行政诉讼，又不自行拆除或者申请拆除的，设区的市、县（市、区）人民政府应当责成有关部门强制拆除。依照法定程序行使行政职权是依法行政的基本要义之一，具有行政强制权的行政机关实施强制拆除行为，应当履行法定程序。该案中，被告中河街道在未对原告作出限期拆除决定，亦未有证据证明接受县（市、区）人民政府责成的情况下，径行组织实施强制拆除行为，违反程序性规定，且因该行为已经实施完毕，不具有可撤销内容，故应当确认该行政行为违法。

2.《国家赔偿法》第 2 条第 1 款规定："国家机关和国家机关工作人员行使职权，有本法规定的侵犯公民、法人和其他组织合法权益的情形，造成损害的，受害人有依照本法取得国家赔偿的权利。"据此，公民取得国家赔偿应以其合法权益受到国家机关和国家机关工作人员行使职权行为的侵害为前提条件。该案中，原告在宁波市鄞州区××路××弄（某某小区二期）××号××室北侧公共平台上搭建玻璃材质构筑物已经自然资源主管部门确认未取得建设工程规划许可审批意见且属于无法采取改正措施消除对规划实施影响的情形，故案涉构筑物并不具有合法性，不受法律保护。被告中河街道在组织实施拆除过程中，并未采取明显不当的手段、方式导致相关建材受到明显不合理、过度毁损，且将被拆除的建材放置于现场，原告要求被告将被拆除的构筑物恢复原状或赔偿构筑物相应价值损失的主张，缺乏法律依据，不予支持。原告主张被告在拆除过程中使用暴力侵害其人身权益，要求被告赔礼道歉并赔偿精神损失费 10,000 元。根据现场视频反映的情况，无法认定原告受伤系行政强拆过程中被告执法人员对其人身采取暴力行为导致，该主张法院不予支持。

案例四：河南省洛阳市涧西区人民法院（2023）豫 0305 行初 102 号

基本案情

2022 年 6 月 28 日，被告洛阳市涧西区瀛洲街道办事处（甲方）与原告邢某根

(乙方)签订征收补偿协议书,协议约定:甲方需补偿乙方165,672元。经双方签字盖章生效之日起20日内,甲方按协议实际补偿金额的40%付给乙方,计66,268.8元;乙方搬迁完成,经甲方验收合格后,甲方将协议实际补偿金额的60%,计99,403.2元,付给乙方,乙方持交纳安置资金的凭据到甲方领取选房顺序号。同日,双方签订补充协议,协议约定:现乙方自愿将房屋交由洛阳高新区孙旗屯城中村改造指挥部实施拆除,甲方给予乙方7952.26元的奖励。一年内,甲方将剩余征收补偿款和奖励资金一并支付乙方,同时扣除乙方安置房款。2022年6月28日,被告洛阳高新区孙旗屯乡人民政府(甲方)与原告邢某根(乙方)签订补充协议,协议约定:甲方根据乙方征收情况和家庭人员结构,暂按乙方非农业人口数3×40平方米×950元/平方米,共计114,000元交纳安置房资金,具体安置人口和安置房资金以最后分房核定的人口及分房结束后决算的房款数额为准。协议签订后,乙方从40%补偿金额中交纳安置房资金。安置房资金交付后,方可领取选房顺序号。关于征收补偿金,被告仅于2022年9月7日、2023年1月18日、2023年1月19日向原告分别支付5500元、20,000元、7634.4元,共计33,134.4元,该金额仅占被告应付补偿金总额(165,672元)的20%,剩余80%的征收补偿金(132,537.6元)未按约定时间支付。关于选房顺序号,根据补充协议,被告对原告安置人口进行严格审核,审核后确定安置人口为2人。由此被告将原告的选房顺序号办好,户主为邢某根,并且确定顺序号为3－1414。被告至今未按前述行政协议约定向原告交付选房顺序号。关于拆迁奖励资金(7952.26元),协议约定被告应在一年内(2022年6月28日至2023年6月27日)支付,期限届满时,被告应按时向原告支付拆迁奖励资金。原告诉至河南省洛阳市涧西区人民法院。法院于2024年6月17日判决被告洛阳市涧西区瀛洲街道办事处继续履行于2022年6月28日与原告邢某根签订的征收补偿协议书及补充协议。

裁判要旨

1.行政协议是行政机关和行政相对人通过协商订立的具有行政法上权利义务内容的协议。基于实现公共利益或者行政管理的目标,行政机关具有一定的管理权。在特定情形下行政机关有权变更、解除行政协议,但该行政优益权的行使须受到严格限制。行政协议签订后,非因胁迫、欺诈、重大误解、显失公平以及履行协议会给国家利益和社会公共利益带来重大损失等情形不得随意解除,从而最大限度地保护行政协议的稳定性以及行政机关的公信力。人民法院审理行政协议案件,应当对被告订立、履行、变更、解除行政协议的行为是否具有法定职权、是否滥用职权、是否正确适用法律法规、是否遵守法定程序、是否明显不当、是否履行相应法定职责进行合法性审查。原告认为被告未依法或者未按照约定履行行政协议的,人民法院应当针对其诉讼请求,对被告是否具有相应义务或者履行相应义务等进行审查。

2.《行政诉讼法》第 78 条第 1 款规定:“被告不依法履行、未按照约定履行或者违法变更、解除本法第十二条第一款第十一项规定的协议的,人民法院判决被告承担继续履行、采取补救措施或者赔偿损失等责任。”原告邢某根同被告洛阳市涧西区瀛洲街道办事处签订的安置补偿协议属于行政协议。鉴于行政机关在拆迁安置活动中经常根据不同情况对安置补偿内容作出不同的调整安排,安置补偿协议的约定反映出较强的自主性和灵活性。换言之,协议签订需要双方协商一致,协商过程体现了各方利益的衡量与博弈,行政机关与缔约相对人将协商一致的结果以合同形式固定下来,就是为了让本来不稳定的行政法律关系稳定下来,从而实现社会公共利益和行政管理目标。拆迁安置补偿协议订立并生效后具有公信力和既定力,体现了行政相对人对行政机关的信赖,在协议内容不违反法律、行政法规的强制性规定的情况下,非因法定事由,非经法定程序不得随意变更,双方均应按照协议约定全面履行义务。如果在协议的履行过程中,没有令人信服的证据和依据就不履行协议,不仅不利于维护政府的公信力,还有悖于行政协议制度设立的初衷和诚实信用原则。被告洛阳市涧西区瀛洲街道办事处辩称因邢某根与邢某尧因拆迁问题未协商一致不宜对邢某根单方进行补偿和交付安置房屋。邢某根与邢某尧因宅基地拆迁赔偿引发纠纷,双方均提起民事诉讼,生效判决认定邢某尧与邢某根于 2011 年 6 月 21 日签订的宅基地拆迁赔偿协议系双方真实意思表示,且不违反相关法律规定,应为合法有效,双方均应依约履行。因此被告洛阳市涧西区瀛洲街道办事处上述辩称,法院不予采信,被告洛阳市涧西区瀛洲街道办事处应当按照协议约定继续履行安置补偿义务。

案例五:贵州省安龙县人民法院(2017)黔2328民初570号

基本案情

2008年10月11日,王某龙(已故)与被告签订土地承包协议书,被告将本村组小地名叫丫寨的集体荒芜林地承包给王某龙(已故)耕种,其四至界限为:东抵磨雍农户承包责任地、南抵坡、西抵二组林地、北抵磨雍农户承包责任地中间。承包期限20年(从2008年10月11日起至2028年10月11日止),承包费2500元,在签订协议时已一次性付清。双方签订协议后,我户即投入大量人力将该荒芜林地开垦成耕地一直种植粮食作物。2013年11月12日因万鲁雨生猪养殖场需要,我户将该土地流转给黔西南州腾龙投资管理有限公司,实际丈量面积为5.5742亩,每亩每年流转费为720元(600斤玉米折价),一年的流转费为4013.42元。2014年我户已领取土地流转费。2015年、2016年的土地流转费8026.85元公司交由被告代发,我户多次要求被告给付这两年的土地流转费,被告均找各种理由拒绝给付。原告遂诉至贵州省安龙县人民法院,法院于2017年6月6日判决被告安龙县龙广镇纳桃村一组于判决生效之日起10日内向原告郎某云、王某松返还2015年度土地经营权流转收益4013.42元。

裁判要旨

《合同法》第61条(现对应《民法典》第510条)规定,“合同生效后,当事人就质量、价款或者报酬、履行地点等内容没有约定或者约定不明确的,可以协议补充;不能达成补充协议的,按照合同有关条款或者交易习惯确定”。最高人民法院《关于适用〈中华人民共和国民事诉讼法〉的解释》第90条“当事人对自己提出的诉讼请求所依据的事实或者反驳对方诉讼请求所依据的事实,应当提供证据加以证明,但法律另有规定的除外。在作出判决前,当事人未能提供证据或者证据不足以证明其事实主张的,由负有举证证明责任的当事人承担不利的后果。”按通常理解,"国家需要",是指为了公共利益的需要,将集体土地强制性征归国有即征收,或为了公共利益需要而强制性地使用集体的土地即征用等,该案案涉的土地流转关系非为土地承包协议书第 5 条"国家需要"事由发生,故对被告的该辩解不予采纳。

附：重要法律法规、司法解释参考

1. 中华人民共和国村民委员会组织法

2. 中华人民共和国土地管理法

3. 中华人民共和国农村土地承包法

4. 中国共产党农村基层组织工作条例

5. 重大行政决策程序暂行条例

6. 国务院办公厅关于全面推行行政执法公示制度执法全过程记录制度重大执法决定法制审核制度的指导意见

7. 国务院办公厅关于全面推行行政规范性文件合法性审核机制的指导意见

8. 国务院办公厅关于加强行政规范性文件制定和监督管理工作的通知

9. 最高人民法院关于审理行政协议案件若干问题的规定

10. 最高人民法院关于审理涉及农村土地承包纠纷案件适用法律问题的解释

1. 中华人民共和国村民委员会组织法

（1998年11月4日第九届全国人民代表大会常务委员会第五次会议通过　2010年10月28日第十一届全国人民代表大会常务委员会第十七次会议修订　根据2018年12月29日第十三届全国人民代表大会常务委员会第七次会议《关于修改〈中华人民共和国村民委员会组织法〉〈中华人民共和国城市居民委员会组织法〉的决定》修正）

第一章　总　　则

第一条　为了保障农村村民实行自治，由村民依法办理自己的事情，发展农村基层民主，维护村民的合法权益，促进社会主义新农村建设，根据宪法，制定本法。

第二条　村民委员会是村民自我管理、自我教育、自我服务的基层群众性自治组织，实行民主选举、民主决策、民主管理、民主监督。

村民委员会办理本村的公共事务和公益事业，调解民间纠纷，协助维护社会治安，向人民政府反映村民的意见、要求和提出建议。

村民委员会向村民会议、村民代表会议负责并报告工作。

第三条　村民委员会根据村民居住状况、人口多少，按照便于群众自治，有利于经济发展和社会管理的原则设立。

村民委员会的设立、撤销、范围调整，由乡、民族乡、镇的人民政府提出，经村民会议讨论同意，报县级人民政府批准。

村民委员会可以根据村民居住状况、集体土地所有权关系等分设若干村民小组。

第四条　中国共产党在农村的基层组织，按照中国共产党章程进行工作，发挥领导核心作用，领导和支持村民委员会行使职权；依照宪法和法律，支持和保障村民开展自治活动、直接行使民主权利。

第五条　乡、民族乡、镇的人民政府对村民委员会的工作给予指导、支持和帮助,但是不得干预依法属于村民自治范围内的事项。

村民委员会协助乡、民族乡、镇的人民政府开展工作。

第二章　村民委员会的组成和职责

第六条　村民委员会由主任、副主任和委员共三至七人组成。

村民委员会成员中,应当有妇女成员,多民族村民居住的村应当有人数较少的民族的成员。

对村民委员会成员,根据工作情况,给予适当补贴。

第七条　村民委员会根据需要设人民调解、治安保卫、公共卫生与计划生育等委员会。村民委员会成员可以兼任下属委员会的成员。人口少的村的村民委员会可以不设下属委员会,由村民委员会成员分工负责人民调解、治安保卫、公共卫生与计划生育等工作。

第八条　村民委员会应当支持和组织村民依法发展各种形式的合作经济和其他经济,承担本村生产的服务和协调工作,促进农村生产建设和经济发展。

村民委员会依照法律规定,管理本村属于村农民集体所有的土地和其他财产,引导村民合理利用自然资源,保护和改善生态环境。

村民委员会应当尊重并支持集体经济组织依法独立进行经济活动的自主权,维护以家庭承包经营为基础、统分结合的双层经营体制,保障集体经济组织和村民、承包经营户、联户或者合伙的合法财产权和其他合法权益。

第九条　村民委员会应当宣传宪法、法律、法规和国家的政策,教育和推动村民履行法律规定的义务、爱护公共财产,维护村民的合法权益,发展文化教育,普及科技知识,促进男女平等,做好计划生育工作,促进村与村之间的团结、互助,开展多种形式的社会主义精神文明建设活动。

村民委员会应当支持服务性、公益性、互助性社会组织依法开展活动,推动农村社区建设。

多民族村民居住的村,村民委员会应当教育和引导各民族村民增进团结、互相尊重、互相帮助。

第十条 村民委员会及其成员应当遵守宪法、法律、法规和国家的政策，遵守并组织实施村民自治章程、村规民约，执行村民会议、村民代表会议的决定、决议，办事公道，廉洁奉公，热心为村民服务，接受村民监督。

第三章 村民委员会的选举

第十一条 村民委员会主任、副主任和委员，由村民直接选举产生。任何组织或者个人不得指定、委派或者撤换村民委员会成员。

村民委员会每届任期五年，届满应当及时举行换届选举。村民委员会成员可以连选连任。

第十二条 村民委员会的选举，由村民选举委员会主持。

村民选举委员会由主任和委员组成，由村民会议、村民代表会议或者各村民小组会议推选产生。

村民选举委员会成员被提名为村民委员会成员候选人，应当退出村民选举委员会。

村民选举委员会成员退出村民选举委员会或者因其他原因出缺的，按照原推选结果依次递补，也可以另行推选。

第十三条 年满十八周岁的村民，不分民族、种族、性别、职业、家庭出身、宗教信仰、教育程度、财产状况、居住期限，都有选举权和被选举权；但是，依照法律被剥夺政治权利的人除外。

村民委员会选举前，应当对下列人员进行登记，列入参加选举的村民名单：

（一）户籍在本村并且在本村居住的村民；

（二）户籍在本村，不在本村居住，本人表示参加选举的村民；

（三）户籍不在本村，在本村居住一年以上，本人申请参加选举，并且经村民会议或者村民代表会议同意参加选举的公民。

已在户籍所在村或者居住村登记参加选举的村民，不得再参加其他地方村民委员会的选举。

第十四条 登记参加选举的村民名单应当在选举日的二十日前由村民选举

委员会公布。

对登记参加选举的村民名单有异议的,应当自名单公布之日起五日内向村民选举委员会申诉,村民选举委员会应当自收到申诉之日起三日内作出处理决定,并公布处理结果。

第十五条 选举村民委员会,由登记参加选举的村民直接提名候选人。村民提名候选人,应当从全体村民利益出发,推荐奉公守法、品行良好、公道正派、热心公益、具有一定文化水平和工作能力的村民为候选人。候选人的名额应当多于应选名额。村民选举委员会应当组织候选人与村民见面,由候选人介绍履行职责的设想,回答村民提出的问题。

选举村民委员会,有登记参加选举的村民过半数投票,选举有效;候选人获得参加投票的村民过半数的选票,始得当选。当选人数不足应选名额的,不足的名额另行选举。另行选举的,第一次投票未当选的人员得票多的为候选人,候选人以得票多的当选,但是所得票数不得少于已投选票总数的三分之一。

选举实行无记名投票、公开计票的方法,选举结果应当当场公布。选举时,应当设立秘密写票处。

登记参加选举的村民,选举期间外出不能参加投票的,可以书面委托本村有选举权的近亲属代为投票。村民选举委员会应当公布委托人和受委托人的名单。

具体选举办法由省、自治区、直辖市的人民代表大会常务委员会规定。

第十六条 本村五分之一以上有选举权的村民或者三分之一以上的村民代表联名,可以提出罢免村民委员会成员的要求,并说明要求罢免的理由。被提出罢免的村民委员会成员有权提出申辩意见。

罢免村民委员会成员,须有登记参加选举的村民过半数投票,并须经投票的村民过半数通过。

第十七条 以暴力、威胁、欺骗、贿赂、伪造选票、虚报选举票数等不正当手段当选村民委员会成员的,当选无效。

对以暴力、威胁、欺骗、贿赂、伪造选票、虚报选举票数等不正当手段,妨害村民行使选举权、被选举权,破坏村民委员会选举的行为,村民有权向乡、民族乡、镇的人民代表大会和人民政府或者县级人民代表大会常务委员会和人民政府及其有关主管部门举报,由乡级或者县级人民政府负责调查并依法处理。

第十八条 村民委员会成员丧失行为能力或者被判处刑罚的,其职务自行终止。

第十九条 村民委员会成员出缺,可以由村民会议或者村民代表会议进行补选。补选程序参照本法第十五条的规定办理。补选的村民委员会成员的任期到本届村民委员会任期届满时止。

第二十条 村民委员会应当自新一届村民委员会产生之日起十日内完成工作移交。工作移交由村民选举委员会主持,由乡、民族乡、镇的人民政府监督。

第四章 村民会议和村民代表会议

第二十一条 村民会议由本村十八周岁以上的村民组成。

村民会议由村民委员会召集。有十分之一以上的村民或者三分之一以上的村民代表提议,应当召集村民会议。召集村民会议,应当提前十天通知村民。

第二十二条 召开村民会议,应当有本村十八周岁以上村民的过半数,或者本村三分之二以上的户的代表参加,村民会议所作决定应当经到会人员的过半数通过。法律对召开村民会议及作出决定另有规定的,依照其规定。

召开村民会议,根据需要可以邀请驻本村的企业、事业单位和群众组织派代表列席。

第二十三条 村民会议审议村民委员会的年度工作报告,评议村民委员会成员的工作;有权撤销或者变更村民委员会不适当的决定;有权撤销或者变更村民代表会议不适当的决定。

村民会议可以授权村民代表会议审议村民委员会的年度工作报告,评议村民委员会成员的工作,撤销或者变更村民委员会不适当的决定。

第二十四条 涉及村民利益的下列事项,经村民会议讨论决定方可办理:

(一)本村享受误工补贴的人员及补贴标准;

(二)从村集体经济所得收益的使用;

（三）本村公益事业的兴办和筹资筹劳方案及建设承包方案；

（四）土地承包经营方案；

（五）村集体经济项目的立项、承包方案；

（六）宅基地的使用方案；

（七）征地补偿费的使用、分配方案；

（八）以借贷、租赁或者其他方式处分村集体财产；

（九）村民会议认为应当由村民会议讨论决定的涉及村民利益的其他事项。

村民会议可以授权村民代表会议讨论决定前款规定的事项。

法律对讨论决定村集体经济组织财产和成员权益的事项另有规定的,依照其规定。

第二十五条 人数较多或者居住分散的村,可以设立村民代表会议,讨论决定村民会议授权的事项。村民代表会议由村民委员会成员和村民代表组成,村民代表应当占村民代表会议组成人员的五分之四以上,妇女村民代表应当占村民代表会议组成人员的三分之一以上。

村民代表由村民按每五户至十五户推选一人,或者由各村民小组推选若干人。村民代表的任期与村民委员会的任期相同。村民代表可以连选连任。

村民代表应当向其推选户或者村民小组负责,接受村民监督。

第二十六条 村民代表会议由村民委员会召集。村民代表会议每季度召开一次。有五分之一以上的村民代表提议,应当召集村民代表会议。

村民代表会议有三分之二以上的组成人员参加方可召开,所作决定应当经到会人员的过半数同意。

第二十七条 村民会议可以制定和修改村民自治章程、村规民约,并报乡、民族乡、镇的人民政府备案。

村民自治章程、村规民约以及村民会议或者村民代表会议的决定不得与宪法、法律、法规和国家的政策相抵触,不得有侵犯村民的人身权利、民主权利和合法财产权利的内容。

村民自治章程、村规民约以及村民会议或者村民代表会议的决定违反前款规定的,由乡、民族乡、镇的人民政府责令改正。

第二十八条 召开村民小组会议,应当有本村民小组十八周岁以上的村民三分之二以上,或者本村民小组三分之二以上的户的代表参加,所作决定应当经到会人员的过半数同意。

村民小组组长由村民小组会议推选。村民小组组长任期与村民委员会的任期相同,可以连选连任。

属于村民小组的集体所有的土地、企业和其他财产的经营管理以及公益事项的办理,由村民小组会议依照有关法律的规定讨论决定,所作决定及实施情况应当及时向本村民小组的村民公布。

第五章 民主管理和民主监督

第二十九条 村民委员会应当实行少数服从多数的民主决策机制和公开透明的工作原则,建立健全各种工作制度。

第三十条 村民委员会实行村务公开制度。

村民委员会应当及时公布下列事项,接受村民的监督:

(一)本法第二十三条、第二十四条规定的由村民会议、村民代表会议讨论决定的事项及其实施情况;

(二)国家计划生育政策的落实方案;

(三)政府拨付和接受社会捐赠的救灾救助、补贴补助等资金、物资的管理使用情况;

(四)村民委员会协助人民政府开展工作的情况;

(五)涉及本村村民利益,村民普遍关心的其他事项。

前款规定事项中,一般事项至少每季度公布一次;集体财务往来较多的,财务收支情况应当每月公布一次;涉及村民利益的重大事项应当随时公布。

村民委员会应当保证所公布事项的真实性,并接受村民的查询。

第三十一条 村民委员会不及时公布应当公布的事项或者公布的事项不真实的,村民有权向乡、民族乡、镇的人民政府或者县级人民政府及其有关主管部门反映,有关人民政府或者主管部门应当负责调查核实,责令依法公布;经查证确有违法行为的,有关人员应当依法承担责任。

第三十二条　村应当建立村务监督委员会或者其他形式的村务监督机构,负责村民民主理财,监督村务公开等制度的落实,其成员由村民会议或者村民代表会议在村民中推选产生,其中应有具备财会、管理知识的人员。村民委员会成员及其近亲属不得担任村务监督机构成员。村务监督机构成员向村民会议和村民代表会议负责,可以列席村民委员会会议。

第三十三条　村民委员会成员以及由村民或者村集体承担误工补贴的聘用人员,应当接受村民会议或者村民代表会议对其履行职责情况的民主评议。民主评议每年至少进行一次,由村务监督机构主持。

村民委员会成员连续两次被评议不称职的,其职务终止。

第三十四条　村民委员会和村务监督机构应当建立村务档案。村务档案包括:选举文件和选票,会议记录,土地发包方案和承包合同,经济合同,集体财务账目,集体资产登记文件,公益设施基本资料,基本建设资料,宅基地使用方案,征地补偿费使用及分配方案等。村务档案应当真实、准确、完整、规范。

第三十五条　村民委员会成员实行任期和离任经济责任审计,审计包括下列事项:

(一)本村财务收支情况;

(二)本村债权债务情况;

(三)政府拨付和接受社会捐赠的资金、物资管理使用情况;

(四)本村生产经营和建设项目的发包管理以及公益事业建设项目招标投标情况;

(五)本村资金管理使用以及本村集体资产、资源的承包、租赁、担保、出让情况,征地补偿费的使用、分配情况;

(六)本村五分之一以上的村民要求审计的其他事项。

村民委员会成员的任期和离任经济责任审计,由县级人民政府农业部门、财政部门或者乡、民族乡、镇的人民政府负责组织,审计结果应当公布,其中离任经济责任审计结果应当在下一届村民委员会选举之前公布。

第三十六条 村民委员会或者村民委员会成员作出的决定侵害村民合法权益的,受侵害的村民可以申请人民法院予以撤销,责任人依法承担法律责任。

村民委员会不依照法律、法规的规定履行法定义务的,由乡、民族乡、镇的人民政府责令改正。

乡、民族乡、镇的人民政府干预依法属于村民自治范围事项的,由上一级人民政府责令改正。

第六章 附 则

第三十七条 人民政府对村民委员会协助政府开展工作应当提供必要的条件;人民政府有关部门委托村民委员会开展工作需要经费的,由委托部门承担。

村民委员会办理本村公益事业所需的经费,由村民会议通过筹资筹劳解决;经费确有困难的,由地方人民政府给予适当支持。

第三十八条 驻在农村的机关、团体、部队、国有及国有控股企业、事业单位及其人员不参加村民委员会组织,但应当通过多种形式参与农村社区建设,并遵守有关村规民约。

村民委员会、村民会议或者村民代表会议讨论决定与前款规定的单位有关的事项,应当与其协商。

第三十九条 地方各级人民代表大会和县级以上地方各级人民代表大会常务委员会在本行政区域内保证本法的实施,保障村民依法行使自治权利。

第四十条 省、自治区、直辖市的人民代表大会常务委员会根据本法,结合本行政区域的实际情况,制定实施办法。

第四十一条 本法自公布之日起施行。

2. 中华人民共和国土地管理法

(1986 年 6 月 25 日第六届全国人民代表大会常务委员会第十六次会议通过　根据 1988 年 12 月 29 日第七届全国人民代表大会常务委员会第五次会议《关于修改〈中华人民共和国土地管理法〉的决定》第一次修正　1998 年 8 月 29 日第九届全国人民代表大会常务委员会第四次会议修订　根据 2004 年 8 月 28 日第十届全国人民代表大会常务委员会第十一次会议《关于修改〈中华人民共和国土地管理法〉的决定》第二次修正　根据 2019 年 8 月 26 日第十三届全国人民代表大会常务委员会第十二次会议《关于修改〈中华人民共和国土地管理法〉、〈中华人民共和国城市房地产管理法〉的决定》第三次修正)

第一章　总　　则

第一条　为了加强土地管理,维护土地的社会主义公有制,保护、开发土地资源,合理利用土地,切实保护耕地,促进社会经济的可持续发展,根据宪法,制定本法。

第二条　中华人民共和国实行土地的社会主义公有制,即全民所有制和劳动群众集体所有制。

全民所有,即国家所有土地的所有权由国务院代表国家行使。

任何单位和个人不得侵占、买卖或者以其他形式非法转让土地。土地使用权可以依法转让。

国家为了公共利益的需要,可以依法对土地实行征收或者征用并给予补偿。

国家依法实行国有土地有偿使用制度。但是,国家在法律规定的范围内划拨国有土地使用权的除外。

第三条　十分珍惜、合理利用土地和切实保护耕地是我国的基本国策。各级人民政府应当采取措施,全面规划,严格管理,保护、开发土地资源,制止非法占用土地的行为。

第四条 国家实行土地用途管制制度。

国家编制土地利用总体规划，规定土地用途，将土地分为农用地、建设用地和未利用地。严格限制农用地转为建设用地，控制建设用地总量，对耕地实行特殊保护。

前款所称农用地是指直接用于农业生产的土地，包括耕地、林地、草地、农田水利用地、养殖水面等；建设用地是指建造建筑物、构筑物的土地，包括城乡住宅和公共设施用地、工矿用地、交通水利设施用地、旅游用地、军事设施用地等；未利用地是指农用地和建设用地以外的土地。

使用土地的单位和个人必须严格按照土地利用总体规划确定的用途使用土地。

第五条 国务院自然资源主管部门统一负责全国土地的管理和监督工作。

县级以上地方人民政府自然资源主管部门的设置及其职责，由省、自治区、直辖市人民政府根据国务院有关规定确定。

第六条 国务院授权的机构对省、自治区、直辖市人民政府以及国务院确定的城市人民政府土地利用和土地管理情况进行督察。

第七条 任何单位和个人都有遵守土地管理法律、法规的义务，并有权对违反土地管理法律、法规的行为提出检举和控告。

第八条 在保护和开发土地资源、合理利用土地以及进行有关的科学研究等方面成绩显著的单位和个人，由人民政府给予奖励。

第二章 土地的所有权和使用权

第九条 城市市区的土地属于国家所有。

农村和城市郊区的土地，除由法律规定属于国家所有的以外，属于农民集体所有；宅基地和自留地、自留山，属于农民集体所有。

第十条 国有土地和农民集体所有的土地，可以依法确定给单位或者个人使用。使用土地的单位和个人，有保护、管理和合理利用土地的义务。

第十一条 农民集体所有的土地依法属于村农民集体所有的，由村集体经济组织或者村民委员会经营、管理;已经分别属于村内两个以上农村集体经济组织的农民集体所有的,由村内各该农村集体经济组织或者村民小组经营、管理;已经属于乡(镇)农民集体所有的,由乡(镇)农村集体经济组织经营、管理。

第十二条 土地的所有权和使用权的登记,依照有关不动产登记的法律、行政法规执行。

依法登记的土地的所有权和使用权受法律保护,任何单位和个人不得侵犯。

第十三条 农民集体所有和国家所有依法由农民集体使用的耕地、林地、草地,以及其他依法用于农业的土地,采取农村集体经济组织内部的家庭承包方式承包,不宜采取家庭承包方式的荒山、荒沟、荒丘、荒滩等,可以采取招标、拍卖、公开协商等方式承包,从事种植业、林业、畜牧业、渔业生产。家庭承包的耕地的承包期为三十年,草地的承包期为三十年至五十年,林地的承包期为三十年至七十年;耕地承包期届满后再延长三十年,草地、林地承包期届满后依法相应延长。

国家所有依法用于农业的土地可以由单位或者个人承包经营,从事种植业、林业、畜牧业、渔业生产。

发包方和承包方应当依法订立承包合同,约定双方的权利和义务。承包经营土地的单位和个人,有保护和按照承包合同约定的用途合理利用土地的义务。

第十四条 土地所有权和使用权争议,由当事人协商解决;协商不成的,由人民政府处理。

单位之间的争议,由县级以上人民政府处理;个人之间、个人与单位之间的争议,由乡级人民政府或者县级以上人民政府处理。

当事人对有关人民政府的处理决定不服的,可以自接到处理决定通知之日起三十日内,向人民法院起诉。

在土地所有权和使用权争议解决前,任何一方不得改变土地利用现状。

第三章 土地利用总体规划

第十五条 各级人民政府应当依据国民经济和社会发展规划、国土整治和资源环境保护的要求、土地供给能力以及各项建设对土地的需求,组织编制土地利用总体规划。

土地利用总体规划的规划期限由国务院规定。

第十六条 下级土地利用总体规划应当依据上一级土地利用总体规划编制。

地方各级人民政府编制的土地利用总体规划中的建设用地总量不得超过上一级土地利用总体规划确定的控制指标，耕地保有量不得低于上一级土地利用总体规划确定的控制指标。

省、自治区、直辖市人民政府编制的土地利用总体规划，应当确保本行政区域内耕地总量不减少。

第十七条 土地利用总体规划按照下列原则编制：

（一）落实国土空间开发保护要求，严格土地用途管制；

（二）严格保护永久基本农田，严格控制非农业建设占用农用地；

（三）提高土地节约集约利用水平；

（四）统筹安排城乡生产、生活、生态用地，满足乡村产业和基础设施用地合理需求，促进城乡融合发展；

（五）保护和改善生态环境，保障土地的可持续利用；

（六）占用耕地与开发复垦耕地数量平衡、质量相当。

第十八条 国家建立国土空间规划体系。编制国土空间规划应当坚持生态优先，绿色、可持续发展，科学有序统筹安排生态、农业、城镇等功能空间，优化国土空间结构和布局，提升国土空间开发、保护的质量和效率。

经依法批准的国土空间规划是各类开发、保护、建设活动的基本依据。已经编制国土空间规划的，不再编制土地利用总体规划和城乡规划。

第十九条 县级土地利用总体规划应当划分土地利用区，明确土地用途。

乡（镇）土地利用总体规划应当划分土地利用区，根据土地使用条件，确定每一块土地的用途，并予以公告。

第二十条 土地利用总体规划实行分级审批。

省、自治区、直辖市的土地利用总体规划，报国务院批准。

省、自治区人民政府所在地的市、人口在一百万以上的城市以及国务院指定的城市的土地利用总体规划,经省、自治区人民政府审查同意后,报国务院批准。

本条第二款、第三款规定以外的土地利用总体规划,逐级上报省、自治区、直辖市人民政府批准;其中,乡(镇)土地利用总体规划可以由省级人民政府授权的设区的市、自治州人民政府批准。

土地利用总体规划一经批准,必须严格执行。

第二十一条 城市建设用地规模应当符合国家规定的标准,充分利用现有建设用地,不占或者尽量少占农用地。

城市总体规划、村庄和集镇规划,应当与土地利用总体规划相衔接,城市总体规划、村庄和集镇规划中建设用地规模不得超过土地利用总体规划确定的城市和村庄、集镇建设用地规模。

在城市规划区内、村庄和集镇规划区内,城市和村庄、集镇建设用地应当符合城市规划、村庄和集镇规划。

第二十二条 江河、湖泊综合治理和开发利用规划,应当与土地利用总体规划相衔接。在江河、湖泊、水库的管理和保护范围以及蓄洪滞洪区内,土地利用应当符合江河、湖泊综合治理和开发利用规划,符合河道、湖泊行洪、蓄洪和输水的要求。

第二十三条 各级人民政府应当加强土地利用计划管理,实行建设用地总量控制。

土地利用年度计划,根据国民经济和社会发展计划、国家产业政策、土地利用总体规划以及建设用地和土地利用的实际状况编制。土地利用年度计划应当对本法第六十三条规定的集体经营性建设用地作出合理安排。土地利用年度计划的编制审批程序与土地利用总体规划的编制审批程序相同,一经审批下达,必须严格执行。

第二十四条 省、自治区、直辖市人民政府应当将土地利用年度计划的执行情况列为国民经济和社会发展计划执行情况的内容,向同级人民代表大会报告。

第二十五条 经批准的土地利用总体规划的修改,须经原批准机关批准;未经批准,不得改变土地利用总体规划确定的土地用途。

经国务院批准的大型能源、交通、水利等基础设施建设用地，需要改变土地利用总体规划的，根据国务院的批准文件修改土地利用总体规划。

经省、自治区、直辖市人民政府批准的能源、交通、水利等基础设施建设用地，需要改变土地利用总体规划的，属于省级人民政府土地利用总体规划批准权限内的，根据省级人民政府的批准文件修改土地利用总体规划。

第二十六条 国家建立土地调查制度。

县级以上人民政府自然资源主管部门会同同级有关部门进行土地调查。土地所有者或者使用者应当配合调查，并提供有关资料。

第二十七条 县级以上人民政府自然资源主管部门会同同级有关部门根据土地调查成果、规划土地用途和国家制定的统一标准，评定土地等级。

第二十八条 国家建立土地统计制度。

县级以上人民政府统计机构和自然资源主管部门依法进行土地统计调查，定期发布土地统计资料。土地所有者或者使用者应当提供有关资料，不得拒报、迟报，不得提供不真实、不完整的资料。

统计机构和自然资源主管部门共同发布的土地面积统计资料是各级人民政府编制土地利用总体规划的依据。

第二十九条 国家建立全国土地管理信息系统，对土地利用状况进行动态监测。

第四章 耕地保护

第三十条 国家保护耕地，严格控制耕地转为非耕地。

国家实行占用耕地补偿制度。非农业建设经批准占用耕地的，按照“占多少，垦多少”的原则，由占用耕地的单位负责开垦与所占用耕地的数量和质量相当的耕地；没有条件开垦或者开垦的耕地不符合要求的，应当按照省、自治区、直辖市的规定缴纳耕地开垦费，专款用于开垦新的耕地。

省、自治区、直辖市人民政府应当制定开垦耕地计划，监督占用耕地的单位按照计划开垦耕地或者按照计划组织开垦耕地，并进行验收。

第三十一条 县级以上地方人民政府可以要求占用耕地的单位将所占用耕地耕作层的土壤用于新开垦耕地、劣质地或者其他耕地的土壤改良。

第三十二条 省、自治区、直辖市人民政府应当严格执行土地利用总体规划和土地利用年度计划,采取措施,确保本行政区域内耕地总量不减少、质量不降低。耕地总量减少的,由国务院责令在规定期限内组织开垦与所减少耕地的数量与质量相当的耕地;耕地质量降低的,由国务院责令在规定期限内组织整治。新开垦和整治的耕地由国务院自然资源主管部门会同农业农村主管部门验收。

个别省、直辖市确因土地后备资源匮乏,新增建设用地后,新开垦耕地的数量不足以补偿所占用耕地的数量的,必须报经国务院批准减免本行政区域内开垦耕地的数量,易地开垦数量和质量相当的耕地。

第三十三条 国家实行永久基本农田保护制度。下列耕地应当根据土地利用总体规划划为永久基本农田,实行严格保护:

(一)经国务院农业农村主管部门或者县级以上地方人民政府批准确定的粮、棉、油、糖等重要农产品生产基地内的耕地;

(二)有良好的水利与水土保持设施的耕地,正在实施改造计划以及可以改造的中、低产田和已建成的高标准农田;

(三)蔬菜生产基地;

(四)农业科研、教学试验田;

(五)国务院规定应当划为永久基本农田的其他耕地。

各省、自治区、直辖市划定的永久基本农田一般应当占本行政区域内耕地的百分之八十以上,具体比例由国务院根据各省、自治区、直辖市耕地实际情况规定。

第三十四条 永久基本农田划定以乡(镇)为单位进行,由县级人民政府自然资源主管部门会同同级农业农村主管部门组织实施。永久基本农田应当落实到地块,纳入国家永久基本农田数据库严格管理。

乡(镇)人民政府应当将永久基本农田的位置、范围向社会公告,并设立保护标志。

第三十五条 永久基本农田经依法划定后,任何单位和个人不得擅自占用或者改变其用途。国家能源、交通、水利、军事设施等重点建设项目选址确实难以避让永久基本农田,涉及农用地转用或者土地征收的,必须经国务院批准。

禁止通过擅自调整县级土地利用总体规划、乡(镇)土地利用总体规划等方式规避永久基本农田农用地转用或者土地征收的审批。

第三十六条 各级人民政府应当采取措施,引导因地制宜轮作休耕,改良土壤,提高地力,维护排灌工程设施,防止土地荒漠化、盐渍化、水土流失和土壤污染。

第三十七条 非农业建设必须节约使用土地,可以利用荒地的,不得占用耕地;可以利用劣地的,不得占用好地。

禁止占用耕地建窑、建坟或者擅自在耕地上建房、挖砂、采石、采矿、取土等。

禁止占用永久基本农田发展林果业和挖塘养鱼。

第三十八条 禁止任何单位和个人闲置、荒芜耕地。已经办理审批手续的非农业建设占用耕地,一年内不用而又可以耕种并收获的,应当由原耕种该幅耕地的集体或者个人恢复耕种,也可以由用地单位组织耕种;一年以上未动工建设的,应当按照省、自治区、直辖市的规定缴纳闲置费;连续二年未使用的,经原批准机关批准,由县级以上人民政府无偿收回用地单位的土地使用权;该幅土地原为农民集体所有的,应当交由原农村集体经济组织恢复耕种。

在城市规划区范围内,以出让方式取得土地使用权进行房地产开发的闲置土地,依照《中华人民共和国城市房地产管理法》的有关规定办理。

第三十九条 国家鼓励单位和个人按照土地利用总体规划,在保护和改善生态环境、防止水土流失和土地荒漠化的前提下,开发未利用的土地;适宜开发为农用地的,应当优先开发成农用地。

国家依法保护开发者的合法权益。

第四十条 开垦未利用的土地,必须经过科学论证和评估,在土地利用总体规划划定的可开垦的区域内,经依法批准后进行。禁止毁坏森林、草原开垦耕地,禁止围湖造田和侵占江河滩地。

根据土地利用总体规划,对破坏生态环境开垦、围垦的土地,有计划有步骤地退耕还林、还牧、还湖。

第四十一条 开发未确定使用权的国有荒山、荒地、荒滩从事种植业、林业、畜牧业、渔业生产的,经县级以上人民政府依法批准,可以确定给开发单位或者个人长期使用。

第四十二条 国家鼓励土地整理。县、乡(镇)人民政府应当组织农村集体经济组织,按照土地利用总体规划,对田、水、路、林、村综合整治,提高耕地质量,增加有效耕地面积,改善农业生产条件和生态环境。

地方各级人民政府应当采取措施,改造中、低产田,整治闲散地和废弃地。

第四十三条 因挖损、塌陷、压占等造成土地破坏,用地单位和个人应当按照国家有关规定负责复垦;没有条件复垦或者复垦不符合要求的,应当缴纳土地复垦费,专项用于土地复垦。复垦的土地应当优先用于农业。

第五章 建设用地

第四十四条 建设占用土地,涉及农用地转为建设用地的,应当办理农用地转用审批手续。

永久基本农田转为建设用地的,由国务院批准。

在土地利用总体规划确定的城市和村庄、集镇建设用地规模范围内,为实施该规划而将永久基本农田以外的农用地转为建设用地的,按土地利用年度计划分批次按照国务院规定由原批准土地利用总体规划的机关或者其授权的机关批准。在已批准的农用地转用范围内,具体建设项目用地可以由市、县人民政府批准。

在土地利用总体规划确定的城市和村庄、集镇建设用地规模范围外,将永久基本农田以外的农用地转为建设用地的,由国务院或者国务院授权的省、自治区、直辖市人民政府批准。

第四十五条 为了公共利益的需要,有下列情形之一,确需征收农民集体所有的土地的,可以依法实施征收:

(一)军事和外交需要用地的;

（二）由政府组织实施的能源、交通、水利、通信、邮政等基础设施建设需要用地的；

（三）由政府组织实施的科技、教育、文化、卫生、体育、生态环境和资源保护、防灾减灾、文物保护、社区综合服务、社会福利、市政公用、优抚安置、英烈保护等公共事业需要用地的；

（四）由政府组织实施的扶贫搬迁、保障性安居工程建设需要用地的；

（五）在土地利用总体规划确定的城镇建设用地范围内，经省级以上人民政府批准由县级以上地方人民政府组织实施的成片开发建设需要用地的；

（六）法律规定为公共利益需要可以征收农民集体所有的土地的其他情形。

前款规定的建设活动，应当符合国民经济和社会发展规划、土地利用总体规划、城乡规划和专项规划；第（四）项、第（五）项规定的建设活动，还应当纳入国民经济和社会发展年度计划；第（五）项规定的成片开发并应当符合国务院自然资源主管部门规定的标准。

第四十六条 征收下列土地的，由国务院批准：

（一）永久基本农田；

（二）永久基本农田以外的耕地超过三十五公顷的；

（三）其他土地超过七十公顷的。

征收前款规定以外的土地的，由省、自治区、直辖市人民政府批准。

征收农用地的，应当依照本法第四十四条的规定先行办理农用地转用审批。其中，经国务院批准农用地转用的，同时办理征地审批手续，不再另行办理征地审批；经省、自治区、直辖市人民政府在征地批准权限内批准农用地转用的，同时办理征地审批手续，不再另行办理征地审批，超过征地批准权限的，应当依照本条第一款的规定另行办理征地审批。

第四十七条 国家征收土地的，依照法定程序批准后，由县级以上地方人民政府予以公告并组织实施。

县级以上地方人民政府拟申请征收土地的，应当开展拟征收土地现状调查和社会稳定风险评估，并将征收范围、土地现状、征收目的、补偿标准、安置方式和社会保障等在拟征收土地所在的乡(镇)和村、村民小组范围内公告至少三十日,听取被征地的农村集体经济组织及其成员、村民委员会和其他利害关系人的意见。

多数被征地的农村集体经济组织成员认为征地补偿安置方案不符合法律、法规规定的,县级以上地方人民政府应当组织召开听证会,并根据法律、法规的规定和听证会情况修改方案。

拟征收土地的所有权人、使用权人应当在公告规定期限内,持不动产权属证明材料办理补偿登记。县级以上地方人民政府应当组织有关部门测算并落实有关费用,保证足额到位,与拟征收土地的所有权人、使用权人就补偿、安置等签订协议;个别确实难以达成协议的,应当在申请征收土地时如实说明。

相关前期工作完成后,县级以上地方人民政府方可申请征收土地。

第四十八条 征收土地应当给予公平、合理的补偿,保障被征地农民原有生活水平不降低、长远生计有保障。

征收土地应当依法及时足额支付土地补偿费、安置补助费以及农村村民住宅、其他地上附着物和青苗等的补偿费用,并安排被征地农民的社会保障费用。

征收农用地的土地补偿费、安置补助费标准由省、自治区、直辖市通过制定公布区片综合地价确定。制定区片综合地价应当综合考虑土地原用途、土地资源条件、土地产值、土地区位、土地供求关系、人口以及经济社会发展水平等因素,并至少每三年调整或者重新公布一次。

征收农用地以外的其他土地、地上附着物和青苗等的补偿标准,由省、自治区、直辖市制定。对其中的农村村民住宅,应当按照先补偿后搬迁、居住条件有改善的原则,尊重农村村民意愿,采取重新安排宅基地建房、提供安置房或者货币补偿等方式给予公平、合理的补偿,并对因征收造成的搬迁、临时安置等费用予以补偿,保障农村村民居住的权利和合法的住房财产权益。

县级以上地方人民政府应当将被征地农民纳入相应的养老等社会保障体系。被征地农民的社会保障费用主要用于符合条件的被征地农民的养老保险等社会保险缴费补贴。被征地农民社会保障费用的筹集、管理和使用办法,由省、自治区、直辖市制定。

第四十九条 被征地的农村集体经济组织应当将征收土地的补偿费用的收支状况向本集体经济组织的成员公布,接受监督。

禁止侵占、挪用被征收土地单位的征地补偿费用和其他有关费用。

第五十条 地方各级人民政府应当支持被征地的农村集体经济组织和农民从事开发经营,兴办企业。

第五十一条 大中型水利、水电工程建设征收土地的补偿费标准和移民安置办法,由国务院另行规定。

第五十二条 建设项目可行性研究论证时,自然资源主管部门可以根据土地利用总体规划、土地利用年度计划和建设用地标准,对建设用地有关事项进行审查,并提出意见。

第五十三条 经批准的建设项目需要使用国有建设用地的,建设单位应当持法律、行政法规规定的有关文件,向有批准权的县级以上人民政府自然资源主管部门提出建设用地申请,经自然资源主管部门审查,报本级人民政府批准。

第五十四条 建设单位使用国有土地,应当以出让等有偿使用方式取得;但是,下列建设用地,经县级以上人民政府依法批准,可以以划拨方式取得:

(一)国家机关用地和军事用地;

(二)城市基础设施用地和公益事业用地;

(三)国家重点扶持的能源、交通、水利等基础设施用地;

(四)法律、行政法规规定的其他用地。

第五十五条 以出让等有偿使用方式取得国有土地使用权的建设单位,按照国务院规定的标准和办法,缴纳土地使用权出让金等土地有偿使用费和其他费用后,方可使用土地。

自本法施行之日起,新增建设用地的土地有偿使用费,百分之三十上缴中央财政,百分之七十留给有关地方人民政府。具体使用管理办法由国务院财政部门会同有关部门制定,并报国务院批准。

第五十六条 建设单位使用国有土地的,应当按照土地使用权出让等有偿使用合同的约定或者土地使用权划拨批准文件的规定使用土地;确需改变该幅土地建设用途的，应当经有关人民政府自然资源主管部门同意，报原批准用地的人民政府批准。其中，在城市规划区内改变土地用途的，在报批前，应当先经有关城市规划行政主管部门同意。

第五十七条 建设项目施工和地质勘查需要临时使用国有土地或者农民集体所有的土地的，由县级以上人民政府自然资源主管部门批准。其中，在城市规划区内的临时用地，在报批前，应当先经有关城市规划行政主管部门同意。土地使用者应当根据土地权属，与有关自然资源主管部门或者农村集体经济组织、村民委员会签订临时使用土地合同，并按照合同的约定支付临时使用土地补偿费。

临时使用土地的使用者应当按照临时使用土地合同约定的用途使用土地，并不得修建永久性建筑物。

临时使用土地期限一般不超过二年。

第五十八条 有下列情形之一的，由有关人民政府自然资源主管部门报经原批准用地的人民政府或者有批准权的人民政府批准，可以收回国有土地使用权：

（一）为实施城市规划进行旧城区改建以及其他公共利益需要，确需使用土地的；

（二）土地出让等有偿使用合同约定的使用期限届满，土地使用者未申请续期或者申请续期未获批准的；

（三）因单位撤销、迁移等原因，停止使用原划拨的国有土地的；

（四）公路、铁路、机场、矿场等经核准报废的。

依照前款第（一）项的规定收回国有土地使用权的，对土地使用权人应当给予适当补偿。

第五十九条 乡镇企业、乡（镇）村公共设施、公益事业、农村村民住宅等乡（镇）村建设，应当按照村庄和集镇规划，合理布局，综合开发，配套建设；建设用地，应当符合乡（镇）土地利用总体规划和土地利用年度计划，并依照本法第四十四条、第六十条、第六十一条、第六十二条的规定办理审批手续。

第六十条 农村集体经济组织使用乡（镇）土地利用总体规划确定的建设用地兴办企业或者与其他单位、个人以土地使用权入股、联营等形式共同举办企业的,应当持有关批准文件,向县级以上地方人民政府自然资源主管部门提出申请,按照省、自治区、直辖市规定的批准权限,由县级以上地方人民政府批准;其中,涉及占用农用地的,依照本法第四十四条的规定办理审批手续。

按照前款规定兴办企业的建设用地,必须严格控制。省、自治区、直辖市可以按照乡镇企业的不同行业和经营规模,分别规定用地标准。

第六十一条 乡(镇)村公共设施、公益事业建设,需要使用土地的,经乡(镇)人民政府审核,向县级以上地方人民政府自然资源主管部门提出申请,按照省、自治区、直辖市规定的批准权限,由县级以上地方人民政府批准;其中,涉及占用农用地的,依照本法第四十四条的规定办理审批手续。

第六十二条 农村村民一户只能拥有一处宅基地,其宅基地的面积不得超过省、自治区、直辖市规定的标准。

人均土地少、不能保障一户拥有一处宅基地的地区,县级人民政府在充分尊重农村村民意愿的基础上,可以采取措施,按照省、自治区、直辖市规定的标准保障农村村民实现户有所居。

农村村民建住宅,应当符合乡(镇)土地利用总体规划、村庄规划,不得占用永久基本农田,并尽量使用原有的宅基地和村内空闲地。编制乡(镇)土地利用总体规划、村庄规划应当统筹并合理安排宅基地用地,改善农村村民居住环境和条件。

农村村民住宅用地,由乡(镇)人民政府审核批准;其中,涉及占用农用地的,依照本法第四十四条的规定办理审批手续。

农村村民出卖、出租、赠与住宅后,再申请宅基地的,不予批准。

国家允许进城落户的农村村民依法自愿有偿退出宅基地,鼓励农村集体经济组织及其成员盘活利用闲置宅基地和闲置住宅。

国务院农业农村主管部门负责全国农村宅基地改革和管理有关工作。

第六十三条 土地利用总体规划、城乡规划确定为工业、商业等经营性用途,并经依法登记的集体经营性建设用地,土地所有权人可以通过出让、出租等方式交由单位或者个人使用,并应当签订书面合同,载明土地界址、面积、动工期限、使用期限、土地用途、规划条件和双方其他权利义务。

前款规定的集体经营性建设用地出让、出租等，应当经本集体经济组织成员的村民会议三分之二以上成员或者三分之二以上村民代表的同意。

通过出让等方式取得的集体经营性建设用地使用权可以转让、互换、出资、赠与或者抵押，但法律、行政法规另有规定或者土地所有权人、上地使用权人签订的书面合同另有约定的除外。

集体经营性建设用地的出租，集体建设用地使用权的出让及其最高年限、转让、互换、出资、赠与、抵押等，参照同类用途的国有建设用地执行。具体办法由国务院制定。

第六十四条 集体建设用地的使用者应当严格按照土地利用总体规划、城乡规划确定的用途使用土地。

第六十五条 在土地利用总体规划制定前已建的不符合土地利用总体规划确定的用途的建筑物、构筑物，不得重建、扩建。

第六十六条 有下列情形之一的，农村集体经济组织报经原批准用地的人民政府批准，可以收回土地使用权：

（一）为乡（镇）村公共设施和公益事业建设，需要使用土地的；

（二）不按照批准的用途使用土地的；

（三）因撤销、迁移等原因而停止使用土地的。

依照前款第（一）项规定收回农民集体所有的土地的，对土地使用权人应当给予适当补偿。

收回集体经营性建设用地使用权，依照双方签订的书面合同办理，法律、行政法规另有规定的除外。

第六章 监督检查

第六十七条 县级以上人民政府自然资源主管部门对违反土地管理法律、法规的行为进行监督检查。

县级以上人民政府农业农村主管部门对违反农村宅基地管理法律、法规的行为进行监督检查的，适用本法关于自然资源主管部门监督检查的规定。

土地管理监督检查人员应当熟悉土地管理法律、法规，忠于职守、秉公执法。

第六十八条 县级以上人民政府自然资源主管部门履行监督检查职责时，有权采取下列措施：

（一）要求被检查的单位或者个人提供有关土地权利的文件和资料，进行查阅或者予以复制；

（二）要求被检查的单位或者个人就有关土地权利的问题作出说明；

（三）进入被检查单位或者个人非法占用的土地现场进行勘测；

（四）责令非法占用土地的单位或者个人停止违反土地管理法律、法规的行为。

第六十九条 土地管理监督检查人员履行职责，需要进入现场进行勘测、要求有关单位或者个人提供文件、资料和作出说明的，应当出示土地管理监督检查证件。

第七十条 有关单位和个人对县级以上人民政府自然资源主管部门就土地违法行为进行的监督检查应当支持与配合，并提供工作方便，不得拒绝与阻碍土地管理监督检查人员依法执行职务。

第七十一条 县级以上人民政府自然资源主管部门在监督检查工作中发现国家工作人员的违法行为，依法应当给予处分的，应当依法予以处理；自己无权处理的，应当依法移送监察机关或者有关机关处理。

第七十二条 县级以上人民政府自然资源主管部门在监督检查工作中发现土地违法行为构成犯罪的，应当将案件移送有关机关，依法追究刑事责任；尚不构成犯罪的，应当依法给予行政处罚。

第七十三条 依照本法规定应当给予行政处罚，而有关自然资源主管部门不给予行政处罚的，上级人民政府自然资源主管部门有权责令有关自然资源主管部门作出行政处罚决定或者直接给予行政处罚，并给予有关自然资源主管部门的负责人处分。

第七章 法律责任

第七十四条 买卖或者以其他形式非法转让土地的，由县级以上人民政府自然资源主管部门没收违法所得;对违反土地利用总体规划擅自将农用地改为建设用地的,限期拆除在非法转让的土地上新建的建筑物和其他设施,恢复土地原状,对符合土地利用总体规划的,没收在非法转让的土地上新建的建筑物和其他设施;可以并处罚款;对直接负责的主管人员和其他直接责任人员,依法给予处分;构成犯罪的,依法追究刑事责任。

第七十五条 违反本法规定,占用耕地建窑、建坟或者擅自在耕地上建房、挖砂、采石、采矿、取土等,破坏种植条件的,或者因开发土地造成土地荒漠化、盐渍化的,由县级以上人民政府自然资源主管部门、农业农村主管部门等按照职责责令限期改正或者治理,可以并处罚款;构成犯罪的,依法追究刑事责任。

第七十六条 违反本法规定,拒不履行土地复垦义务的,由县级以上人民政府自然资源主管部门责令限期改正;逾期不改正的,责令缴纳复垦费,专项用于土地复垦,可以处以罚款。

第七十七条 未经批准或者采取欺骗手段骗取批准,非法占用土地的,由县级以上人民政府自然资源主管部门责令退还非法占用的土地,对违反土地利用总体规划擅自将农用地改为建设用地的,限期拆除在非法占用的土地上新建的建筑物和其他设施,恢复土地原状,对符合土地利用总体规划的,没收在非法占用的土地上新建的建筑物和其他设施,可以并处罚款;对非法占用土地单位的直接负责的主管人员和其他直接责任人员,依法给予处分;构成犯罪的,依法追究刑事责任。

超过批准的数量占用土地,多占的土地以非法占用土地论处。

第七十八条 农村村民未经批准或者采取欺骗手段骗取批准,非法占用土地建住宅的,由县级以上人民政府农业农村主管部门责令退还非法占用的土地,限期拆除在非法占用的土地上新建的房屋。

超过省、自治区、直辖市规定的标准,多占的土地以非法占用土地论处。

第七十九条 无权批准征收、使用土地的单位或者个人非法批准占用土地的,超越批准权限非法批准占用土地的,不按照土地利用总体规划确定的用途批准用地的,或者违反法律规定的程序批准占用、征收土地的,其批准文件无效,对非法批准征收、使用土地的直接负责的主管人员和其他直接责任人员，依法给予处分；构成犯罪的，依法追究刑事责任。非法批准、使用的土地应当收回，有关当事人拒不归还的，以非法占用土地论处。

非法批准征收、使用土地，对当事人造成损失的，依法应当承担赔偿责任。

第八十条 侵占、挪用被征收土地单位的征地补偿费用和其他有关费用，构成犯罪的，依法追究刑事责任；尚不构成犯罪的，依法给予处分。

第八十一条 依法收回国有土地使用权当事人拒不交出土地的，临时使用土地期满拒不归还的，或者不按照批准的用途使用国有土地的，由县级以上人民政府自然资源主管部门责令交还土地，处以罚款。

第八十二条 擅自将农民集体所有的土地通过出让、转让使用权或者出租等方式用于非农业建设，或者违反本法规定，将集体经营性建设用地通过出让、出租等方式交由单位或者个人使用的，由县级以上人民政府自然资源主管部门责令限期改正，没收违法所得，并处罚款。

第八十三条 依照本法规定，责令限期拆除在非法占用的土地上新建的建筑物和其他设施的，建设单位或者个人必须立即停止施工，自行拆除；对继续施工的，作出处罚决定的机关有权制止。建设单位或者个人对责令限期拆除的行政处罚决定不服的，可以在接到责令限期拆除决定之日起十五日内，向人民法院起诉；期满不起诉又不自行拆除的，由作出处罚决定的机关依法申请人民法院强制执行，费用由违法者承担。

第八十四条 自然资源主管部门、农业农村主管部门的工作人员玩忽职守、滥用职权、徇私舞弊，构成犯罪的，依法追究刑事责任；尚不构成犯罪的，依法给予处分。

第八章 附 则

第八十五条 外商投资企业使用土地的，适用本法；法律另有规定的，从其规定。

第八十六条 在根据本法第十八条的规定编制国土空间规划前，经依法批准的土地利用总体规划和城乡规划继续执行。

第八十七条 本法自1999年1月1日起施行。

3. 中华人民共和国农村土地承包法

(2002年8月29日第九届全国人民代表大会常务委员会第二十九次会议通过 2002年8月29日中华人民共和国主席令第七十三号公布 根据2009年8月27日第十一届全国人民代表大会常务委员会第十次会议《关于修改部分法律的决定》第一次修正 根据2018年12月29日第十三届全国人民代表大会常务委员会第七次会议《关于修改〈中华人民共和国农村土地承包法〉的决定》第二次修正)

第一章 总 则

第一条 为了巩固和完善以家庭承包经营为基础、统分结合的双层经营体制,保持农村土地承包关系稳定并长久不变,维护农村土地承包经营当事人的合法权益,促进农业、农村经济发展和农村社会和谐稳定,根据宪法,制定本法。

第二条 本法所称农村土地,是指农民集体所有和国家所有依法由农民集体使用的耕地、林地、草地,以及其他依法用于农业的土地。

第三条 国家实行农村土地承包经营制度。

农村土地承包采取农村集体经济组织内部的家庭承包方式,不宜采取家庭承包方式的荒山、荒沟、荒丘、荒滩等农村土地,可以采取招标、拍卖、公开协商等方式承包。

第四条 农村土地承包后,土地的所有权性质不变。承包地不得买卖。

第五条 农村集体经济组织成员有权依法承包由本集体经济组织发包的农村土地。

任何组织和个人不得剥夺和非法限制农村集体经济组织成员承包土地的权利。

第六条 农村土地承包,妇女与男子享有平等的权利。承包中应当保护妇女的合法权益,任何组织和个人不得剥夺、侵害妇女应当享有的土地承包经营权。

第七条 农村土地承包应当坚持公开、公平、公正的原则,正确处理国家、集体、个人三者的利益关系。

第八条 国家保护集体土地所有者的合法权益,保护承包方的土地承包经营权,任何组织和个人不得侵犯。

第九条 承包方承包土地后,享有土地承包经营权,可以自己经营,也可以保留土地承包权,流转其承包地的土地经营权,由他人经营。

第十条 国家保护承包方依法、自愿、有偿流转土地经营权,保护土地经营权人的合法权益,任何组织和个人不得侵犯。

第十一条 农村土地承包经营应当遵守法律、法规,保护土地资源的合理开发和可持续利用。未经依法批准不得将承包地用于非农建设。

国家鼓励增加对土地的投入,培肥地力,提高农业生产能力。

第十二条 国务院农业农村、林业和草原主管部门分别依照国务院规定的职责负责全国农村土地承包经营及承包经营合同管理的指导。

县级以上地方人民政府农业农村、林业和草原等主管部门分别依照各自职责,负责本行政区域内农村土地承包经营及承包经营合同管理。

乡(镇)人民政府负责本行政区域内农村土地承包经营及承包经营合同管理。

第二章 家庭承包

第一节 发包方和承包方的权利和义务

第十三条 农民集体所有的土地依法属于村农民集体所有的,由村集体经济组织或者村民委员会发包;已经分别属于村内两个以上农村集体经济组织的农民集体所有的,由村内各该农村集体经济组织或者村民小组发包。村集体经济组织或者村民委员会发包的,不得改变村内各集体经济组织农民集体所有的土地的所有权。

国家所有依法由农民集体使用的农村土地,由使用该土地的农村集体经济组织、村民委员会或者村民小组发包。

第十四条　发包方享有下列权利：

（一）发包本集体所有的或者国家所有依法由本集体使用的农村土地；

（二）监督承包方依照承包合同约定的用途合理利用和保护土地；

（三）制止承包方损害承包地和农业资源的行为；

（四）法律、行政法规规定的其他权利。

第十五条　发包方承担下列义务：

（一）维护承包方的土地承包经营权，不得非法变更、解除承包合同；

（二）尊重承包方的生产经营自主权，不得干涉承包方依法进行正常的生产经营活动；

（三）依照承包合同约定为承包方提供生产、技术、信息等服务；

（四）执行县、乡（镇）土地利用总体规划，组织本集体经济组织内的农业基础设施建设；

（五）法律、行政法规规定的其他义务。

第十六条　家庭承包的承包方是本集体经济组织的农户。

农户内家庭成员依法平等享有承包土地的各项权益。

第十七条　承包方享有下列权利：

（一）依法享有承包地使用、收益的权利，有权自主组织生产经营和处置产品；

（二）依法互换、转让土地承包经营权；

（三）依法流转土地经营权；

（四）承包地被依法征收、征用、占用的，有权依法获得相应的补偿；

（五）法律、行政法规规定的其他权利。

第十八条　承包方承担下列义务：

（一）维持土地的农业用途，未经依法批准不得用于非农建设；

（二）依法保护和合理利用土地，不得给土地造成永久性损害；

（三）法律、行政法规规定的其他义务。

第二节　承包的原则和程序

第十九条　土地承包应当遵循以下原则：

(一)按照规定统一组织承包时,本集体经济组织成员依法平等地行使承包土地的权利,也可以自愿放弃承包土地的权利;

(二)民主协商,公平合理;

(三)承包方案应当按照本法第十三条的规定,依法经本集体经济组织成员的村民会议三分之二以上成员或者三分之二以上村民代表的同意;

(四)承包程序合法。

第二十条 土地承包应当按照以下程序进行:

(一)本集体经济组织成员的村民会议选举产生承包工作小组;

(二)承包工作小组依照法律、法规的规定拟订并公布承包方案;

(三)依法召开本集体经济组织成员的村民会议,讨论通过承包方案;

(四)公开组织实施承包方案;

(五)签订承包合同。

第三节 承包期限和承包合同

第二十一条 耕地的承包期为三十年。草地的承包期为三十年至五十年。林地的承包期为三十年至七十年。

前款规定的耕地承包期届满后再延长三十年,草地、林地承包期届满后依照前款规定相应延长。

第二十二条 发包方应当与承包方签订书面承包合同。

承包合同一般包括以下条款:

(一)发包方、承包方的名称,发包方负责人和承包方代表的姓名、住所;

(二)承包土地的名称、坐落、面积、质量等级;

(三)承包期限和起止日期;

(四)承包土地的用途;

(五)发包方和承包方的权利和义务;

(六)违约责任。

第二十三条 承包合同自成立之日起生效。承包方自承包合同生效时取得土地承包经营权。

第二十四条 国家对耕地、林地和草地等实行统一登记,登记机构应当向承包方颁发土地承包经营权证或者林权证等证书,并登记造册,确认土地承包经营权。

土地承包经营权证或者林权证等证书应当将具有土地承包经营权的全部家庭成员列入。

登记机构除按规定收取证书工本费外,不得收取其他费用。

第二十五条 承包合同生效后,发包方不得因承办人或者负责人的变动而变更或者解除,也不得因集体经济组织的分立或者合并而变更或者解除。

第二十六条 国家机关及其工作人员不得利用职权干涉农村土地承包或者变更、解除承包合同。

第四节 土地承包经营权的保护和互换、转让

第二十七条 承包期内,发包方不得收回承包地。

国家保护进城农户的土地承包经营权。不得以退出土地承包经营权作为农户进城落户的条件。

承包期内,承包农户进城落户的,引导支持其按照自愿有偿原则依法在本集体经济组织内转让土地承包经营权或者将承包地交回发包方,也可以鼓励其流转土地经营权。

承包期内,承包方交回承包地或者发包方依法收回承包地时,承包方对其在承包地上投入而提高土地生产能力的,有权获得相应的补偿。

第二十八条 承包期内,发包方不得调整承包地。

承包期内,因自然灾害严重毁损承包地等特殊情形对个别农户之间承包的耕地和草地需要适当调整的,必须经本集体经济组织成员的村民会议三分之二以上成员或者三分之二以上村民代表的同意,并报乡(镇)人民政府和县级人民政府农业农村、林业和草原等主管部门批准。承包合同中约定不得调整的,按照其约定。

第二十九条 下列土地应当用于调整承包土地或者承包给新增人口:

（一）集体经济组织依法预留的机动地；

（二）通过依法开垦等方式增加的；

（三）发包方依法收回和承包方依法、自愿交回的。

第三十条 承包期内，承包方可以自愿将承包地交回发包方。承包方自愿交回承包地的，可以获得合理补偿，但是应当提前半年以书面形式通知发包方。承包方在承包期内交回承包地的，在承包期内不得再要求承包土地。

第三十一条 承包期内，妇女结婚，在新居住地未取得承包地的，发包方不得收回其原承包地；妇女离婚或者丧偶，仍在原居住地生活或者不在原居住地生活但在新居住地未取得承包地的，发包方不得收回其原承包地。

第三十二条 承包人应得的承包收益，依照继承法的规定继承。

林地承包的承包人死亡，其继承人可以在承包期内继续承包。

第三十三条 承包方之间为方便耕种或者各自需要，可以对属于同一集体经济组织的土地的土地承包经营权进行互换，并向发包方备案。

第三十四条 经发包方同意，承包方可以将全部或者部分的土地承包经营权转让给本集体经济组织的其他农户，由该农户同发包方确立新的承包关系，原承包方与发包方在该土地上的承包关系即行终止。

第三十五条 土地承包经营权互换、转让的，当事人可以向登记机构申请登记。未经登记，不得对抗善意第三人。

第五节 土地经营权

第三十六条 承包方可以自主决定依法采取出租（转包）、入股或者其他方式向他人流转土地经营权，并向发包方备案。

第三十七条 土地经营权人有权在合同约定的期限内占有农村土地，自主开展农业生产经营并取得收益。

第三十八条 土地经营权流转应当遵循以下原则：

（一）依法、自愿、有偿，任何组织和个人不得强迫或者阻碍土地经营权流转；

（二）不得改变土地所有权的性质和土地的农业用途，不得破坏农业综合生产

能力和农业生态环境;

(三)流转期限不得超过承包期的剩余期限;

(四)受让方须有农业经营能力或者资质;

(五)在同等条件下,本集体经济组织成员享有优先权。

第三十九条 土地经营权流转的价款,应当由当事人双方协商确定。流转的收益归承包方所有,任何组织和个人不得擅自截留、扣缴。

第四十条 土地经营权流转,当事人双方应当签订书面流转合同。

土地经营权流转合同一般包括以下条款:

(一)双方当事人的姓名、住所;

(二)流转土地的名称、坐落、面积、质量等级;

(三)流转期限和起止日期;

(四)流转土地的用途;

(五)双方当事人的权利和义务;

(六)流转价款及支付方式;

(七)土地被依法征收、征用、占用时有关补偿费的归属;

(八)违约责任。

承包方将土地交由他人代耕不超过一年的,可以不签订书面合同。

第四十一条 土地经营权流转期限为五年以上的,当事人可以向登记机构申请土地经营权登记。未经登记,不得对抗善意第三人。

第四十二条 承包方不得单方解除土地经营权流转合同,但受让方有下列情形之一的除外:

(一)擅自改变土地的农业用途;

(二)弃耕抛荒连续两年以上;

(三)给土地造成严重损害或者严重破坏土地生态环境;

(四)其他严重违约行为。

第四十三条 经承包方同意,受让方可以依法投资改良土壤,建设农业生产附属、配套设施,并按照合同约定对其投资部分获得合理补偿。

第四十四条 承包方流转土地经营权的,其与发包方的承包关系不变。

第四十五条 县级以上地方人民政府应当建立工商企业等社会资本通过流转取得土地经营权的资格审查、项目审核和风险防范制度。

工商企业等社会资本通过流转取得土地经营权的,本集体经济组织可以收取适量管理费用。

具体办法由国务院农业农村、林业和草原主管部门规定。

第四十六条 经承包方书面同意,并向本集体经济组织备案,受让方可以再流转土地经营权。

第四十七条 承包方可以用承包地的土地经营权向金融机构融资担保,并向发包方备案。受让方通过流转取得的土地经营权,经承包方书面同意并向发包方备案,可以向金融机构融资担保。

担保物权自融资担保合同生效时设立。当事人可以向登记机构申请登记;未经登记,不得对抗善意第三人。

实现担保物权时,担保物权人有权就土地经营权优先受偿。

土地经营权融资担保办法由国务院有关部门规定。

第三章 其他方式的承包

第四十八条 不宜采取家庭承包方式的荒山、荒沟、荒丘、荒滩等农村土地,通过招标、拍卖、公开协商等方式承包的,适用本章规定。

第四十九条 以其他方式承包农村土地的,应当签订承包合同,承包方取得土地经营权。当事人的权利和义务、承包期限等,由双方协商确定。以招标、拍卖方式承包的,承包费通过公开竞标、竞价确定;以公开协商等方式承包的,承包费由双方议定。

第五十条 荒山、荒沟、荒丘、荒滩等可以直接通过招标、拍卖、公开协商等方式实行承包经营,也可以将土地经营权折股分给本集体经济组织成员后,再实行承包经营或者股份合作经营。

承包荒山、荒沟、荒丘、荒滩的,应当遵守有关法律、行政法规的规定,防止水土流失,保护生态环境。

第五十一条 以其他方式承包农村土地,在同等条件下,本集体经济组织成员有权优先承包。

第五十二条 发包方将农村土地发包给本集体经济组织以外的单位或者个人承包,应当事先经本集体经济组织成员的村民会议三分之二以上成员或者三分之二以上村民代表的同意,并报乡(镇)人民政府批准。

由本集体经济组织以外的单位或者个人承包的,应当对承包方的资信情况和经营能力进行审查后,再签订承包合同。

第五十三条 通过招标、拍卖、公开协商等方式承包农村土地,经依法登记取得权属证书的,可以依法采取出租、入股、抵押或者其他方式流转土地经营权。

第五十四条 依照本章规定通过招标、拍卖、公开协商等方式取得土地经营权的,该承包人死亡,其应得的承包收益,依照继承法的规定继承;在承包期内,其继承人可以继续承包。

第四章 争议的解决和法律责任

第五十五条 因土地承包经营发生纠纷的,双方当事人可以通过协商解决,也可以请求村民委员会、乡(镇)人民政府等调解解决。

当事人不愿协商、调解或者协商、调解不成的,可以向农村土地承包仲裁机构申请仲裁,也可以直接向人民法院起诉。

第五十六条 任何组织和个人侵害土地承包经营权、土地经营权的,应当承担民事责任。

第五十七条 发包方有下列行为之一的,应当承担停止侵害、排除妨碍、消除危险、返还财产、恢复原状、赔偿损失等民事责任:

(一)干涉承包方依法享有的生产经营自主权;

(二)违反本法规定收回、调整承包地;

(三)强迫或者阻碍承包方进行土地承包经营权的互换、转让或者土地经营权流转;

（四）假借少数服从多数强迫承包方放弃或者变更土地承包经营权；

（五）以划分"口粮田"和"责任田"等为由收回承包地搞招标承包；

（六）将承包地收回抵顶欠款；

（七）剥夺、侵害妇女依法享有的土地承包经营权；

（八）其他侵害土地承包经营权的行为。

第五十八条 承包合同中违背承包方意愿或者违反法律、行政法规有关不得收回、调整承包地等强制性规定的约定无效。

第五十九条 当事人一方不履行合同义务或者履行义务不符合约定的，应当依法承担违约责任。

第六十条 任何组织和个人强迫进行土地承包经营权互换、转让或者土地经营权流转的，该互换、转让或者流转无效。

第六十一条 任何组织和个人擅自截留、扣缴土地承包经营权互换、转让或者土地经营权流转收益的，应当退还。

第六十二条 违反土地管理法规，非法征收、征用、占用土地或者贪污、挪用土地征收、征用补偿费用，构成犯罪的，依法追究刑事责任；造成他人损害的，应当承担损害赔偿等责任。

第六十三条 承包方、土地经营权人违法将承包地用于非农建设的，由县级以上地方人民政府有关主管部门依法予以处罚。

承包方给承包地造成永久性损害的，发包方有权制止，并有权要求赔偿由此造成的损失。

第六十四条 土地经营权人擅自改变土地的农业用途、弃耕抛荒连续两年以上、给土地造成严重损害或者严重破坏土地生态环境，承包方在合理期限内不解除土地经营权流转合同的，发包方有权要求终止土地经营权流转合同。土地经营权人对土地和土地生态环境造成的损害应当予以赔偿。

第六十五条 国家机关及其工作人员有利用职权干涉农村土地承包经营，变更、解除承包经营合同，干涉承包经营当事人依法享有的生产经营自主权，强迫、阻碍承包经营当事人进行土地承包经营权互换、转让或者土地经营权流转等侵害土地承包经营权、土地经营权的行为,给承包经营当事人造成损失的,应当承担损害赔偿等责任;情节严重的,由上级机关或者所在单位给予直接责任人员处分;构成犯罪的,依法追究刑事责任。

第五章　附　　则

第六十六条　本法实施前已经按照国家有关农村土地承包的规定承包,包括承包期限长于本法规定的,本法实施后继续有效,不得重新承包土地。未向承包方颁发土地承包经营权证或者林权证等证书的,应当补发证书。

第六十七条　本法实施前已经预留机动地的,机动地面积不得超过本集体经济组织耕地总面积的百分之五。不足百分之五的,不得再增加机动地。

本法实施前未留机动地的,本法实施后不得再留机动地。

第六十八条　各省、自治区、直辖市人民代表大会常务委员会可以根据本法,结合本行政区域的实际情况,制定实施办法。

第六十九条　确认农村集体经济组织成员身份的原则、程序等,由法律、法规规定。

第七十条　本法自2003年3月1日起施行。

4. 中国共产党农村基层组织工作条例

(2018年11月26日中共中央政治局会议审议批准　2018年12月28日中共中央发布)

第一章　总　　则

第一条　农村工作在党和国家事业全局中具有重要战略地位,是全党工作的重中之重。为了认真贯彻落实新时代党的建设总要求和新时代党的组织路线,坚持和加强党对农村工作的全面领导,深入实施乡村振兴战略,推动全面从严治党向基层延伸,提高党的农村基层组织建设质量,为新时代乡村全面振兴提供坚强政治和组织保证,根据《中国共产党章程》,制定本条例。

第二条 乡镇党的委员会(以下简称乡镇党委)和村党组织(村指行政村)是党在农村的基层组织,是党在农村全部工作和战斗力的基础,全面领导乡镇、村的各类组织和各项工作。必须坚持党的农村基层组织领导地位不动摇。

第三条 党的农村基层组织必须高举中国特色社会主义伟大旗帜,坚持以马克思列宁主义、毛泽东思想、邓小平理论、"三个代表"重要思想、科学发展观、习近平新时代中国特色社会主义思想为指导,坚决维护习近平总书记党中央的核心、全党的核心地位,坚决维护党中央权威和集中统一领导,牢固树立"四个意识",坚定"四个自信",做到"四个服从",坚持党要管党、全面从严治党,以提升组织力为重点,突出政治功能,努力成为宣传党的主张、贯彻党的决定、领导基层治理、团结动员群众、推动改革发展的坚强战斗堡垒。

第二章 组织设置

第四条 乡镇应当设立党的基层委员会。乡镇党委每届任期 5 年,由党员大会或者党员代表大会选举产生。

第五条 以村为基本单元设置党组织。有正式党员 3 人以上的村,应当成立党支部;不足 3 人的,可以与邻近村联合成立党支部。党员人数超过 50 人的村,或者党员人数虽不足 50 人、确因工作需要的村,可以成立党的总支部。党员人数 100 人以上的村,根据工作需要,经县级地方党委批准,可以成立党的基层委员会,下设若干党支部;村党的委员会受乡镇党委领导。

村党的委员会、总支部委员会、支部委员会每届任期 5 年,由党员大会选举产生。党员人数 500 人以上的村党的委员会,经乡镇党委批准,可以由党员代表大会选举产生。

第六条 县以上有关部门驻乡镇的单位,应当根据党员人数和工作需要成立党的基层组织。这些党组织,除党中央另有规定的以外,受乡镇党委领导。

第七条 农村经济组织、社会组织具备单独成立党组织条件的,根据工作需要,可以成立党组织,一般由所在村党组织或者乡镇党委领导。在跨村跨乡镇的经济组织、社会组织中成立的党组织,由批准其成立的上级党组织或者县级党委组织部门确定隶属关系。

村改社区应当同步调整或者成立党组织。

村及以下成立或者撤销党组织,必须经乡镇党委或者以上党组织批准。

第八条 乡镇党委一般设委员7至9名,其中书记1名、副书记2至3名,应当设组织委员、宣传委员,纪委书记由党委委员兼任。党委委员按照乡镇领导职务配备,应当进行合理分工,保证各项工作有人负责。

村党的支部委员会一般设委员3至5名,其中书记1名,必要时可以设副书记1名;正式党员不足7人的支部,不设支部委员会。村党的总支部委员会一般设委员5至7名,其中书记1名、副书记1名、纪检委员1名。村党的委员会一般设委员5至7名,最多不超过9名,其中书记1名、副书记1至2名、纪委书记1名。

第三章 职责任务

第九条 乡镇党委的主要职责是:

(一)宣传和贯彻执行党的路线方针政策和党中央、上级党组织及本乡镇党员代表大会(党员大会)的决议。

(二)讨论和决定本乡镇经济建设、政治建设、文化建设、社会建设、生态文明建设和党的建设以及乡村振兴中的重大问题。需由乡镇政权机关或者集体经济组织决定的重要事项,经乡镇党委研究讨论后,由乡镇政权机关或者集体经济组织依照法律和有关规定作出决定。

(三)领导乡镇政权机关、群团组织和其他各类组织,加强指导和规范,支持和保证这些机关和组织依照国家法律法规以及各自章程履行职责。

(四)加强乡镇党委自身建设和村党组织建设,以及其他隶属乡镇党委的党组织建设,抓好发展党员工作,加强党员队伍建设。维护和执行党的纪律,监督党员干部和其他任何工作人员严格遵守国家法律法规。

(五)按照干部管理权限,负责对干部的教育、培训、选拔、考核和监督工作。协助管理上级有关部门驻乡镇单位的干部。做好人才服务和引进工作。

(六)领导本乡镇的基层治理,加强社会主义民主法治建设和精神文明建设,加强社会治安综合治理，做好生态环保、美丽乡村建设、民生保障、脱贫致富、民族宗教等工作。

第十条　村党组织的主要职责是：

（一）宣传和贯彻执行党的路线方针政策和党中央、上级党组织及本村党员大会（党员代表大会）的决议。

（二）讨论和决定本村经济建设、政治建设、文化建设、社会建设、生态文明建设和党的建设以及乡村振兴中的重要问题并及时向乡镇党委报告。需由村民委员会提请村民会议、村民代表会议决定的事情或者集体经济组织决定的重要事项，经村党组织研究讨论后，由村民会议、村民代表会议或者集体经济组织依照法律和有关规定作出决定。

（三）领导和推进村级民主选举、民主决策、民主管理、民主监督，推进农村基层协商，支持和保障村民依法开展自治活动。领导村民委员会以及村务监督委员会、村集体经济组织、群团组织和其他经济组织、社会组织，加强指导和规范，支持和保证这些组织依照国家法律法规以及各自章程履行职责。

（四）加强村党组织自身建设，严格组织生活，对党员进行教育、管理、监督和服务。负责对要求入党的积极分子进行教育和培养，做好发展党员工作。维护和执行党的纪律。加强对村、组干部和经济组织、社会组织负责人的教育、管理和监督，培养村级后备力量。做好本村招才引智等工作。

（五）组织群众、宣传群众、凝聚群众、服务群众，经常了解群众的批评和意见，维护群众正当权利和利益，加强对群众的教育引导，做好群众思想政治工作。

（六）领导本村的社会治理，做好本村的社会主义精神文明建设、法治宣传教育、社会治安综合治理、生态环保、美丽村庄建设、民生保障、脱贫致富、民族宗教等工作。

第十一条　党员人数较多的村党支部，可以划分若干党小组。党小组在支部委员会领导下开展工作，组织党员学习和参加组织生活，检查党员履行义务、行使权利和执行支部委员会、党员大会决议的情况，反映党员、群众的意见。

第四章 经济建设

第十二条 党的农村基层组织应当加强对经济工作的领导，坚持以经济建设为中心，贯彻创新、协调、绿色、开放、共享的发展理念，加快推进农业农村现代化，持续增加农民收入，不断满足群众对美好生活的需要。具体任务包括：

（一）坚持以公有制为主体、多种所有制经济共同发展的基本经济制度，巩固和完善农村基本经营制度，坚持农村土地集体所有，坚持家庭经营基础性地位，坚持稳定土地承包关系，走共同富裕之路。

（二）稳定发展粮食生产，发展多种经营应当同支持和促进粮食生产相结合。

（三）推动乡村产业振兴，推进农村一二三产业融合发展，让农民合理分享全产业链增值收益。

（四）坚持绿水青山就是金山银山理念，实现农业农村绿色发展、可持续发展。

（五）领导制定本地经济发展规划，组织、动员各方面力量保证规划实施。

（六）组织党员、群众学习农业科学技术知识，运用科技发展经济。吸引各类人才到农村创业创新。

第十三条 党的农村基层组织应当动员和带领群众全力打赢脱贫攻坚战，如期实现脱贫目标，巩固发展脱贫攻坚成果、防止返贫，组织发展乡村致富产业，推动农民就业创业，教育引导农民既“富口袋”又“富脑袋”，依靠自己的辛勤劳动创造幸福美好生活。

第十四条 党的农村基层组织应当因地制宜推动发展壮大集体经济，领导和支持集体经济组织管理集体资产，协调利益关系，组织生产服务和集体资源合理开发，确保集体资产保值增值，确保农民受益。

第五章 精神文明建设

第十五条 党的农村基层组织应当组织群众学习习近平新时代中国特色社会主义思想，培育和践行社会主义核心价值观，开展中国特色社会主义和实现中华民族伟大复兴的中国梦宣传教育，爱国主义、集体主义和社会主义教育，党的路线方针政策教育，思想道德和民主法治教育，引导农民正确处理国家、集体、个人三者之间的利益关系，培养有理想、有道德、有文化、有纪律的新型农民。

党的农村基层组织应当加强群众培训，通过新时代文明实践中心（所、站）、农民夜校等渠道，深入宣传教育群众，用中国特色社会主义文化、社会主义思想道德牢牢占领农村思想文化阵地。

第十六条　党的农村基层组织应当改善农村人居环境，倡导文明健康生活方式。传承发展提升农村优秀传统文化，保护传统村落，加强农村文化设施建设，开展健康有益的文体活动。改善办学条件，普及义务教育。开展文明村镇、文明家庭创建活动，破除封建迷信和陈规陋习，推进移风易俗，弘扬时代新风。

第十七条　党的农村基层组织应当加强和改进思想政治工作。宣传党组织和党员先进事迹，宣传好人好事，弘扬真善美，传播正能量。了解群众思想状况，帮助解决实际困难，引导群众自觉听党话、感党恩、跟党走。

第十八条　党的农村基层组织应当加强对党员、群众的无神论宣传教育，引导党员、群众自觉抵制腐朽落后文化侵蚀，弘扬科学精神，普及科学知识。做好农村宗教工作，加强对信教群众的工作，管理好宗教活动场所，依法制止利用宗教干涉农村公共事务，坚决抵御非法宗教活动和境外渗透活动。必须在意识形态上站稳立场，旗帜鲜明反对各种错误观点，同一切歪风邪气、违法犯罪行为作斗争。

第六章　乡 村 治 理

第十九条　党的农村基层组织应当加强对各类组织的统一领导，打造充满活力、和谐有序的善治乡村，形成共建共治共享的乡村治理格局。

村党组织书记应当通过法定程序担任村民委员会主任和村级集体经济组织、合作经济组织负责人，村“两委”班子成员应当交叉任职。村务监督委员会主任一般由党员担任，可以由非村民委员会成员的村党组织班子成员兼任。村民委员会成员、村民代表中党员应当占一定比例。

村级重大事项决策实行“四议两公开”，即村党组织提议、村“两委”会议商议、党员大会审议、村民会议或者村民代表会议决议，决议公开、实施结果公开。

第二十条 党的农村基层组织应当健全党组织领导的自治、法治、德治相结合的乡村治理体系。深化村民自治实践,制定完善村规民约,建立健全村务监督委员会,加强村级民主监督。推广新时代"枫桥经验",推进乡村法治建设,提升乡村德治水平,建设平安乡村。

依法严厉打击农村黑恶势力、宗族恶势力、宗教极端势力、"村霸",严防其侵蚀基层干部和基层政权。坚决惩治黑恶势力"保护伞"。

第二十一条 党的农村基层组织应当加强农村生态文明建设,组织党员、群众参与山水林田湖草系统治理,加强污染防治,保护生态环境,建设美丽乡村。

第二十二条 党的农村基层组织应当保障和改善民生,努力解决入园入托、上学、就业、看病、养老、居住、出行、饮水等群众最关心最直接最现实的利益问题,加强对贫困人口、留守儿童和妇女、老年人、残疾人、"五保户"等人群的关爱服务。投放农村的公共服务资源,应当以乡镇、村党组织为主渠道落实,保证有资源、有能力为群众服务。

注重运用现代信息技术,提升乡村治理智能化水平。

第七章 领导班子和干部队伍建设

第二十三条 农村基层干部应当认真学习和忠实践行习近平新时代中国特色社会主义思想,学习党的基本理论、基本路线、基本方略,学习必备知识技能。懂农业,掌握"三农"政策,熟悉农村情况,有能力、有措施、有办法解决实际问题;爱农村,扎根农村基层,安身安心安业,甘于奉献、苦干实干;爱农民,对农民群众充满感情、始终放在心上,把农民群众的利益摆在第一位,与农民群众想在一起、干在一起,不断创造美好生活。

各级党组织应当注重加强农村基层干部教育培训,不断提高素质。县级党委每年至少对村党组织书记培训 1 次。

第二十四条 加强农村基层干部队伍作风建设。坚持实事求是,不准虚假浮夸;坚持依法办事,不准违法乱纪;坚持艰苦奋斗,不准奢侈浪费;坚持说服教育,不准强迫命令;坚持廉洁奉公,不准以权谋私。坚决反对形式主义、官僚主义、享乐主义和奢靡之风。

严格农村基层干部管理监督，坚决纠正损害群众利益行为，严厉整治群众身边腐败问题。

第二十五条 乡镇党委领导班子应当由信念坚定、为民服务、勤政务实、敢于担当、清正廉洁，善于结合实际开展工作的党员干部组成。乡镇党委书记还应当具备一定的理论和政策水平，坚持依法办事，具有较强的组织协调能力、群众工作能力、处理农村复杂问题的能力，熟悉党务工作和“三农”工作，带头实干、敢抓敢管。

注重从优秀村党组织书记、选调生、大学生村官、乡镇事业编制人员中选拔乡镇领导干部，从优秀村党组织书记中考录乡镇公务员、招聘乡镇事业编制人员。重视发现培养选拔优秀年轻干部、女干部和少数民族干部。

第二十六条 村党组织领导班子应当由思想政治素质好、道德品行好、带富能力强、协调能力强，公道正派、廉洁自律，热心为群众服务的党员组成。村党组织书记还应当具备一定的政策水平，坚持依法办事，善于做群众工作，甘于奉献、敢闯敢拼。

村党组织书记应当注重从本村致富能手、外出务工经商返乡人员、本乡本土大学毕业生、退役军人中的党员培养选拔。每个村应当储备村级后备力量。

村党组织书记由县级党委组织部门备案管理。

根据工作需要，上级党组织可以向村党组织选派第一书记。

第二十七条 党的农村基层组织领导班子应当坚定执行党的政治路线。始终在政治立场、政治方向、政治原则、政治道路上同以习近平同志为核心的党中央保持高度一致，组织推进农村深化改革，促进各项事业发展，维护社会和谐稳定，不断增强群众获得感、幸福感、安全感。

第二十八条 党的农村基层组织领导班子应当贯彻党的思想路线。反映情况、安排工作、决定事项必须实事求是，一切从实际出发，说实话、办实事、求实效。

第二十九条 党的农村基层组织领导班子应当贯彻新时代党的组织路线。全面加强农村基层组织体系建设，建强战斗堡垒，把党员组织起来，把人才凝聚起来,把群众动员起来,合力推动新时代乡村全面振兴。

第三十条 党的农村基层组织领导班子应当贯彻党的群众路线。决定重大事项要同群众商量,布置工作任务要向群众讲清道理;经常听取群众意见,不断改进工作;关心群众生产生活,维护群众的合法权益,切实减轻群众负担。

第三十一条 党的农村基层组织领导班子应当贯彻党的民主集中制,认真执行集体领导和个人分工负责相结合的制度。凡属重要问题,必须经过集体讨论决定,不允许个人或者少数人说了算。书记应当有民主作风,善于发挥每个委员的作用,敢于负责。委员应当积极参与和维护集体领导,主动做好分工负责的工作。

第三十二条 乡镇党委领导班子每年至少召开1次民主生活会,村党组织领导班子每年至少召开1次组织生活会,严肃认真地开展批评和自我批评,接受党员、群众的监督。

第八章 党员队伍建设

第三十三条 党的农村基层组织应当组织党员认真学习和忠实践行习近平新时代中国特色社会主义思想,推进"两学一做"学习教育常态化制度化,认真开展党内主题教育活动,学习党的基本理论、基本路线、基本方略,学习形势政策、科学文化、市场经济、党内法规和国家法律法规等知识。

县、乡两级党委应当加强农村党员教育培训,建好用好乡镇党校、党员活动室,注重运用现代信息技术开展党员教育。乡镇党委每年至少对全体党员分期分批集中培训1次。

第三十四条 党的农村基层组织应当严格党的组织生活。坚持"三会一课"制度,村党组织应当以党支部为单位,每月相对固定1天开展主题党日,组织党员学习党的文件、上党课,开展民主议事、志愿服务等,突出党性锻炼,防止表面化、形式化。党员领导干部应当定期为基层党员讲党课。

党支部应当经常开展谈心谈话。

第三十五条 党的农村基层组织应当坚持和完善民主评议党员制度。对优秀党员,进行表彰表扬;对不合格党员,加强教育帮助,依照有关规定,分别给予限期改正、劝其退党、党内除名等组织处置。

第三十六条 党的农村基层组织应当教育和监督党员履行义务,尊重和保障党员的各项权利。推进党务公开,使党员对党内事务有更多的了解和参与。

第三十七条 党的农村基层组织应当加强和改进流动党员教育管理。流入地党组织应当及时将外来党员编入党的支部和小组,组织他们参加组织生活和党的活动。流出地党组织应当加强对外出党员的经常联系,可以在外出党员相对集中的地方建立流动党员党组织。

流动党员每半年至少向流出地党组织汇报1次在外情况。

第三十八条 党的农村基层组织应当严格执行党的纪律。经常对党员进行遵纪守法教育。党员违犯党的纪律,应当及时教育或者处理,问题严重的应当向上级党组织报告。对于受到党的纪律处分的,应当加强教育,帮助其改正错误。

第三十九条 党的农村基层组织应当按照控制总量、优化结构、提高质量、发挥作用的总要求和有关规定,把政治标准放在首位,做好发展党员工作。注重从青年农民、农村外出务工人员中发展党员,注意吸收妇女入党。

村级党组织发展党员必须经过乡镇党委审批。

第四十条 农村党员应当在社会主义物质文明建设和精神文明建设中发挥先锋模范作用,带头投身乡村振兴,带领群众共同致富。

党的农村基层组织应当组织开展党员联系农户、党员户挂牌、承诺践诺、设岗定责等活动,给党员分配适当的社会工作和群众工作,为党员发挥作用创造条件。

第九章 领导和保障

第四十一条 各级党委特别是县级党委应当高度重视党的农村基层组织建设,认真履行主体责任。

党的农村基层组织建设情况应当作为市县乡党委书记抓基层党建述职评议考核的重要内容,纳入巡视巡察工作内容,作为领导班子综合评价和领导干部选拔任用的重要依据。县级党委组织部门应当以足够精力抓好党的农村基层组织建设。

对党的农村基层组织建设重视不够、落实不力的,应当及时提醒、约谈;出现严重问题的,应当严肃问责追责。督促抓好问题的整改落实。

第四十二条 各级党委特别是县级党委应当坚持抓乡促村,持续加强基本队伍、基本活动、基本阵地、基本制度、基本保障建设,整顿软弱涣散村党组织,整乡推进、整县提升。

乡镇党委应当全面落实抓村级组织建设的直接责任。乡镇党委书记和党委领导班子其他成员应当包村联户,经常沉下去摸情况、查问题,及时研究解决。

第四十三条 乡镇工作机构设置和人员配备,应当坚持加强服务、密切联系群众、治理重心下移的原则,构建权责相称、简约高效的基层管理体制,保证乡镇工作力量。乡镇应当设立党建工作办公室或者党建工作站,配备专职组织员,配强党务力量。加强乡镇小食堂、小厕所、小澡堂、小图书室、小文体活动室和周转房建设,改善乡镇干部工作和生活条件。

第四十四条 各级党委应当健全以财政投入为主的稳定的村级组织运转经费保障制度,建立正常增长机制。落实村干部基本报酬,发放人数和标准应当依据有关规定、从实际出发合理确定,保障正常离任村干部生活补贴。落实村级组织办公经费、服务群众经费、党员活动经费。建好管好用好村级组织活动场所,整合利用各类资源,规范标识、挂牌,发挥"一室多用"的综合功能,服务凝聚群众,教育引导群众。

第四十五条 各级党组织应当满怀热情关心关爱农村基层干部和党员,政治上激励、工作上支持、待遇上保障、心理上关怀,宣传表彰优秀农村基层干部先进典型,彰显榜样力量,激励新担当新作为。

第十章 附 则

第四十六条 省、自治区、直辖市党委可以根据本条例,结合本地区情况制定实施办法。

第四十七条 本条例由中共中央组织部负责解释。

第四十八条 本条例自2018年12月28日起施行。1999年2月13日中共中央印发的《中国共产党农村基层组织工作条例》同时废止。

5. 重大行政决策程序暂行条例

(2019 年 4 月 20 日中华人民共和国国务院令第 713 号公布　自 2019 年 9 月 1 日起施行)

第一章　总　　则

第一条　为了健全科学、民主、依法决策机制,规范重大行政决策程序,提高决策质量和效率,明确决策责任,根据宪法、地方各级人民代表大会和地方各级人民政府组织法等规定,制定本条例。

第二条　县级以上地方人民政府(以下称决策机关)重大行政决策的作出和调整程序,适用本条例。

第三条　本条例所称重大行政决策事项(以下简称决策事项)包括:

(一)制定有关公共服务、市场监管、社会管理、环境保护等方面的重大公共政策和措施;

(二)制定经济和社会发展等方面的重要规划;

(三)制定开发利用、保护重要自然资源和文化资源的重大公共政策和措施;

(四)决定在本行政区域实施的重大公共建设项目;

(五)决定对经济社会发展有重大影响、涉及重大公共利益或者社会公众切身利益的其他重大事项。

法律、行政法规对本条第一款规定事项的决策程序另有规定的,依照其规定。财政政策、货币政策等宏观调控决策,政府立法决策以及突发事件应急处置决策不适用本条例。

决策机关可以根据本条第一款的规定,结合职责权限和本地实际,确定决策事项目录、标准,经同级党委同意后向社会公布,并根据实际情况调整。

第四条　重大行政决策必须坚持和加强党的全面领导,全面贯彻党的路线方针政策和决策部署,发挥党的领导核心作用,把党的领导贯彻到重大行政决策全过程。

第五条　作出重大行政决策应当遵循科学决策原则，贯彻创新、协调、绿色、开放、共享的发展理念，坚持从实际出发，运用科学技术和方法，尊重客观规律，适应经济社会发展和全面深化改革要求。

第六条　作出重大行政决策应当遵循民主决策原则，充分听取各方面意见，保障人民群众通过多种途径和形式参与决策。

第七条　作出重大行政决策应当遵循依法决策原则，严格遵守法定权限，依法履行法定程序，保证决策内容符合法律、法规和规章等规定。

第八条　重大行政决策依法接受本级人民代表大会及其常务委员会的监督，根据法律、法规规定属于本级人民代表大会及其常务委员会讨论决定的重大事项范围或者应当在出台前向本级人民代表大会常务委员会报告的，按照有关规定办理。

上级行政机关应当加强对下级行政机关重大行政决策的监督。审计机关按照规定对重大行政决策进行监督。

第九条　重大行政决策情况应当作为考核评价决策机关及其领导人员的重要内容。

第二章　决策草案的形成

第一节　决 策 启 动

第十条　对各方面提出的决策事项建议，按照下列规定进行研究论证后，报请决策机关决定是否启动决策程序：

（一）决策机关领导人员提出决策事项建议的，交有关单位研究论证；

（二）决策机关所属部门或者下一级人民政府提出决策事项建议的，应当论证拟解决的主要问题、建议理由和依据、解决问题的初步方案及其必要性、可行性等；

（三）人大代表、政协委员等通过建议、提案等方式提出决策事项建议，以及公民、法人或者其他组织提出书面决策事项建议的，交有关单位研究论证。

第十一条 决策机关决定启动决策程序的，应当明确决策事项的承办单位（以下简称决策承办单位），由决策承办单位负责重大行政决策草案的拟订等工作。决策事项需要两个以上单位承办的，应当明确牵头的决策承办单位。

第十二条 决策承办单位应当在广泛深入开展调查研究、全面准确掌握有关信息、充分协商协调的基础上，拟订决策草案。

决策承办单位应当全面梳理与决策事项有关的法律、法规、规章和政策，使决策草案合法合规、与有关政策相衔接。

决策承办单位根据需要对决策事项涉及的人财物投入、资源消耗、环境影响等成本和经济、社会、环境效益进行分析预测。

有关方面对决策事项存在较大分歧的，决策承办单位可以提出两个以上方案。

第十三条 决策事项涉及决策机关所属部门、下一级人民政府等单位的职责，或者与其关系紧密的，决策承办单位应当与其充分协商；不能取得一致意见的，应当向决策机关说明争议的主要问题，有关单位的意见，决策承办单位的意见、理由和依据。

第二节 公众参与

第十四条 决策承办单位应当采取便于社会公众参与的方式充分听取意见，依法不予公开的决策事项除外。

听取意见可以采取座谈会、听证会、实地走访、书面征求意见、向社会公开征求意见、问卷调查、民意调查等多种方式。

决策事项涉及特定群体利益的，决策承办单位应当与相关人民团体、社会组织以及群众代表进行沟通协商，充分听取相关群体的意见建议。

第十五条 决策事项向社会公开征求意见的，决策承办单位应当通过政府网站、政务新媒体以及报刊、广播、电视等便于社会公众知晓的途径，公布决策草案及其说明等材料，明确提出意见的方式和期限。公开征求意见的期限一般不少于 30 日；因情况紧急等原因需要缩短期限的，公开征求意见时应当予以说明。

对社会公众普遍关心或者专业性、技术性较强的问题,决策承办单位可以通过专家访谈等方式进行解释说明。

第十六条 决策事项直接涉及公民、法人、其他组织切身利益或者存在较大分歧的,可以召开听证会。法律、法规、规章对召开听证会另有规定的,依照其规定。

决策承办单位或者组织听证会的其他单位应当提前公布决策草案及其说明等材料,明确听证时间、地点等信息。

需要遴选听证参加人的,决策承办单位或者组织听证会的其他单位应当提前公布听证参加人遴选办法,公平公开组织遴选,保证相关各方都有代表参加听证会。听证参加人名单应当提前向社会公布。听证会材料应当于召开听证会 7 日前送达听证参加人。

第十七条 听证会应当按照下列程序公开举行:

(一)决策承办单位介绍决策草案、依据和有关情况;

(二)听证参加人陈述意见,进行询问、质证和辩论,必要时可以由决策承办单位或者有关专家进行解释说明;

(三)听证参加人确认听证会记录并签字。

第十八条 决策承办单位应当对社会各方面提出的意见进行归纳整理、研究论证,充分采纳合理意见,完善决策草案。

第三节 专家论证

第十九条 对专业性、技术性较强的决策事项,决策承办单位应当组织专家、专业机构论证其必要性、可行性、科学性等,并提供必要保障。

专家、专业机构应当独立开展论证工作,客观、公正、科学地提出论证意见,并对所知悉的国家秘密、商业秘密、个人隐私依法履行保密义务;提供书面论证意见的,应当署名、盖章。

第二十条 决策承办单位组织专家论证,可以采取论证会、书面咨询、委托咨询论证等方式。选择专家、专业机构参与论证,应当坚持专业性、代表性和中立性,注重选择持不同意见的专家、专业机构,不得选择与决策事项有直接利害关系的专家、专业机构。

第二十一条 省、自治区、直辖市人民政府应当建立决策咨询论证专家库,规范专家库运行管理制度,健全专家诚信考核和退出机制。

市、县级人民政府可以根据需要建立决策咨询论证专家库。

决策机关没有建立决策咨询论证专家库的,可以使用上级行政机关的专家库。

第四节 风险评估

第二十二条 重大行政决策的实施可能对社会稳定、公共安全等方面造成不利影响的,决策承办单位或者负责风险评估工作的其他单位应当组织评估决策草案的风险可控性。

按照有关规定已对有关风险进行评价、评估的,不作重复评估。

第二十三条 开展风险评估,可以通过舆情跟踪、重点走访、会商分析等方式,运用定性分析与定量分析等方法,对决策实施的风险进行科学预测、综合研判。

开展风险评估,应当听取有关部门的意见,形成风险评估报告,明确风险点,提出风险防范措施和处置预案。

开展风险评估,可以委托专业机构、社会组织等第三方进行。

第二十四条 风险评估结果应当作为重大行政决策的重要依据。决策机关认为风险可控的,可以作出决策;认为风险不可控的,在采取调整决策草案等措施确保风险可控后,可以作出决策。

第三章 合法性审查和集体讨论决定

第一节 合法性审查

第二十五条 决策草案提交决策机关讨论前,应当由负责合法性审查的部门进行合法性审查。不得以征求意见等方式代替合法性审查。

决策草案未经合法性审查或者经审查不合法的,不得提交决策机关讨论。对国家尚无明确规定的探索性改革决策事项,可以明示法律风险,提交决策机关讨论。

第二十六条 送请合法性审查，应当提供决策草案及相关材料，包括有关法律法规、规章等依据和履行决策法定程序的说明等。提供的材料不符合要求的，负责合法性审查的部门可以退回，或者要求补充。

送请合法性审查，应当保证必要的审查时间，一般不少于7个工作日。

第二十七条 合法性审查的内容包括：

（一）决策事项是否符合法定权限；

（二）决策草案的形成是否履行相关法定程序；

（三）决策草案内容是否符合有关法律、法规、规章和国家政策的规定。

第二十八条 负责合法性审查的部门应当及时提出合法性审查意见，并对合法性审查意见负责。在合法性审查过程中，应当组织法律顾问、公职律师提出法律意见。决策承办单位根据合法性审查意见进行必要的调整或者补充。

第二节 集体讨论决定和决策公布

第二十九条 决策承办单位提交决策机关讨论决策草案，应当报送下列材料：

（一）决策草案及相关材料，决策草案涉及市场主体经济活动的，应当包含公平竞争审查的有关情况；

（二）履行公众参与程序的，同时报送社会公众提出的主要意见的研究采纳情况；

（三）履行专家论证程序的，同时报送专家论证意见的研究采纳情况；

（四）履行风险评估程序的，同时报送风险评估报告等有关材料；

（五）合法性审查意见；

（六）需要报送的其他材料。

第三十条 决策草案应当经决策机关常务会议或者全体会议讨论。决策机关行政首长在集体讨论的基础上作出决定。

讨论决策草案，会议组成人员应当充分发表意见，行政首长最后发表意见。

行政首长拟作出的决定与会议组成人员多数人的意见不一致的，应当在会上说明理由。

集体讨论决定情况应当如实记录，不同意见应当如实载明。

第三十一条 重大行政决策出台前应当按照规定向同级党委请示报告。

第三十二条 决策机关应当通过本级人民政府公报和政府网站以及在本行政区域内发行的报纸等途径及时公布重大行政决策。对社会公众普遍关心或者专业性、技术性较强的重大行政决策，应当说明公众意见、专家论证意见的采纳情况，通过新闻发布会、接受访谈等方式进行宣传解读。依法不予公开的除外。

第三十三条 决策机关应当建立重大行政决策过程记录和材料归档制度，由有关单位将履行决策程序形成的记录、材料及时完整归档。

第四章 决策执行和调整

第三十四条 决策机关应当明确负责重大行政决策执行工作的单位（以下简称决策执行单位），并对决策执行情况进行督促检查。决策执行单位应当依法全面、及时、正确执行重大行政决策，并向决策机关报告决策执行情况。

第三十五条 决策执行单位发现重大行政决策存在问题、客观情况发生重大变化，或者决策执行中发生不可抗力等严重影响决策目标实现的，应当及时向决策机关报告。

公民、法人或者其他组织认为重大行政决策及其实施存在问题的，可以通过信件、电话、电子邮件等方式向决策机关或者决策执行单位提出意见建议。

第三十六条 有下列情形之一的，决策机关可以组织决策后评估，并确定承担评估具体工作的单位：

（一）重大行政决策实施后明显未达到预期效果；

（二）公民、法人或者其他组织提出较多意见；

（三）决策机关认为有必要。

开展决策后评估，可以委托专业机构、社会组织等第三方进行，决策作出前承担主要论证评估工作的单位除外。

开展决策后评估,应当注重听取社会公众的意见,吸收人大代表、政协委员、人民团体、基层组织、社会组织参与评估。

决策后评估结果应当作为调整重大行政决策的重要依据。

第三十七条 依法作出的重大行政决策,未经法定程序不得随意变更或者停止执行;执行中出现本条例第三十五条规定的情形、情况紧急的,决策机关行政首长可以先决定中止执行;需要作出重大调整的,应当依照本条例履行相关法定程序。

第五章 法律责任

第三十八条 决策机关违反本条例规定的,由上一级行政机关责令改正,对决策机关行政首长、负有责任的其他领导人员和直接责任人员依法追究责任。

决策机关违反本条例规定造成决策严重失误,或者依法应当及时作出决策而久拖不决,造成重大损失、恶劣影响的,应当倒查责任,实行终身责任追究,对决策机关行政首长、负有责任的其他领导人员和直接责任人员依法追究责任。

决策机关集体讨论决策草案时,有关人员对严重失误的决策表示不同意见的,按照规定减免责任。

第三十九条 决策承办单位或者承担决策有关工作的单位未按照本条例规定履行决策程序或者履行决策程序时失职渎职、弄虚作假的,由决策机关责令改正,对负有责任的领导人员和直接责任人员依法追究责任。

第四十条 决策执行单位拒不执行、推诿执行、拖延执行重大行政决策,或者对执行中发现的重大问题瞒报、谎报或者漏报的,由决策机关责令改正,对负有责任的领导人员和直接责任人员依法追究责任。

第四十一条 承担论证评估工作的专家、专业机构、社会组织等违反职业道德和本条例规定的,予以通报批评、责令限期整改;造成严重后果的,取消评估资格、承担相应责任。

第六章 附 则

第四十二条 县级以上人民政府部门和乡级人民政府重大行政决策的作出

和调整程序,参照本条例规定执行。

第四十三条 省、自治区、直辖市人民政府根据本条例制定本行政区域重大行政决策程序的具体制度。

国务院有关部门参照本条例规定,制定本部门重大行政决策程序的具体制度。

第四十四条 本条例自2019年9月1日起施行。

6. 国务院办公厅关于全面推行行政执法公示制度执法全过程记录制度重大执法决定法制审核制度的指导意见

(国办发〔2018〕118号)

各省、自治区、直辖市人民政府,国务院各部委、各直属机构:

行政执法是行政机关履行政府职能、管理经济社会事务的重要方式。近年来,各地区、各部门不断加强行政执法规范化建设,执法能力和水平有了较大提高,但执法中不严格、不规范、不文明、不透明等问题仍然较为突出,损害人民群众利益和政府公信力。《中共中央关于全面推进依法治国若干重大问题的决定》和《法治政府建设实施纲要(2015—2020年)》对全面推行行政执法公示制度、执法全过程记录制度、重大执法决定法制审核制度(以下统称“三项制度”)作出了具体部署、提出了明确要求。聚焦行政执法的源头、过程、结果等关键环节,全面推行“三项制度”,对促进严格规范公正文明执法具有基础性、整体性、突破性作用,对切实保障人民群众合法权益,维护政府公信力,营造更加公开透明、规范有序、公平高效的法治环境具有重要意义。为指导各地区、各部门全面推行“三项制度”,经党中央、国务院同意,现提出如下意见。

一、总体要求

(一)指导思想。

以习近平新时代中国特色社会主义思想为指导,全面贯彻党的十九大和十九届二中、三中全会精神,着力推进行政执法透明、规范、合法、公正,不断健全执法制度、完善执法程序、创新执法方式、加强执法监督,全面提高执法效能,推动形成权责统一、权威高效的行政执法体系和职责明确、依法行政的政府治理体系,确保行政机关依法履行法定职责,切实维护人民群众合法权益,为落实全面依法治国基本方略、推进法治政府建设奠定坚实基础。

(二)基本原则。

坚持依法规范。全面履行法定职责,规范办事流程,明确岗位责任,确保法律法规规章严格实施,保障公民、法人和其他组织依法行使权利,不得违法增加办事的条件、环节等负担,防止执法不作为、乱作为。

坚持执法为民。牢固树立以人民为中心的发展思想,贴近群众、服务群众,方便群众及时获取执法信息、便捷办理各种手续、有效监督执法活动,防止执法扰民、执法不公。

坚持务实高效。聚焦基层执法实践需要,着力解决实际问题,注重措施的有效性和针对性,便于执法人员操作,切实提高执法效率,防止程序繁琐、不切实际。

坚持改革创新。在确保统一、规范的基础上,鼓励、支持、指导各地区、各部门因地制宜、更新理念、大胆实践,不断探索创新工作机制,更好服务保障经济社会发展,防止因循守旧、照搬照抄。

坚持统筹协调。统筹推进行政执法各项制度建设,加强资源整合、信息共享,做到各项制度有机衔接、高度融合,防止各行其是、重复建设。

(三)工作目标。

“三项制度”在各级行政执法机关全面推行,行政处罚、行政强制、行政检查、行政征收征用、行政许可等行为得到有效规范,行政执法公示制度机制不断健全,做到执法行为过程信息全程记载、执法全过程可回溯管理、重大执法决定法制审核全覆盖,全面实现执法信息公开透明、执法全过程留痕、执法决定合法有效,行政执法能力和水平整体大幅提升,行政执法行为被纠错率明显下降,行政执法的社会满意度显著提高。

二、全面推行行政执法公示制度

行政执法公示是保障行政相对人和社会公众知情权、参与权、表达权、监督权的重要措施。行政执法机关要按照“谁执法谁公示”的原则，明确公示内容的采集、传递、审核、发布职责，规范信息公示内容的标准、格式。建立统一的执法信息公示平台，及时通过政府网站及政务新媒体、办事大厅公示栏、服务窗口等平台向社会公开行政执法基本信息、结果信息。涉及国家秘密、商业秘密、个人隐私等不宜公开的信息，依法确需公开的，要作适当处理后公开。发现公开的行政执法信息不准确的，要及时予以更正。

（四）强化事前公开。行政执法机关要统筹推进行政执法事前公开与政府信息公开、权责清单公布、“双随机、一公开”监管等工作。全面准确及时主动公开行政执法主体、人员、职责、权限、依据、程序、救济渠道和随机抽查事项清单等信息。根据有关法律法规，结合自身职权职责，编制并公开本机关的服务指南、执法流程图，明确执法事项名称、受理机构、审批机构、受理条件、办理时限等内容。公开的信息要简明扼要、通俗易懂，并及时根据法律法规及机构职能变化情况进行动态调整。

（五）规范事中公示。行政执法人员在进行监督检查、调查取证、采取强制措施和强制执行、送达执法文书等执法活动时，必须主动出示执法证件，向当事人和相关人员表明身份，鼓励采取佩戴执法证件的方式，执法全程公示执法身份；要出具行政执法文书，主动告知当事人执法事由、执法依据、权利义务等内容。国家规定统一着执法服装、佩戴执法标识的，执法时要按规定着装、佩戴标识。政务服务窗口要设置岗位信息公示牌，明示工作人员岗位职责、申请材料示范文本、办理进度查询、咨询服务、投诉举报等信息。

（六）加强事后公开。行政执法机关要在执法决定作出之日起 20 个工作日内，向社会公布执法机关、执法对象、执法类别、执法结论等信息，接受社会监督，行政许可、行政处罚的执法决定信息要在执法决定作出之日起 7 个工作日内公开，但法律、行政法规另有规定的除外。建立健全执法决定信息公开发布、撤销和更新机制。已公开的行政执法决定被依法撤销、确认违法或者要求重新作出的，应当及时从信息公示平台撤下原行政执法决定信息。建立行政执法统计年报制度，地方各级行政执法机关应当于每年1月31日前公开本机关上年度行政执法总体情况有关数据，并报本级人民政府和上级主管部门。

三、全面推行执法全过程记录制度

行政执法全过程记录是行政执法活动合法有效的重要保证。行政执法机关要通过文字、音像等记录形式，对行政执法的启动、调查取证、审核决定、送达执行等全部过程进行记录，并全面系统归档保存，做到执法全过程留痕和可回溯管理。

（七）完善文字记录。文字记录是以纸质文件或电子文件形式对行政执法活动进行全过程记录的方式。要研究制定执法规范用语和执法文书制作指引，规范行政执法的重要事项和关键环节，做到文字记录合法规范、客观全面、及时准确。司法部负责制定统一的行政执法文书基本格式标准，国务院有关部门可以参照该标准，结合本部门执法实际，制定本部门、本系统统一适用的行政执法文书格式文本。地方各级人民政府可以在行政执法文书基本格式标准基础上，参考国务院部门行政执法文书格式，结合本地实际，完善有关文书格式。

（八）规范音像记录。音像记录是通过照相机、录音机、摄像机、执法记录仪、视频监控等记录设备，实时对行政执法过程进行记录的方式。各级行政执法机关要根据行政执法行为的不同类别、阶段、环节，采用相应音像记录形式，充分发挥音像记录直观有力的证据作用、规范执法的监督作用、依法履职的保障作用。要做好音像记录与文字记录的衔接工作，充分考虑音像记录方式的必要性、适当性和实效性，对文字记录能够全面有效记录执法行为的，可以不进行音像记录；对查封扣押财产、强制拆除等直接涉及人身自由、生命健康、重大财产权益的现场执法活动和执法办案场所，要推行全程音像记录；对现场执法、调查取证、举行听证、留置送达和公告送达等容易引发争议的行政执法过程，要根据实际情况进行音像记录。要建立健全执法音像记录管理制度，明确执法音像记录的设备配备、使用规范、记录要素、存储应用、监督管理等要求。研究制定执法行为用语指引，指导执法人员规范文明开展音像记录。配备音像记录设备、建设询问室和听证室等音像记录场所，要按照工作必需、厉行节约、性能适度、安全稳定、适量够用的原则，结合本地区经济发展水平和本部门执法具体情况确定,不搞"一刀切"。

(九)严格记录归档。要完善执法案卷管理制度,加强对执法台账和法律文书的制作、使用、管理,按照有关法律法规和档案管理规定归档保存执法全过程记录资料,确保所有行政执法行为有据可查。对涉及国家秘密、商业秘密、个人隐私的记录资料,归档时要严格执行国家有关规定。积极探索成本低、效果好、易保存、防删改的信息化记录储存方式,通过技术手段对同一执法对象的文字记录、音像记录进行集中储存。建立健全基于互联网、电子认证、电子签章的行政执法全过程数据化记录工作机制,形成业务流程清晰、数据链条完整、数据安全有保障的数字化记录信息归档管理制度。

(十)发挥记录作用。要充分发挥全过程记录信息对案卷评查、执法监督、评议考核、舆情应对、行政决策和健全社会信用体系等工作的积极作用,善于通过统计分析记录资料信息,发现行政执法薄弱环节,改进行政执法工作,依法公正维护执法人员和行政相对人的合法权益。建立健全记录信息调阅监督制度,做到可实时调阅,切实加强监督,确保行政执法文字记录、音像记录规范、合法、有效。

四、全面推行重大执法决定法制审核制度

重大执法决定法制审核是确保行政执法机关作出的重大执法决定合法有效的关键环节。行政执法机关作出重大执法决定前,要严格进行法制审核,未经法制审核或者审核未通过的,不得作出决定。

(十一)明确审核机构。各级行政执法机关要明确具体负责本单位重大执法决定法制审核的工作机构,确保法制审核工作有机构承担、有专人负责。加强法制审核队伍的正规化、专业化、职业化建设,把政治素质高、业务能力强、具有法律专业背景的人员调整充实到法制审核岗位,配强工作力量,使法制审核人员的配置与形势任务相适应,原则上各级行政执法机关的法制审核人员不少于本单位执法人员总数的5%。要充分发挥法律顾问、公职律师在法制审核工作中的作用,特别是针对基层存在的法制审核专业人员数量不足、分布不均等问题,探索建立健全本系统内法律顾问、公职律师统筹调用机制,实现法律专业人才资源共享。

(十二)明确审核范围。凡涉及重大公共利益,可能造成重大社会影响或引发社会风险，直接关系行政相对人或第三人重大权益，经过听证程序作出行政执法决定，以及案件情况疑难复杂、涉及多个法律关系的，都要进行法制审核。各级行政执法机关要结合本机关行政执法行为的类别、执法层级、所属领域、涉案金额等因素，制定重大执法决定法制审核目录清单。上级行政执法机关要对下一级执法机关重大执法决定法制审核目录清单编制工作加强指导，明确重大执法决定事项的标准。

（十三）明确审核内容。要严格审核行政执法主体是否合法，行政执法人员是否具备执法资格；行政执法程序是否合法；案件事实是否清楚，证据是否合法充分；适用法律、法规、规章是否准确，裁量基准运用是否适当；执法是否超越执法机关法定权限；行政执法文书是否完备、规范；违法行为是否涉嫌犯罪、需要移送司法机关等。法制审核机构完成审核后，要根据不同情形，提出同意或者存在问题的书面审核意见。行政执法承办机构要对法制审核机构提出的存在问题的审核意见进行研究，作出相应处理后再次报送法制审核。

（十四）明确审核责任。行政执法机关主要负责人是推动落实本机关重大执法决定法制审核制度的第一责任人，对本机关作出的行政执法决定负责。要结合实际，确定法制审核流程，明确送审材料报送要求和审核的方式、时限、责任，建立健全法制审核机构与行政执法承办机构对审核意见不一致时的协调机制。行政执法承办机构对送审材料的真实性、准确性、完整性，以及执法的事实、证据、法律适用、程序的合法性负责。法制审核机构对重大执法决定的法制审核意见负责。因行政执法承办机构的承办人员、负责法制审核的人员和审批行政执法决定的负责人滥用职权、玩忽职守、徇私枉法等，导致行政执法决定错误，要依纪依法追究相关人员责任。

五、全面推进行政执法信息化建设

行政执法机关要加强执法信息管理，及时准确公示执法信息，实现行政执法全程留痕，法制审核流程规范有序。加快推进执法信息互联互通共享，有效整合执法数据资源，为行政执法更规范、群众办事更便捷、政府治理更高效、营商环境更优化奠定基础。

（十五）加强信息化平台建设。依托大数据、云计算等信息技术手段，大力推进行政执法综合管理监督信息系统建设，充分利用已有信息系统和数据资源，逐步构建操作信息化、文书数据化、过程痕迹化、责任明晰化、监督严密化、分析可量化的行政执法信息化体系，做到执法信息网上录入、执法程序网上流转、执法活动网上监督、执法决定实时推送、执法信息统一公示、执法信息网上查询，实现对行政执法活动的即时性、过程性、系统性管理。认真落实国务院关于加快全国一体化在线政务服务平台建设的决策部署，推动政务服务"一网通办"，依托电子政务外网开展网上行政服务工作，全面推行网上受理、网上审批、网上办公，让数据多跑路、群众少跑腿。

（十六）推进信息共享。完善全国行政执法数据汇集和信息共享机制，制定全国统一规范的执法数据标准，明确执法信息共享的种类、范围、流程和使用方式，促进执法数据高效采集、有效整合。充分利用全国一体化在线政务服务平台，在确保信息安全的前提下，加快推进跨地区、跨部门执法信息系统互联互通，已建设并使用的有关执法信息系统要加强业务协同，打通信息壁垒，实现数据共享互通，解决"信息孤岛"等问题。认真梳理涉及各类行政执法的基础数据，建立以行政执法主体信息、权责清单信息、办案信息、监督信息和统计分析信息等为主要内容的全国行政执法信息资源库，逐步形成集数据储存、共享功能于一体的行政执法数据中心。

（十七）强化智能应用。要积极推进人工智能技术在行政执法实践中的运用，研究开发行政执法裁量智能辅助信息系统，利用语音识别、文本分析等技术对行政执法信息数据资源进行分析挖掘，发挥人工智能在证据收集、案例分析、法律文件阅读与分析中的作用，聚焦争议焦点，向执法人员精准推送办案规范、法律法规规定、相似案例等信息，提出处理意见建议，生成执法决定文书，有效约束规范行政自由裁量权，确保执法尺度统一。加强对行政执法大数据的关联分析、深化应用，通过提前预警、监测、研判，及时发现解决行政机关在履行政府职能、管理经济社会事务中遇到的新情况、新问题，提升行政立法、行政决策和风险防范水平，提高政府治理的精准性和有效性。

六、加大组织保障力度

(十八)加强组织领导。地方各级人民政府及其部门的主要负责同志作为本地区、本部门全面推行"三项制度"工作的第一责任人,要切实加强对本地区、本部门行政执法工作的领导,做好"三项制度"组织实施工作,定期听取有关工作情况汇报,及时研究解决工作中的重大问题,确保工作有方案、部署有进度、推进有标准、结果有考核。要建立健全工作机制,县级以上人民政府建立司法行政、编制管理、公务员管理、信息公开、电子政务、发展改革、财政、市场监管等单位参加的全面推行"三项制度"工作协调机制,指导协调、督促检查工作推进情况。国务院有关部门要加强对本系统全面推行"三项制度"工作的指导,强化行业规范和标准统一,及时研究解决本部门、本系统全面推行"三项制度"过程中遇到的问题。上级部门要切实做到率先推行、以上带下,充分发挥在行业系统中的带动引领作用,指导、督促下级部门严格规范实施"三项制度"。

(十九)健全制度体系。要根据本指导意见的要求和各地区、各部门实际情况,建立健全科学合理的"三项制度"体系。加强和完善行政执法案例指导、行政执法裁量基准、行政执法案卷管理和评查、行政执法投诉举报以及行政执法考核监督等制度建设,推进全国统一的行政执法资格和证件管理,积极做好相关制度衔接工作,形成统筹行政执法各个环节的制度体系。

(二十)开展培训宣传。要开展"三项制度"专题学习培训,加强业务交流。认真落实"谁执法谁普法"普法责任制的要求,加强对全面推行"三项制度"的宣传,通过政府网站、新闻发布会以及报刊、广播、电视、网络、新媒体等方式,全方位宣传全面推行"三项制度"的重要意义、主要做法、典型经验和实施效果,发挥示范带动作用,及时回应社会关切,合理引导社会预期,为全面推行"三项制度"营造良好的社会氛围。

(二十一)加强督促检查。要把"三项制度"推进情况纳入法治政府建设考评指标体系,纳入年底效能目标考核体系,建立督查情况通报制度,坚持鼓励先进与鞭策落后相结合,充分调动全面推行"三项制度"工作的积极性、主动性。对工作不力的要及时督促整改,对工作中出现问题造成不良后果的单位及人员要通报批评,依纪依法问责。

(二十二)保障经费投入。要建立责任明确、管理规范、投入稳定的执法经费保障机制,保障行政执法机关依法履职所需的执法装备、经费,严禁将收费、罚没收入同部门利益直接或者变相挂钩。省级人民政府要分类制定行政执法机关执法装备配备标准、装备配备规划、设施建设规划和年度实施计划。地方各级行政执法机关要结合执法实际,将执法装备需求报本级人民政府列入财政预算。

(二十三)加强队伍建设。高素质的执法人员是全面推行“三项制度”取得实效的关键。要重视执法人员能力素质建设,加强思想道德和素质教育,着力提升执法人员业务能力和执法素养,打造政治坚定、作风优良、纪律严明、廉洁务实的执法队伍。加强行政执法人员资格管理,统一行政执法证件样式,建立全国行政执法人员和法制审核人员数据库。健全行政执法人员和法制审核人员岗前培训和岗位培训制度。鼓励和支持行政执法人员参加国家统一法律职业资格考试,对取得法律职业资格的人员可以简化或免于执法资格考试。建立科学的考核评价体系和人员激励机制。保障执法人员待遇,完善基层执法人员工资政策,建立和实施执法人员人身意外伤害和工伤保险制度,落实国家抚恤政策,提高执法人员履职积极性,增强执法队伍稳定性。

各地区、各部门要于 2019 年 3 月底前制定本地区、本部门全面推行“三项制度”的实施方案,并报司法部备案。司法部要加强对全面推行“三项制度”的指导协调,会同有关部门进行监督检查和跟踪评估,重要情况及时报告国务院。

7. 国务院办公厅关于全面推行行政规范性文件合法性审核机制的指导意见

(国办发〔2018〕115 号)

各省、自治区、直辖市人民政府,国务院各部委、各直属机构:

制定行政规范性文件(以下简称规范性文件)是行政机关或者经法律、法规授权的具有管理公共事务职能的组织(以下统称行政机关)依法履行职能的重要方式。对规范性文件进行合法性审核是确保行政机关出台的规范性文件合法有效的重要措施。全面推行规范性文件合法性审核机制,是推进依法行政、建设法治政府的必然要求,有利于维护国家法制统一、政令统一,有利于从源头上防止违法文件出台、促进行政机关严格规范公正文明执法,有利于保障公民、法人和其他组织的合法权益。《中共中央关于全面深化改革若干重大问题的决定》提出,要完善规范性文件合法性审核机制。中共中央、国务院印发的《法治政府建设实施纲要(2015—2020 年)》要求完善规范性文件制定程序,落实合法性审核制度。为全面推行规范性文件合法性审核机制,经党中央、国务院同意,现提出以下意见。

一、总体要求

(一)指导思想。以习近平新时代中国特色社会主义思想为指导,全面贯彻党的十九大和十九届二中、三中全会精神,认真落实党中央、国务院决策部署,按照依法治国、依法执政、依法行政共同推进,法治国家、法治政府、法治社会一体建设的要求,全面推行规范性文件合法性审核机制,维护国家法制统一、尊严、权威,加快建设法治政府,提高政府治理能力。

(二)主要目标。进一步明确规范性文件合法性审核的范围、主体、程序、职责和责任,建立健全程序完备、权责一致、相互衔接、运行高效的合法性审核机制,落实审核工作要求,加大组织保障力度,确保所有规范性文件均经过合法性审核,保证规范性文件合法有效。

二、严格落实工作措施

(三)明确审核范围。各地区、各部门要结合工作实际,从制定主体、公文种类、管理事项等方面,确定纳入规范性文件合法性审核的标准和范围,编制规范性文件制定主体清单,明确规范性文件的公文种类,列明规范性文件管理事项类别。凡涉及公民、法人和其他组织权利义务的规范性文件,均要纳入合法性审核范围,确保实现全覆盖,做到应审必审。行政机关内部执行的管理规范、工作制度、机构编制、会议纪要、工作方案、请示报告及表彰奖惩、人事任免等文件,不纳入规范性文件合法性审核范围。

(四)确定审核主体。各级人民政府及其部门要明确具体承担规范性文件合法性审核工作的部门或者机构(以下统称审核机构)。以县级以上人民政府或者其办公机构名义印发的规范性文件,或者由县级以上人民政府部门起草、报请本级人民政府批准后以部门名义印发的规范性文件,由同级人民政府审核机构进行审核;起草部门已明确专门审核机构的,应当先由起草部门审核机构进行审核。国务院部门制定的规范性文件,由本部门审核机构进行审核。省、自治区、直辖市和设区的市人民政府部门制定的规范性文件,由本部门审核机构进行审核,也可以根据实际需要由本级人民政府确定的审核机构进行审核。县(市、区)人民政府部门、乡镇人民政府及街道办事处制定的规范性文件,已明确专门审核机构或者专门审核人员的,由本单位审核机构或者审核人员进行审核;未明确专门审核机构或者专门审核人员的,统一由县(市、区)人民政府确定的审核机构进行审核。

(五)规范审核程序。各地区、各部门要根据实际情况确定规范性文件合法性审核程序,明确起草单位、制定机关办公机构及审核机构的职责权限,严格执行材料报送、程序衔接、审核时限等工作要求。起草单位报送的审核材料,应当包括文件送审稿及其说明,制定文件所依据的法律、法规、规章和国家政策规定,征求意见及意见采纳情况,本单位的合法性审核意见,以及针对不同审核内容需要的其他材料等。起草单位直接将文件送审稿及有关材料报送制定机关办公机构的,制定机关办公机构要对材料的完备性、规范性进行审查。符合要求的,转送审核机构进行审核;不符合要求的,可以退回,或者要求起草单位在规定时间内补充材料或说明情况后转送审核机构进行审核。起草单位直接将文件送审稿及有关材料报送审核机构进行审核的,审核机构要对材料的完备性、规范性进行审核,不符合要求的,可以退回,或者要求起草单位在规定时间内补充材料或说明情况。除为了预防、应对和处置突发事件,或者执行上级机关的紧急命令和决定需要立即制定实施规范性文件等外,合法性审核时间一般不少于5个工作日,最长不超过15个工作日。

(六)明确审核职责。审核机构要认真履行审核职责,防止重形式、轻内容、走过场,严格审核以下内容:制定主体是否合法;是否超越制定机关法定职权;内容是否符合宪法、法律、法规、规章和国家政策规定;是否违法设立行政许可、行政处罚、行政强制、行政征收、行政收费等事项;是否存在没有法律、法规依据作出减损公民、法人和其他组织合法权益或者增加其义务的情形;是否存在没有法律、法规依据作出增加本单位权力或者减少本单位法定职责的情形;是否违反规范性文件制定程序。审核机构要根据不同情形提出合法、不合法、应当予以修改的书面审核意见。起草单位应当根据合法性审核意见对规范性文件作必要的修改或者补充;特殊情况下,起草单位未完全采纳合法性审核意见的,应当在提请制定机关审议时详细说明理由和依据。

(七)强化审核责任。要充分发挥合法性审核机制对确保规范性文件合法有效的把关作用,不得以征求意见、会签、参加审议等方式代替合法性审核。未经合法性审核或者经审核不合法的文件,不得提交集体审议。审核机构未严格履行审核职责导致规范性文件违法,造成严重后果的,依纪依法追究有关责任人员的责任;未经合法性审核或者不采纳合法性审核意见导致规范性文件违法,造成严重后果的,依纪依法追究有关责任人员的责任。

三、健全审核工作机制

(八)完善审核工作方式。审核机构可以根据工作需要,采用多种方式进行合法性审核,提高质量和效率。对影响面广、情况复杂、社会关注度高的规范性文件,如审核过程中遇到疑难法律问题,要在书面征求意见的基础上,采取召开座谈会、论证会等方式听取有关方面意见。要建立健全专家协助审核机制,充分发挥政府法律顾问、公职律师和有关专家作用。

(九)发挥审核管理信息平台作用。要积极探索利用信息化手段推进规范性文件合法性审核机制建设,完善合法性审核管理信息平台,制定建设标准,统一格式、文本等各项管理要求,做好与公文管理系统和政务信息公开平台的衔接,实现电子审核一体化和平台互联互通。建立合法性审核台账,对已审核的规范性文件实行动态化、精细化管理。建立合法性审核信息共享机制,充分利用大数据技术和资源,加强对审核数据的统计分析,推动信息共享和整合,切实提高审核实效。

四、加大组织保障力度

(十)加强组织领导。各地区、各部门要充分认识全面推行规范性文件合法性审核机制的重要意义，主要负责同志作为本地区、本部门规范性文件合法性审核工作第一责任人，要切实加强对规范性文件合法性审核机制建设工作的领导，听取合法性审核工作情况汇报，及时研究解决工作中的重要问题。要结合本地区、本部门实际制定具体实施意见，进一步完善工作制度，明确责任分工和时间进度要求，细化具体措施，确保各项工作落实到位。

（十一）注重能力建设。各地区、各部门要高度重视规范性文件合法性审核能力建设，认真落实审核责任。要设立专门工作机构或者明确相关机构负责合法性审核工作，配齐配强审核工作力量，确保与审核工作任务相适应。要加强合法性审核人员正规化、专业化、职业化建设，建立健全定期培训和工作交流制度，多形式开展业务学习和经验交流，全面提升合法性审核人员的政治素质和业务能力。

（十二）强化指导监督。各地区、各部门要将规范性文件合法性审核机制建设情况纳入法治政府建设督察内容，将规范性文件合法性审核工作纳入法治政府建设考评指标体系，建立情况通报制度，对工作扎实、成效显著的予以表扬激励，对工作开展不力的及时督促整改，对工作中出现问题造成不良后果的依纪依法问责。各级人民政府对所属部门、上级人民政府对下级人民政府要加强指导监督，发现问题及时纠正。审核机构要建立健全统计分析、规范指导、沟通衔接、问题通报等机制，加强共性问题研究，定期向制定机关、起草单位通报本地区、本部门合法性审核情况和存在的问题，切实提高规范性文件质量。

司法部负责组织协调、统筹推进、督促指导本意见贯彻落实工作。要及时跟踪了解落实情况，督促检查指导规范性文件合法性审核机制建设，总结交流推广工作经验，研究协调解决共性问题。各地区、各部门要将本意见的贯彻落实情况和工作中遇到的重要事项及时报司法部。

8. 国务院办公厅关于加强行政规范性文件制定和监督管理工作的通知

（国办发〔2018〕37号）

各省、自治区、直辖市人民政府，国务院各部委、各直属机构：

行政规范性文件是除国务院的行政法规、决定、命令以及部门规章和地方政府规章外，由行政机关或者经法律、法规授权的具有管理公共事务职能的组织（以下统称行政机关）依照法定权限、程序制定并公开发布，涉及公民、法人和其他组织权利义务，具有普遍约束力，在一定期限内反复适用的公文。制发行政规范性文件是行政机关依法履行职能的重要方式，直接关系群众切身利益，事关政府形象。近年来，各地区、各部门不断加强行政规范性文件制定和监督管理工作，取得了一定成效，但乱发文、出台"奇葩"文件的现象还不同程度地存在，侵犯了公民、法人和其他组织的合法权益，损害了政府公信力。为全面贯彻习近平新时代中国特色社会主义思想和党的十九大精神，落实党中央、国务院关于推进依法行政、建设法治政府的部署和要求，切实保障群众合法权益，维护政府公信力，经国务院同意，现就加强行政规范性文件制定和监督管理工作通知如下：

一、严格依法行政，防止乱发文件

（一）严禁越权发文。坚持法定职责必须为、法无授权不可为，严格按照法定权限履行职责，严禁以部门内设机构名义制发行政规范性文件。要严格落实权责清单制度，行政规范性文件不得增加法律、法规规定之外的行政权力事项或者减少法定职责；不得设定行政许可、行政处罚、行政强制等事项，增加办理行政许可事项的条件，规定出具循环证明、重复证明、无谓证明的内容；不得违法减损公民、法人和其他组织的合法权益或者增加其义务，侵犯公民人身权、财产权、人格权、劳动权、休息权等基本权利；不得超越职权规定应由市场调节、企业和社会自律、公民自我管理的事项；不得违法制定含有排除或者限制公平竞争内容的措施，违法干预或者影响市场主体正常生产经营活动，违法设置市场准入和退出条件等。

（二）严控发文数量。凡法律、法规、规章和上级文件已经作出明确规定的，现行文件已有部署且仍然适用的，不得重复发文；对内容相近、能归并的尽量归并，可发可不发、没有实质性内容的一律不发，严禁照抄照搬照转上级文件、以文件“落实”文件。确需制定行政规范性文件的，要讲求实效，注重针对性和可操作性，并严格文字把关，确保政策措施表述严谨、文字精练、准确无误。

二、规范制发程序，确保合法有效

（三）严格制发程序。行政规范性文件必须严格依照法定程序制发，重要的行政规范性文件要严格执行评估论证、公开征求意见、合法性审核、集体审议决定、向社会公开发布等程序。要加强制发程序管理，健全工作机制，完善工作流程，确保制发工作规范有序。

（四）认真评估论证。全面论证行政规范性文件制发的必要性、可行性和合理性，是确保行政规范性文件合法有效的重要前提。起草行政规范性文件，要对有关行政措施的预期效果和可能产生的影响进行评估，对该文件是否符合法律法规和国家政策、是否符合社会主义核心价值观、是否符合公平竞争审查要求等进行把关。对专业性、技术性较强的行政规范性文件，要组织相关领域专家进行论证。评估论证结论要在文件起草说明中写明，作为制发文件的重要依据。

（五）广泛征求意见。除依法需要保密的外，对涉及群众切身利益或者对公民、法人和其他组织权利义务有重大影响的行政规范性文件，要向社会公开征求意见。起草部门可以通过政府网站、新闻发布会以及报刊、广播、电视等便于群众知晓的方式，公布文件草案及其说明等材料，并明确提出意见的方式和期限。对涉及群众重大利益调整的，起草部门要深入调查研究，采取座谈会、论证会、实地走访等形式充分听取各方面意见，特别是利益相关方的意见。建立意见沟通协商反馈机制，对相对集中的意见建议不予采纳的，公布时要说明理由。

（六）严格审核把关。建立程序完备、权责一致、相互衔接、运行高效的行政规范性文件合法性审核机制，是做好合法性审核工作的重要保证。起草部门要及时将送审稿及有关材料报送制定机关的办公机构和负责合法性审核的部门，并保证材料的完备性和规范性。制定机关的办公机构要对起草部门是否严格依照规定的程序起草、是否进行评估论证、是否广泛征求意见等进行审核。制定机关负责合法性审核的部门要对文件的制定主体、程序、有关内容等是否符合法律、法规和规章的规定,及时进行合法性审核。未经合法性审核或者经审核不合法的,不得提交集体审议。

(七)坚持集体审议。制定行政规范性文件要实行集体研究讨论制度,防止违法决策、专断决策、"拍脑袋"决策。地方各级人民政府制定的行政规范性文件要经本级政府常务会议或者全体会议审议决定,政府部门制定的行政规范性文件要经本部门办公会议审议决定。集体审议要充分发扬民主,确保参会人员充分发表意见,集体讨论情况和决定要如实记录,不同意见要如实载明。

(八)及时公开发布。行政规范性文件经审议通过或批准后,由制定机关统一登记、统一编号、统一印发,并及时通过政府公报、政府网站、政务新媒体、报刊、广播、电视、公示栏等公开向社会发布,不得以内部文件形式印发执行,未经公布的行政规范性文件不得作为行政管理依据。对涉及群众切身利益、社会关注度高、可能影响政府形象的行政规范性文件,起草部门要做好出台时机评估工作,在文件公布后加强舆情收集,及时研判处置,主动回应关切,通过新闻发布会、媒体访谈、专家解读等方式进行解释说明,充分利用政府网站、社交媒体等加强与公众的交流和互动。县级以上各级人民政府要逐步构建权威发布、信息共享、动态更新的行政规范性文件信息平台,以大数据等技术手段实现对文件的标准化、精细化、动态化管理。

三、加强监督检查,严格责任追究

(九)健全责任机制。地方各级人民政府对所属部门、上级人民政府对下级人民政府、各部门对本部门制发的行政规范性文件要加强监督检查,发现存在侵犯公民、法人和其他组织合法权益,损害政府形象和公信力的,要加大查处力度,对负有责任的领导干部和直接责任人员,依纪依法追究责任。对问题频发、造成严重后果的地方和部门,要通过约谈或者专门督导等方式督促整改,必要时向社会曝光。

(十)强化备案监督。健全行政规范性文件备案监督制度,做到有件必备、有备必审、有错必纠。制定机关要及时按照规定程序和时限报送备案,主动接受监督。省级以下地方各级人民政府制定的行政规范性文件要报上一级人民政府和本级人民代表大会常务委员会备案,地方人民政府部门制定的行政规范性文件要报本级人民政府备案,地方人民政府两个或两个以上部门联合制定的行政规范性文件由牵头部门负责报送备案。实行垂直管理的部门,下级部门制定的行政规范性文件要报上一级主管部门备案,同时抄送文件制定机关所在地的本级人民政府。地方人民政府负责备案审查的部门要加大备案监督力度,及时处理违法文件,对审查发现的问题可以采取适当方式予以通报。健全行政规范性文件动态清理工作机制,根据全面深化改革、全面依法治国要求和经济社会发展需要,以及上位法和上级文件制定、修改、废止情况,及时对本地区、本部门行政规范性文件进行清理。充分利用社会监督力量,健全公民、法人和其他组织对行政规范性文件建议审查制度。加强党委、人大、政府等系统备案工作机构的协作配合,建立备案审查衔接联动机制。探索与人民法院、人民检察院建立工作衔接机制,推动行政监督与司法监督形成合力,及时发现并纠正违法文件。

(十一)加强督查考核。完善行政规范性文件制发管理制度,充分发挥政府督查机制作用,将行政规范性文件制定和监督管理工作纳入法治政府建设督察的内容,并作为依法行政考核内容列入法治政府建设考评指标体系。建立督查情况通报制度,对工作落实好的,予以通报表扬;对工作落实不力的,予以通报批评。

各地区、各部门要按照要求抓紧对本地区、本部门的文件开展自查自纠,发现存在违反法律法规和国家政策、侵犯群众合法权益的"奇葩"文件等问题的,要及时纠正,造成严重影响的,要按照有关规定严肃问责。要做好机构改革过程中行政规范性文件清理和实施的衔接工作,新组建或者职责调整的政府部门要对本部门负责实施的行政规范性文件进行清理,需要修改的,及时进行修改;不需要修改的,做好继续实施的衔接工作,确保依法履职。

各地区、各部门要将本通知的贯彻落实情况和工作中遇到的重要事项及时报司法部。

9.最高人民法院关于审理行政协议案件若干问题的规定

（2019年11月12日最高人民法院审判委员会第1781次会议通过
自2020年1月1日起施行 法释〔2019〕17号）

为依法公正、及时审理行政协议案件，根据《中华人民共和国行政诉讼法》等法律的规定，结合行政审判工作实际，制定本规定。

第一条 行政机关为了实现行政管理或者公共服务目标，与公民、法人或者其他组织协商订立的具有行政法上权利义务内容的协议，属于行政诉讼法第十二条第一款第十一项规定的行政协议。

第二条 公民、法人或者其他组织就下列行政协议提起行政诉讼的，人民法院应当依法受理：

（一）政府特许经营协议；

（二）土地、房屋等征收征用补偿协议；

（三）矿业权等国有自然资源使用权出让协议；

（四）政府投资的保障性住房的租赁、买卖等协议；

（五）符合本规定第一条规定的政府与社会资本合作协议；

（六）其他行政协议。

第三条 因行政机关订立的下列协议提起诉讼的，不属于人民法院行政诉讼的受案范围：

（一）行政机关之间因公务协助等事由而订立的协议；

（二）行政机关与其工作人员订立的劳动人事协议。

第四条 因行政协议的订立、履行、变更、终止等发生纠纷，公民、法人或者其他组织作为原告，以行政机关为被告提起行政诉讼的，人民法院应当依法受理。

因行政机关委托的组织订立的行政协议发生纠纷的，委托的行政机关是被告。

第五条 下列与行政协议有利害关系的公民、法人或者其他组织提起行政诉讼的,人民法院应当依法受理:

(一)参与招标、拍卖、挂牌等竞争性活动,认为行政机关应当依法与其订立行政协议但行政机关拒绝订立,或者认为行政机关与他人订立行政协议损害其合法权益的公民、法人或者其他组织;

(二)认为征收征用补偿协议损害其合法权益的被征收征用土地、房屋等不动产的用益物权人、公房承租人;

(三)其他认为行政协议的订立、履行、变更、终止等行为损害其合法权益的公民、法人或者其他组织。

第六条 人民法院受理行政协议案件后,被告就该协议的订立、履行、变更、终止等提起反诉的,人民法院不予准许。

第七条 当事人书面协议约定选择被告所在地、原告所在地、协议履行地、协议订立地、标的物所在地等与争议有实际联系地点的人民法院管辖的,人民法院从其约定,但违反级别管辖和专属管辖的除外。

第八条 公民、法人或者其他组织向人民法院提起民事诉讼,生效法律文书以涉案协议属于行政协议为由裁定不予立案或者驳回起诉,当事人又提起行政诉讼的,人民法院应当依法受理。

第九条 在行政协议案件中,行政诉讼法第四十九条第三项规定的“有具体的诉讼请求”是指:

(一)请求判决撤销行政机关变更、解除行政协议的行政行为,或者确认该行政行为违法;

(二)请求判决行政机关依法履行或者按照行政协议约定履行义务;

(三)请求判决确认行政协议的效力;

(四)请求判决行政机关依法或者按照约定订立行政协议;

(五)请求判决撤销、解除行政协议;

(六)请求判决行政机关赔偿或者补偿;

(七)其他有关行政协议的订立、履行、变更、终止等诉讼请求。

第十条 被告对于自己具有法定职权、履行法定程序、履行相应法定职责以及订立、履行、变更、解除行政协议等行为的合法性承担举证责任。

原告主张撤销、解除行政协议的,对撤销、解除行政协议的事由承担举证责任。

对行政协议是否履行发生争议的,由负有履行义务的当事人承担举证责任。

第十一条 人民法院审理行政协议案件,应当对被告订立、履行、变更、解除行政协议的行为是否具有法定职权、是否滥用职权、适用法律法规是否正确、是否遵守法定程序、是否明显不当、是否履行相应法定职责进行合法性审查。

原告认为被告未依法或者未按照约定履行行政协议的,人民法院应当针对其诉讼请求,对被告是否具有相应义务或者履行相应义务等进行审查。

第十二条 行政协议存在行政诉讼法第七十五条规定的重大且明显违法情形的,人民法院应当确认行政协议无效。

人民法院可以适用民事法律规范确认行政协议无效。

行政协议无效的原因在一审法庭辩论终结前消除的,人民法院可以确认行政协议有效。

第十三条 法律、行政法规规定应当经过其他机关批准等程序后生效的行政协议,在一审法庭辩论终结前未获得批准的,人民法院应当确认该协议未生效。

行政协议约定被告负有履行批准程序等义务而被告未履行,原告要求被告承担赔偿责任的,人民法院应予支持。

第十四条 原告认为行政协议存在胁迫、欺诈、重大误解、显失公平等情形而请求撤销,人民法院经审理认为符合法律规定可撤销情形的,可以依法判决撤销该协议。

第十五条 行政协议无效、被撤销或者确定不发生效力后,当事人因行政协议取得的财产,人民法院应当判决予以返还;不能返还的,判决折价补偿。

因被告的原因导致行政协议被确认无效或者被撤销,可以同时判决责令被告采取补救措施;给原告造成损失的,人民法院应当判决被告予以赔偿。

第十六条 在履行行政协议过程中,可能出现严重损害国家利益、社会公共利益的情形，被告作出变更、解除协议的行政行为后，原告请求撤销该行为，人民法院经审理认为该行为合法的，判决驳回原告诉讼请求；给原告造成损失的，判决被告予以补偿。

被告变更、解除行政协议的行政行为存在行政诉讼法第七十条规定情形的，人民法院判决撤销或者部分撤销，并可以责令被告重新作出行政行为。

被告变更、解除行政协议的行政行为违法，人民法院可以依据行政诉讼法第七十八条的规定判决被告继续履行协议、采取补救措施；给原告造成损失的，判决被告予以赔偿。

第十七条 原告请求解除行政协议，人民法院认为符合约定或者法定解除情形且不损害国家利益、社会公共利益和他人合法权益的，可以判决解除该协议。

第十八条 当事人依据民事法律规范的规定行使履行抗辩权的，人民法院应予支持。

第十九条 被告未依法履行、未按照约定履行行政协议，人民法院可以依据行政诉讼法第七十八条的规定，结合原告诉讼请求，判决被告继续履行，并明确继续履行的具体内容；被告无法履行或者继续履行无实际意义的，人民法院可以判决被告采取相应的补救措施；给原告造成损失的，判决被告予以赔偿。

原告要求按照约定的违约金条款或者定金条款予以赔偿的，人民法院应予支持。

第二十条 被告明确表示或者以自己的行为表明不履行行政协议，原告在履行期限届满之前向人民法院起诉请求其承担违约责任的，人民法院应予支持。

第二十一条 被告或者其他行政机关因国家利益、社会公共利益的需要依法行使行政职权，导致原告履行不能、履行费用明显增加或者遭受损失，原告请求判令被告给予补偿的，人民法院应予支持。

第二十二条 原告以被告违约为由请求人民法院判令其承担违约责任，人民法院经审理认为行政协议无效的，应当向原告释明，并根据原告变更后的诉讼请求判决确认行政协议无效；因被告的行为造成行政协议无效的，人民法院可以依法判决被告承担赔偿责任。原告经释明后拒绝变更诉讼请求的，人民法院可以判决驳回其诉讼请求。

第二十三条 人民法院审理行政协议案件,可以依法进行调解。

人民法院进行调解时,应当遵循自愿、合法原则,不得损害国家利益、社会公共利益和他人合法权益。

第二十四条 公民、法人或者其他组织未按照行政协议约定履行义务,经催告后不履行,行政机关可以作出要求其履行协议的书面决定。公民、法人或者其他组织收到书面决定后在法定期限内未申请行政复议或者提起行政诉讼,且仍不履行,协议内容具有可执行性的,行政机关可以向人民法院申请强制执行。

法律、行政法规规定行政机关对行政协议享有监督协议履行的职权,公民、法人或者其他组织未按照约定履行义务,经催告后不履行,行政机关可以依法作出处理决定。公民、法人或者其他组织在收到该处理决定后在法定期限内未申请行政复议或者提起行政诉讼,且仍不履行,协议内容具有可执行性的,行政机关可以向人民法院申请强制执行。

第二十五条 公民、法人或者其他组织对行政机关不依法履行、未按照约定履行行政协议提起诉讼的,诉讼时效参照民事法律规范确定;对行政机关变更、解除行政协议等行政行为提起诉讼的,起诉期限依照行政诉讼法及其司法解释确定。

第二十六条 行政协议约定仲裁条款的,人民法院应当确认该条款无效,但法律、行政法规或者我国缔结、参加的国际条约另有规定的除外。

第二十七条 人民法院审理行政协议案件,应当适用行政诉讼法的规定;行政诉讼法没有规定的,参照适用民事诉讼法的规定。

人民法院审理行政协议案件,可以参照适用民事法律规范关于民事合同的相关规定。

第二十八条 2015 年 5 月 1 日后订立的行政协议发生纠纷的,适用行政诉讼法及本规定。

2015 年 5 月 1 日前订立的行政协议发生纠纷的,适用当时的法律、行政法规及司法解释。

第二十九条 本规定自2020年1月1日起施行。最高人民法院以前发布的司法解释与本规定不一致的,适用本规定。

10.最高人民法院关于审理涉及农村土地承包纠纷案件适用法律问题的解释

(2005年3月29日最高人民法院审判委员会第1346次会议通过 根据2020年12月23日最高人民法院审判委员会第1823次会议通过的《最高人民法院关于修改〈最高人民法院关于在民事审判工作中适用《中华人民共和国工会法》若干问题的解释〉等二十七件民事类司法解释的决定》修正)

为正确审理农村土地承包纠纷案件,依法保护当事人的合法权益,根据《中华人民共和国民法典》《中华人民共和国农村土地承包法》《中华人民共和国土地管理法》《中华人民共和国民事诉讼法》等法律的规定,结合民事审判实践,制定本解释。

一、受理与诉讼主体

第一条 下列涉及农村土地承包民事纠纷,人民法院应当依法受理:

(一)承包合同纠纷;

(二)承包经营权侵权纠纷;

(三)土地经营权侵权纠纷;

(四)承包经营权互换、转让纠纷;

(五)土地经营权流转纠纷;

(六)承包地征收补偿费用分配纠纷;

(七)承包经营权继承纠纷;

(八)土地经营权继承纠纷。

农村集体经济组织成员因未实际取得土地承包经营权提起民事诉讼的,人民法院应当告知其向有关行政主管部门申请解决。

农村集体经济组织成员就用于分配的土地补偿费数额提起民事诉讼的,人民法院不予受理。

第二条 当事人自愿达成书面仲裁协议的,受诉人民法院应当参照《最高人民法院关于适用〈中华人民共和国民事诉讼法〉的解释》第二百一十五条、第二百一十六条的规定处理。

当事人未达成书面仲裁协议,一方当事人向农村土地承包仲裁机构申请仲裁,另一方当事人提起诉讼的,人民法院应予受理,并书面通知仲裁机构。但另一方当事人接受仲裁管辖后又起诉的,人民法院不予受理。

当事人对仲裁裁决不服并在收到裁决书之日起三十日内提起诉讼的,人民法院应予受理。

第三条 承包合同纠纷,以发包方和承包方为当事人。

前款所称承包方是指以家庭承包方式承包本集体经济组织农村土地的农户,以及以其他方式承包农村土地的组织或者个人。

第四条 农户成员为多人的,由其代表人进行诉讼。

农户代表人按照下列情形确定:

(一)土地承包经营权证等证书上记载的人;

(二)未依法登记取得土地承包经营权证等证书的,为在承包合同上签名的人;

(三)前两项规定的人死亡、丧失民事行为能力或者因其他原因无法进行诉讼的,为农户成员推选的人。

二、家庭承包纠纷案件的处理

第五条 承包合同中有关收回、调整承包地的约定违反农村土地承包法第二十七条、第二十八条、第三十一条规定的,应当认定该约定无效。

第六条 因发包方违法收回、调整承包地,或者因发包方收回承包方弃耕、撂荒的承包地产生的纠纷,按照下列情形,分别处理:

（一）发包方未将承包地另行发包，承包方请求返还承包地的，应予支持；

（二）发包方已将承包地另行发包给第三人，承包方以发包方和第三人为共同被告，请求确认其所签订的承包合同无效、返还承包地并赔偿损失的，应予支持。但属于承包方弃耕、撂荒情形的，对其赔偿损失的诉讼请求，不予支持。

前款第（二）项所称的第三人，请求受益方补偿其在承包地上的合理投入的，应予支持。

第七条 承包合同约定或者土地承包经营权证等证书记载的承包期限短于农村土地承包法规定的期限，承包方请求延长的，应予支持。

第八条 承包方违反农村土地承包法第十八条规定，未经依法批准将承包地用于非农建设或者对承包地造成永久性损害，发包方请求承包方停止侵害、恢复原状或者赔偿损失的，应予支持。

第九条 发包方根据农村土地承包法第二十七条规定收回承包地前，承包方已经以出租、入股或者其他形式将其土地经营权流转给第三人，且流转期限尚未届满，因流转价款收取产生的纠纷，按照下列情形，分别处理：

（一）承包方已经一次性收取了流转价款，发包方请求承包方返还剩余流转期限的流转价款的，应予支持；

（二）流转价款为分期支付，发包方请求第三人按照流转合同的约定支付流转价款的，应予支持。

第十条 承包方交回承包地不符合农村土地承包法第三十条规定程序的，不得认定其为自愿交回。

第十一条 土地经营权流转中，本集体经济组织成员在流转价款、流转期限等主要内容相同的条件下主张优先权的，应予支持。但下列情形除外：

（一）在书面公示的合理期限内未提出优先权主张的；

（二）未经书面公示，在本集体经济组织以外的人开始使用承包地两个月内未提出优先权主张的。

第十二条 发包方胁迫承包方将土地经营权流转给第三人，承包方请求撤销其与第三人签订的流转合同的，应予支持。

发包方阻碍承包方依法流转土地经营权,承包方请求排除妨碍、赔偿损失的,应予支持。

第十三条 承包方未经发包方同意,转让其土地承包经营权的,转让合同无效。但发包方无法定理由不同意或者拖延表态的除外。

第十四条 承包方依法采取出租、入股或者其他方式流转土地经营权,发包方仅以该土地经营权流转合同未报其备案为由,请求确认合同无效的,不予支持。

第十五条 因承包方不收取流转价款或者向对方支付费用的约定产生纠纷,当事人协商变更无法达成一致,且继续履行又显失公平的,人民法院可以根据发生变更的客观情况,按照公平原则处理。

第十六条 当事人对出租地流转期限没有约定或者约定不明的,参照民法典第七百三十条规定处理。除当事人另有约定或者属于林地承包经营外,承包地交回的时间应当在农作物收获期结束后或者下一耕种期开始前。

对提高土地生产能力的投入,对方当事人请求承包方给予相应补偿的,应予支持。

第十七条 发包方或者其他组织、个人擅自截留、扣缴承包收益或者土地经营权流转收益,承包方请求返还的,应予支持。

发包方或者其他组织、个人主张抵销的,不予支持。

三、其他方式承包纠纷的处理

第十八条 本集体经济组织成员在承包费、承包期限等主要内容相同的条件下主张优先承包的,应予支持。但在发包方将农村土地发包给本集体经济组织以外的组织或者个人,已经法律规定的民主议定程序通过,并由乡(镇)人民政府批准后主张优先承包的,不予支持。

第十九条 发包方就同一土地签订两个以上承包合同,承包方均主张取得土地经营权的,按照下列情形,分别处理:

(一)已经依法登记的承包方,取得土地经营权;

(二)均未依法登记的,生效在先合同的承包方取得土地经营权;

（三）依前两项规定无法确定的，已经根据承包合同合法占有使用承包地的人取得土地经营权，但争议发生后一方强行先占承包地的行为和事实，不得作为确定土地经营权的依据。

四、土地征收补偿费用分配及土地承包经营权继承纠纷的处理

第二十条 承包地被依法征收，承包方请求发包方给付已经收到的地上附着物和青苗的补偿费的，应予支持。

承包方已将土地经营权以出租、入股或者其他方式流转给第三人的，除当事人另有约定外，青苗补偿费归实际投入人所有，地上附着物补偿费归附着物所有人所有。

第二十一条 承包地被依法征收，放弃统一安置的家庭承包方，请求发包方给付已经收到的安置补助费的，应予支持。

第二十二条 农村集体经济组织或者村民委员会、村民小组，可以依照法律规定的民主议定程序，决定在本集体经济组织内部分配已经收到的土地补偿费。征地补偿安置方案确定时已经具有本集体经济组织成员资格的人，请求支付相应份额的，应予支持。但已报全国人大常委会、国务院备案的地方性法规、自治条例和单行条例、地方政府规章对土地补偿费在农村集体经济组织内部的分配办法另有规定的除外。

第二十三条 林地家庭承包中，承包方的继承人请求在承包期内继续承包的，应予支持。

其他方式承包中，承包方的继承人或者权利义务承受者请求在承包期内继续承包的，应予支持。

五、其他规定

第二十四条 人民法院在审理涉及本解释第五条、第六条第一款第（二）项及第二款、第十五条的纠纷案件时，应当着重进行调解。必要时可以委托人民调解组织进行调解。

第二十五条 本解释自2005年9月1日起施行。施行后受理的第一审案件,适用本解释的规定。

施行前已经生效的司法解释与本解释不一致的,以本解释为准。

李　华

盈科律师事务所创始合伙人、副主任、盈科全国业务指导委员会主任。

李华律师作为盈科全国业务指导委员会主任，负责盈科体系内的专业化建设，带领盈科律师，构建出完整的专业化法律服务体系，包括研究院、律师学院、专业委员会及专业化建设法律中心，推动盈科律师专业化的法律服务，以适应法律服务市场不断细分的需要。在此基础上，通过集成各专业委员会纵深化的法律服务能力为客户提供综合性的法律服务。

全国律师行业优秀党员律师、北京市优秀律师、北京市律师行业优秀党务工作者，最高人民检察院第六和第七检察厅民事行政检察专家咨询网专家，中国人民大学法学院法律硕士专业学位研究生实务导师，《钱伯斯大中华区指南2023/2024》TMT：数据保护&隐私领域上榜律师，2024 The Legal 500亚太地区中国法域榜单金融科技领域推荐律师。

池锦刚

浙江大学全日制法律硕士，衢州职业技术学院教师，浙江财经大学法学院实务导师，衢州市人大常委会备案审查专家库成员，盈科衢州兼职律师，第四届台州仲裁委员会仲裁员，第五届衢州仲裁委员会仲裁员。在从事法律教学科研的同时，积极参与法律实务工作，具有十几年法律实务经验，曾在上市银行业金融机构从事法律事务和风险管理，具有丰富的风险处置经验，擅长经济、金融、民商事纠纷、经济犯罪辩护、企业风险防控等，近年办理多起涉及市厅级政府机关行政诉讼、经济犯罪刑事诉讼、合同、票据、知识产权、建设工程等重大典型案件，相关法律实践研究成果多次在《行政与法》、《法治研究》等核心期刊及全国性期刊发表，曾多次主持、参与市厅级课题研究、出版专著《身边的法律：权利、义务、程序》。

《乡镇合法性审查指引》系作者主持的“法礼融合基层治理的证成与路径”（课题号：24QSKG78LX）的理论性成果。